Verfassungsrechtliche Grenzen einer Vorverlagerung der Strafbarkeit dargestellt am Beispiel der omissio libera in causa bei § 266a Abs. 1 StGB

Frankfurter kriminalwissenschaftliche Studien

Bd./Vol. 167

Zu Qualitätssicherung und Peer Review der vorliegenden Publikation

Die Qualität der in dieser Reihe erscheinenden Arbeiten wird vor der Publikation durch Herausgeber der Reihe geprüft.

Notes on the quality assurance and peer review of this publication

Prior to publication, the quality of the work published in this series is reviewed by editors of the series.

Marco Schaum

Verfassungsrechtliche Grenzen einer Vorverlagerung der Strafbarkeit dargestellt am Beispiel der omissio libera in causa bei § 266a Abs. 1 StGB

PETER LANG

Bibliografische Information der Deutschen Nationalbibliothek
Die Deutsche Nationalbibliothek verzeichnet diese Publikation in der Deutschen Nationalbibliografie; detaillierte bibliografische Daten sind im Internet über http://dnb.d-nb.de abrufbar.

Zugl.: Frankfurt (Main), Univ., Diss., 2021

Gedruckt auf alterungsbeständigem, säurefreiem Papier.

D 30
ISSN 0170-6918
ISBN 978-3-631-86735-8 (Print)
E-ISBN 978-3-631-87053-2 (E-Book)
E-ISBN 978-3-631-87054-9 (EPUB)
DOI 10.3726/b19401

Peter Lang – Berlin · Bern · Bruxelles · New York ·
Oxford · Warszawa · Wien

Diese Publikation wurde begutachtet.

www.peterlang.com

„Wenn man alle Gesetze studieren sollte, so hätte man gar keine Zeit, sie zu übertreten."

Johann Wolfgang Goethe

(Aphorismen und Aufzeichnungen. Maximen und Reflexionen. Kunst und Altertum. Vierten Bandes zweites Heft, 1823)

Vorwort

Die vorliegende Arbeit wurde im Sommersemester 2021 von der Rechtswissenschaftlichen Fakultät der Johann Wolfgang Goethe-Universität in Frankfurt am Main als Dissertation angenommen.

Das Thema an der Schnittstelle zwischen Wirtschaftsstrafrecht und Verfassungsrecht entspricht meinem persönlichen Interesse hinsichtlich Forschung und Praxis gleichermaßen.

Mein besonderer Dank gebührt meinem Doktorvater, Herrn Prof. Dr. Cornelius Prittwitz, der die Arbeit betreut und in kurzer Zeit das Erstgutachten erstellt hat.

Ebenfalls bedanken möchte ich mich bei Herrn Prof. Dr. Dr. h.c. Peter-Alexis Albrecht, der seinerseits zügig das Zweitgutachten angefertigt hat.

Weiterhin bin ich neben dem Dekan, Herrn Prof. Dr. Klaus Günther, beiden vorgenannten Rechtslehrern für die Aufnahme der Untersuchung in die Schriftenreihe „Frankfurter kriminalwissenschaftliche Studien" des Instituts für Kriminalwissenschaften und Rechtsphilosophie zu Dank verpflichtet.

Bad Homburg v.d.H., im September 2021 Marco Schaum

Inhalt

1. Teil: Einführung

Unternehmerisches Handeln muss selbstverständlich den Anforderungen der Rechtsordnung genügen und gesetzeskonform sein. Doch birgt dieses Handeln auch in einem besonderen Maß Risiken, die ein Unternehmer im Rahmen seiner Geschäftsleitung eingehen darf und muss, will er sich im Wettbewerb einer globalisierten Marktwirtschaft behaupten.

Dabei begrenzt die Rechtsordnung den Handlungsspielraum des Unternehmers. Eine sehr weite Einschränkung erfährt unternehmerisches Handeln durch die Anwendung des Straftatbestandes des § 266a Abs. 1 StGB, der das Vorenthalten der Arbeitnehmerbeiträge zur Sozialversicherung sanktioniert. Denn nach der Rechtsprechung des BGH muss ein Arbeitgeber die Sozialversicherungsbeiträge vorrangig vor allen anderen Verbindlichkeiten abführen. Dazu soll ein Unternehmer in seiner Eigenschaft als Arbeitgeber weit vor Fälligkeit der Beiträge zur Sozialversicherung eine Reihe von Maßnahmen ergreifen bzw. unterlassen.

Missachtet ein Unternehmer diese Obliegenheiten und ist es ihm im Zeitpunkt der Fälligkeit der Sozialversicherungsbeiträge nicht möglich, diese an die Einzugsstellen der Sozialversicherung abzuführen, macht er sich nach der sog. Vorrangrechtsprechung dennoch strafbar. Der BGH begründet die extensive Auslegung des § 266a Abs. 1 StGB unter Anwendung der Rechtsfigur der omissio libera in causa. Die omissio libera in causa soll Fälle erfassen, in denen die Erfüllbarkeit der Handlungspflicht beim Unterlassungsdelikt durch vorwerfbares Vorverhalten vereitelt wird.

§ 266a Abs. 1 StGB wurde im Wege der Vorrangrechtsprechung nicht nur durch einen Strafsenat, sondern in ganz erheblichem Umfang auch durch mehrere Zivilsenate des BGH konkretisiert. Die Intention dieser Rechtsprechung ist, den Einzugsstellen in bestimmten Konstellationen neben dem Unternehmen auch den Unternehmer selbst als Schuldner der Arbeitnehmerbeiträge zur Sozialversicherung haftbar zu machen.

Denn der wirtschaftlichen Krise eines Unternehmens kann seine Insolvenz folgen, so dass das Unternehmen als Haftungsgegner ausfällt, nicht jedoch der Unternehmer als Geschäftsleiter mit seinem privaten Vermögen.

Die zivil- und strafrechtliche Haftung des Unternehmers durch die Vorrangrechtsprechung geht mit einer erheblichen Vorverlagerung der Strafbarkeit einher. Der BGH begnügt sich damit, die omissio libera in causa als dogmatische

Grundlage strafrechtlicher Verantwortlichkeit zu benennen, ohne diese Konstruktion ihrerseits substantiiert zu begründen oder gar zu hinterfragen.

Muss sich unternehmerisches Handeln auch am Maßstab der Strafgesetze als Teil der Rechtsordnung messen lassen, so muss die Anwendung und Auslegung von Strafvorschriften gleichwohl der Freiheitsordnung des Grundgesetzes genügen.

Zielsetzung der vorliegenden Arbeit ist daher nicht, eine weitere Begründung von Strafbarkeit zu entwickeln, denn vielmehr ihre verfassungsrechtlichen Grenzen kritisch zu beleuchten und zu akzentuieren.

Im Blick steht dabei der redliche, d.h. im Interesse der Gesellschaft handelnde Unternehmer in seiner Eigenschaft als Geschäftsleiter eines mittelständischen Unternehmens, insb. der Geschäftsführer bzw. geschäftsführende Gesellschafter einer mittelständischen GmbH. Die Betrachtung fokussiert sich auf eine finanziell angespannte Situation des Unternehmens im Vorfeld einer möglichen Zahlungskrise.

Unter Annahme der Redlichkeit des Unternehmers wird im Rahmen der Untersuchung davon ausgegangen, dass dieser mit seinen Arbeitnehmern reguläre Beschäftigungsverhältnisse auf arbeitsvertraglicher Grundlage begründet und nicht etwa einvernehmlich Schwarzarbeit verabredet hat.

Die Vorrangrechtsprechung des BGH unter Anwendung der omissio libera in causa soll einer verfassungsrechtlichen Überprüfung, die sich, soweit vorhanden, vornehmlich an der Rechtsprechung des Bundesverfassungsgerichts orientieren wird, unterzogen werden.

Dafür werden in einem ersten (inhaltlichen) Teil der Straftatbestand des § 266a Abs. 1 StGB und die Vorrangrechtsprechung dargestellt. Daran anschließend werden Implikationen der Vorrangrechtsprechung aufgezeigt. Sodann erfolgt eine dogmatische Einordnung der omissio libera in causa, die in Lehre und Schrifttum Kritik, aber auch viel Zustimmung erfahren hat.

Der zweite (inhaltliche) Teil widmet sich den Fragen der Vereinbarkeit mit dem Gesetzlichkeitsprinzip. Dabei stehen der Bestimmtheitsgrundsatz, das Verbot des Gewohnheitsrechts und das Analogieverbot im Mittelpunkt.

Im dritten (inhaltlichen) Teil der Untersuchung wird geprüft, welche Grenzen durch das Schuldprinzip gezogen werden bzw. geboten sind. Hierbei wird der normative Schuldbegriff zugrunde gelegt. Auch das ultima ratio-Prinzip wird in die Betrachtung einbezogen.

Eine abschließende Erörterung der Vorrangrechtsprechung im Lichte der „Wirtschaftsverfassung“ des Grundgesetzes erfolgt im vierten (inhaltlichen) Teil der Arbeit. Unternehmerisches Handeln erfährt einen weitreichenden Schutz, insb. durch Art. 12 Abs. 1 GG (Berufsfreiheit) und Art. 14 Abs. 1 GG

(Eigentumsfreiheit), deren Funktion als freiheitsgewährleistende Grundrechte sich auch zugunsten des Unternehmers voll entfaltet. Hierbei liegt die Herausforderung naturgemäß darin, das Spannungsverhältnis zwischen freiheitlichem Handeln einerseits und seiner Beschränkung zum Schutz verfassungsrechtlich bedeutsamer Gemeinschaftsgüter wie der Sozialversicherung anderseits verhältnismäßig auszutarieren und dafür die konfligierenden Interessen des Einzelnen sowie der Gemeinschaft angemessen zu berücksichtigen. In diesem Zusammenhang ist zu klären, wie der auf der Grundlage der Rechtsprechung des BGH erfolgende Grundrechtseingriff verfassungsrechtlich zu beurteilen ist.

2. Teil: Das Vorenthalten der Sozialversicherungsbeiträge des Arbeitnehmers

A. Der Straftatbestand des § 266a Abs. 1 StGB

I. Regelungsgehalt

Die Vorschrift des § 266a Abs. 1 StGB stellt das Vorenthalten der Arbeitnehmerbeiträge zur Sozialversicherung einschließlich der Arbeitsförderung (und damit auch solche der Arbeitslosenversicherung)[1] durch den Arbeitgeber unter Strafe. Demgegenüber erfasst § 266a Abs. 2 StGB das Nichtabführen von Arbeitgeberbeiträgen, sofern dieses auf den im Tatbestand beschriebenen täuschenden Verhaltensweisen des Arbeitgebers beruht. § 266a Abs. 6 StGB enthält die Voraussetzungen für ein Absehen von Strafe.

Die vorliegende Fassung des § 266a Abs. 1 StGB wurde durch das Gesetz zur Erleichterung der Bekämpfung von illegaler Beschäftigung und Schwarzarbeit vom 23.07.2002, das ab dem 01.08.2002 in Kraft getreten ist, eingeführt.[2] Dabei wurde im Wortlaut der Norm klargestellt, dass die Anwendung des Straftatbestandes keine Zahlung von Arbeitsentgelt voraussetzt; dies war zuvor sehr umstritten.[3] Ausweislich des § 74c Abs. 1 S. 1 Nr. 6 a) GVG stellt § 266a StGB eine Norm des Wirtschaftsstrafrechts dar, die auf der Ebene der Landgerichte die Zuständigkeit der Wirtschaftsstrafkammer begründet.

Gegenstand des Sozialversicherungswesens sind die Kranken-, Renten-, Arbeitslosen-, Pflege- und Unfallversicherung,[4] deren Beiträge mit Ausnahme des Beitrags zur Unfallversicherung anteilig von Arbeitgeber und Arbeitnehmer zu tragen sind. Da die Beiträge zur Unfallversicherung alleine durch den Arbeitgeber aufzubringen sind, § 150 Abs. 1 S. 1 SGB VII, unterliegen sie auch nicht dem Schutz des § 266a Abs. 1 StGB.[5]

Der Arbeitgeber ist nach § 28e Abs. 1 S. 1 SGB IV originärer und alleiniger Schuldner des gesamten Sozialversicherungsbeitrags. Er hat allerdings einen

---

1 LK-StGB/*Möhrenschlager*, § 266a Rn. 2.
2 BGBl. I 2002, S. 2787 ff.
3 *Bollacher*, S. 37 f. zum Meinungsstreit m.w.N.
4 Vgl. nur *Waltermann*, Rn. 111.
5 Wabnitz/Janovsky/Schmitt-*Pelz*, 9. Kap. Rn. 301.

Anspruch auf den vom Beschäftigten zu tragenden Teil des Gesamtsozialversicherungsbeitrags, § 28 g S. 1 SBG IV, den er gem. § 28 g S. 2 SGB IV durch Abzug vom Arbeitsentgelt geltend zu machen hat (sog. Lohnabzugsverfahren). Der Arbeitgeber hat dadurch erhebliche Mitwirkungspflichten, die ihm zugleich die Möglichkeit des Missbrauchs eröffnen, was durch das Beitragsstrafrecht verhindert werden soll.[6]

§ 266a Abs. 1 StGB ist sozialrechtsakzessorisch ausgestaltet, denn der Arbeitgeber schuldet nach den Vorschriften des Sozialgesetzbuches fällige Arbeitnehmerbeiträge auf Grund einer versicherungspflichtigen Beschäftigung.[7]

Die Beitragserhebung erfolgt durch eine Inpflicht- bzw. Indienstnahme des Arbeitgebers, der damit als Verwaltungshelfer der öffentlich-rechtlichen Sozialversicherung fungiert.[8] Die Beiträge müssen nicht an jeden einzelnen Sozialversicherungsträger abgeführt werden, sondern nach § 28 h Abs. 1 S. 1 SGB IV ist der Gesamtbeitrag für jeden Arbeitnehmer an seine Krankenversicherung als Einzugsstelle zu zahlen. Dabei werden die geschuldeten Beiträge entsprechend der Satzung der jeweiligen Krankenkasse fällig, § 23 Abs. 1 S. 1 SGB IV. Die nach dem Arbeitsentgelt oder -einkommen zu berechnenden Beiträge sind in voraussichtlicher Höhe der Beitragsschuld gem. § 23 Abs. 1 S. 2 SGB IV spätestens am drittletzten Bankarbeitstag des jeweiligen Beschäftigungsmonats und ein etwaig verbleibender Restbetrag zum drittletzten Bankarbeitstag des Beschäftigungsfolgemonats fällig, so dass die Satzungen der Krankenkassen eine dementsprechende Regelung vorsehen müssen. Dabei ist für die Fälligkeit unerheblich, ob das Arbeitsentgelt schon durch den Arbeitgeber geleistet wurde, sondern es kommt nur darauf an, dass es durch die Arbeitsleistung des Arbeitnehmers verdient wurde, da es dann im Sinne des § 23 Abs. 1 S. 2 SGB IV erzielt wurde.[9] Maßgeblich für das Entstehen der Beitragsansprüche ist gem. § 22 Abs. 1 i.V.m. §§ 2 Abs. 2 Nr. 1 und 7 Abs. 1 SGB IV allein die versicherungspflichtige Beschäftigung eines Arbeitnehmers gegen Entgelt.

II. Rechtsgut

Geschütztes Rechtsgut des § 266a Abs. 1 StGB ist das Interesse der Solidargemeinschaft an der Sicherstellung des Aufkommens der Mittel für die Sozialver-

---

6 Ignor/Mosbacher-*Pananis*, § 6 Rn. 4.

7 BGHSt 53, 71, 77; *Fischer*, § 266a Rn. 9a; *Ischebeck*, S. 178; *Wüchner*, S. 11.

8 *Knospe*, S. 39 f.

9 BGHZ 144, 311, 314 f. = BGH wistra 2000, 422, 423.

sicherung.[10] Ein Teil des durch Arbeit erwirtschafteten Wertes fließt an die Sozialversicherungen, die daraus ihre Aufgaben finanzieren können.[11]

Teilweise wird der Schutzzweck der Norm dahingehend konkretisiert, dass das Vermögen der Sozialversicherungsträger geschützt sei, weil diese als juristische Personen des öffentlichen Rechts rechtsfähig seien und somit Rechtsgutsinhaber sein könnten.[12]

Beide Auffassungen divergieren im Ergebnis nicht, sondern betreffen letztlich den Zweck des § 266a Abs. 1 StGB, durch die Sicherung des Beitragsaufkommens im gemeinschaftlichen Interesse das Vermögen der Sozialversicherungen und damit die Stabilität der Sozialversicherungssysteme zu gewährleisten. Denn der Schutz des Beitragsaufkommens verhindert mittelbar eine zumindest abstrakte Vermögensgefährdung für die Gemeinschaft der Versicherten.[13]

Diesem Motiv für einen besonderen Vermögensschutz folgend, wird vereinzelt vertreten, dass § 266a Abs. 1 StGB einem doppelten Schutzzweck diene und neben der Funktionsfähigkeit der Sozialversicherungen auch das Vermögen der einzelnen Arbeitnehmer, deren Beiträge einbehalten wurden, geschützt ist.[14] Der Arbeitnehmerbeitrag sei ein Teil des dem Arbeitnehmer geschuldeten Arbeitsentgelts und sei deshalb auch seinem Vermögen zuzuordnen.[15] Diese Ansicht könnte durch § 28e Abs. 1 S. 2 SGB IV gestützt werden, wonach der vom Beschäftigten zu tragende Teil des Sozialversicherungsbeitrags als aus dem Vermögen des Arbeitnehmers erbracht gilt. Mit dieser Ergänzung des § 28e Abs. 1 SGB IV durch das Gesetz zur Änderung des Vierten Buches des Sozialgesetzbuches und anderer Gesetze vom 19.12.2007[16] wollte der Gesetzgeber vor allem die

---

10 BT-Drs. 10/5058, S. 31 (Rechtsausschuss); BT-Drs. 15/2573, S. 28 (Koalitionsentwurf); BVerfG (Kammerentscheidung) NJW 2003, 961; BGHSt 47, 318, 321; BGH NStZ 2006, 223, 224 = BGH NJW 2005, 3650, 3652; BGHZ 144, 311, 321 = BGH wistra 2000, 422, 424; BGHZ 134, 304, 310 = BGH NJW 1997, 1237, 1238; LK-StGB/*Möhrenschlager*, § 266a Rn. 8; MK-StGB/*Radtke*, § 266a Rn. 4; Sch-Sch-*Perron*, § 266a Rn. 2; *Fischer*, § 266a Rn. 2; Lackner/Kühl-*Heger*, § 266a Rn. 1; Satzger/Schluckebier/Widmaier-*Saliger*, § 266a Rn. 2; *Wittig*, § 22 Rn. 6; Müller-Gugenberger/*Thul*, § 38 Rn. 38.11; Achenbach/Ransiek/Rönnau-Gercke, 12. Teil 2. Kap. Rn. 9; Ignor/Mobacher-*Pananis*, § 6 Rn. 8; *Brüssow/Petri*, § 266a Rn. 1.

11 Müller-Gugenberger/*Thul*, § 38 Rn. 38.11.

12 SK-*Hoyer*, § 266a Rn. 4; Matt/Renzikowski-*Matt*, § 266a Rn. 1.

13 SK-*Hoyer*, § 266a Rn. 4.

14 *Tag*, S. 38; NK-StGB/*Tag*, § 266a Rn. 8.

15 NK-StGB/*Tag*, § 266a Rn. 15.

16 BGBl. I 2007, S. 3024 ff.

Anfechtbarkeit von Zahlungen der Arbeitnehmerbeiträge im Insolvenzfall ausschließen.[17] Gleichwohl ergibt sich durch diese Regelung ein Bezug zum Vermögen des Arbeitnehmers.[18] Doch selbst wenn man kraft der Fiktion des § 28e Abs. 1 S. 2 SGB IV dem Arbeitgeber eine treuähnliche Stellung für das Vermögen der Arbeitnehmer zuerkennen wollte,[19] liegt im Einbehalten der Arbeitnehmerbeiträge dennoch kein „untreueähnliches Verhalten" des Arbeitgebers,[20] weil dem Arbeitnehmer dadurch kein Vermögensschaden entsteht.[21]

Sofern die Auffassung vertreten wird, der Arbeitnehmer erleide einen wirtschaftlichen Schaden,[22] wird übersehen, dass der Arbeitgeber eine konkludente Aufrechnungserklärung abgibt, wenn er im Wege des Lohnabzugsverfahrens die Sozialversicherungsbeiträge einbehält, so dass gem. § 389 BGB sowohl der Anspruch des Arbeitnehmers auf Arbeitsentgelt als auch die Gegenforderung des Arbeitgebers nach § 28g S. 1 SGB IV erlöschen und mithin saldiert kein Vermögensschaden entsteht.[23]

Auch der Sozialversicherungsschutz des Arbeitnehmers wird nicht beeinträchtigt, wenn der Arbeitgeber die Sozialversicherungsbeiträge vorenthält.[24] Denn in der Kranken-, Arbeitslosen-, Pflege- und Unfallversicherung entstehen der Versicherungsschutz und die sich daraus ergebenden Leistungsansprüche bereits durch das Vorliegen eines Beschäftigungsverhältnisses, weshalb es nicht darauf ankommt, ob der Arbeitgeber seine Verpflichtung zur Beitragsabführung erfüllt.[25] In der Rentenversicherung kommt es für das Entstehen von Anwartschaften zwar auf die tatsächliche Zahlung von Beiträgen an, jedoch gelten die Beiträge als entrichtet, wenn der Beschäftigte glaubhaft machen kann, dass sie von seinem Arbeitsentgelt abgezogen wurden, § 203 Abs. 2 SGB VI.[26] Auch braucht der Arbeitnehmer im Falle der Beitragsvorenthaltung durch den Arbeitgeber nicht selbst für die Beiträge aufzukommen.[27]

---

17 LK-StGB/*Möhrenschlager*, § 266a Rn. 9.
18 SK-*Hoyer*, § 266a Rn. 5.
19 LK-StGB/*Möhrenschlager*, § 266a Rn. 9.
20 BGHZ 144, 311, 319 = BGH wistra 2000, 422, 424.
21 Matt/Renzikowski-*Matt*, § 266a Rn. 2.
22 *Tag*, S. 37 f.; NK-StGB/*Tag*, § 266a Rn. 8.
23 SK-*Hoyer*, § 266a Rn. 6; Matt/Renzikowski-*Matt*, § 266a Rn. 2.
24 BGHZ 144, 311, 320 = BGH wistra 2000, 422, 424.
25 LK-StGB/*Möhrenschlager*, § 266a Rn. 10.
26 Matt/Renzikowski-*Matt*, § 266a Rn. 2.
27 BGHZ 144, 311, 320 = BGH wistra 2000, 422, 424.

Einem Arbeitnehmer kann also unter keinen Umständen ein Vermögensschaden entstehen, wenn der Arbeitgeber seine Sozialversicherungsbeiträge vorenthält, so dass er eines strafrechtlichen Schutzes nicht bedarf.[28] Dies mag das Unrechtsbewusstsein eines Arbeitgebers verringern, weil er sich nicht seinem Arbeitnehmer, sondern nur der Gemeinschaft der Versicherten gegenüber unsolidarisch verhält,[29] doch gerade daraus folgt, dass nur den Sozialversicherungsträgern wegen der entstehenden Anwartschaften Schäden drohen.[30] Zudem soll § 266a Abs. 1 StGB vor allem in den Fällen seine Schutzwirkung entfalten, in denen Arbeitgeber und Arbeitnehmer einvernehmlich die Sozialversicherungsbeiträge vorenthalten, weshalb ein gleichzeitiger Schutz der Arbeitnehmervermögen nicht geboten ist.[31]

Nach alldem ist ein doppelter Schutzzweck des § 266a Abs. 1 StGB abzulehnen und als geschütztes Rechtsgut das Beitragsaufkommen der Sozialversicherungsträger bzw. deren Vermögen zu benennen. Dies dient der Funktionsfähigkeit der sozialen Sicherungssysteme.

III. Tatgegenstand

Mit Ausnahme der Beiträge zur Unfallversicherung[32] entstehen Arbeitnehmerbeiträge in der Kranken-, Renten-, Arbeitslosen- und Pflegeversicherung.[33] Diese Beiträge sind zusammen mit denen des Arbeitgebers gem. § 28d SGB IV zum Gesamtsozialversicherungsbeitrag gebündelt.[34] Da Arbeitgeber und Arbeitnehmer zwar dessen gemeinsame Beitragsträger sind, jedoch der Arbeitgeber alleiniger Schuldner,[35] erfasst § 266a Abs. 1 StGB lediglich die Arbeitnehmeranteile zur Kranken-, Renten-, Arbeitslosen- und Pflegeversicherung[36], indem an die sozialversicherungsrechtliche Pflicht zur Beitragsabführung angeknüpft wird.[37]

28 SK-*Hoyer*, § 266a Rn. 8.
29 *Wüchner*, S. 4.
30 SK-*Hoyer*, § 266a Rn. 9.
31 *Wüchner*, S. 7.
32 Siehe dazu oben 2. Teil. A. I.
33 *Wüchner*, S. 16.
34 KassKomm-*Wehrhahn*, § 28d SGB IV Rn. 1 und Rn. 4.
35 Siehe dazu oben 2. Teil. A. I.
36 LK-StGB/*Möhrenschlager*, § 266a Rn. 34; Sch-Sch-*Perron*, § 266a Rn. 4; *Fischer*, § 266a Rn. 9.
37 *Wüchner*, S. 17.

IV. Der Arbeitgeber als Täter

1. *Täterkreis des § 266a Abs. 1 StGB*

§ 266a Abs. 1 StGB ist ein Sonderdelikt.[38] Sonderdelikte sind Straftatbestände, deren Täterkreis durch eine Eigenschaft des Handlungssubjekts, die im Tatbestand beschrieben ist, eingegrenzt wird.[39] Dementsprechend können nur Arbeitgeber Täter im Sinne des § 266a Abs. 1 StGB sein.[40] Ebenso kann dieser Straftatbestand auch durch die in § 266a Abs. 5 StGB genannten und dem Arbeitgeber gleichgestellten Personen verwirklicht werden.[41]

Weil die Eigenschaft als Arbeitgeber zu den besonderen persönlichen Merkmalen im Sinne des § 14 StGB gehört, erweitert sich der Täterkreis auf vertretungsberechtigte Organe einer Gesellschaft und durch den Inhaber eines Betriebs besonders Beauftragte.[42] Strafrechtlich verantwortlich können demnach z.B. der Geschäftsführer einer GmbH als Organ gem. § 14 Abs. 1 StGB oder ein Prokurist, dem die Beitragsabführung übertragen ist, als besonders Beauftragter nach § 14 Abs. 2 StGB sein.[43]

Die Arbeitgebereigenschaft ist auch besonderes persönliches Merkmal gem. § 28 Abs. 1 StGB, so dass die Strafe eines Teilnehmers nach § 49 Abs. 1 StGB zu mildern ist, wenn dieses strafbegründende Tätermerkmal bei ihm fehlt.[44] Dies gilt auch für einen Arbeitnehmer, der einvernehmlich mit dem Arbeitgeber verabredet hat, Sozialversicherungsbeiträge nicht abzuführen,[45] wie es insb. bei Schwarzarbeit der Fall ist.

---

38 MK-StGB/*Radtke*, § 266a Rn. 8; Matt/Renzikowski-*Matt*, § 266a Rn. 8; *Fischer*, § 266a Rn. 3; SK-*Hoyer*, § 266a Rn. 3 und Rn. 18; Wessels/*Hillenkamp/Schuhr*, BT 2, Rn. 788; Ignor/Mosbacher-*Pananis*, § 6 Rn. 10.

39 Wessels/*Beulke/Satzger*, AT, Rn. 55.

40 MK-StGB/*Radtke*, § 266a Rn. 8; Matt/Renzikowski-*Matt*, § 266a Rn. 8; *Fischer*, § 266a Rn. 3.

41 LK-StGB/*Möhrenschlager*, § 266a Rn. 13; *Fischer*, § 266a Rn. 3; Wessels/*Hillenkamp/Schuhr*, BT 2, Rn. 788.

42 MK-StGB/*Radtke*, § 266a Rn. 11; LK-StGB/*Möhrenschlager*, § 266a Rn. 13; Matt/Renzikowski-*Matt*, § 266a Rn. 8.

43 Ignor/Mosbacher-*Pananis*, § 6 Rn. 11.

44 BGH wistra 2011, 344, 346; MK-StGB/*Radtke*, § 266a Rn. 98; SK-*Hoyer*, § 266a Rn. 18; Matt/Renzikowski-*Matt*, § 266a Rn. 8; *Fischer*, § 266a Rn. 3; a.A.: Sch-Sch-*Perron*, § 266a Rn. 20.

45 LK-StGB/*Möhrenschlager*, § 266a Rn. 82.

2. *Zuständigkeit bei mehrgliedriger Geschäftsleitung und Delegation*

In einer mehrgliedrigen Geschäftsleitung, in der das Vertretungsorgan aus mehreren Personen besteht, ist jeder dafür zuständig, die Abführung der Sozialversicherungsbeiträge sicherzustellen, mag es auch eine interne Zuständigkeitsverteilung geben.[46] Zwar darf ein Geschäftsleiter Aufgaben und somit auch die Zuständigkeit für das Abführen der Sozialversicherungsbeiträge auf andere Mitarbeiter bzw. auf untere Leitungsebenen delegieren, doch obliegt ihm eine Pflicht zur Überwachung, so dass er sich seiner Pflicht nicht vollständig entledigen kann.[47]

Die Überwachungspflichten sind von besonderer Relevanz in finanziellen Krisen der Gesellschaft[48] oder wenn es Anzeichen gibt, dass in einer mehrgliedrigen Geschäftsleitung der zuständige Geschäftsführer seine Aufgaben nicht mehr ordnungsgemäß erfüllt.[49] Demnach verbleibt es letztlich bei einer Generalverantwortung und Allzuständigkeit jedes Geschäftsführers. Denn die arbeitgebertypische Weisungsbefugnis werde gem. § 35 Abs. 1 GmbHG durch den Geschäftsführer ausgeübt und nach § 37 Abs. 2 GmbHG sei seine Vertretungsmacht nach außen weder beschränkt noch beschränkbar, so dass jedes Organmitglied Normadressat des § 266a Abs. 1 StGB sei.[50]

3. *Beschränkung der Organ- und Vertreterhaftung*

Nach zutreffender Auffassung ist allerdings auch in einer finanziellen Krisensituation eine erhöhte Kontrollpflicht der Geschäftsleiter dann nicht anzunehmen, wenn bei finanziellen Engpässen in der Vergangenheit durch das zuständige Organ die Sozialversicherungsbeiträge ordnungsgemäß abgeführt wurden.[51] Eine wechselseitige Kontrolle ist demnach nur in einer erstmaligen Krise und beim Vorliegen konkreter Anlässe geboten. Denn mit der Größe des Unternehmens nimmt die Notwendigkeit einer Arbeitsteilung zu und eine allgemeine, ohne Anlass fortbestehende gegenseitige Überwachungspflicht würde dem sinnwidrig entgegenstehen.[52] Mit der Zuständigkeit für einen Geschäftsbereich geht

46 BGHZ 133, 370, 377; BGHSt 48, 307, 314; Graf/Jäger/Wittig-*Wiedner*, § 266a Rn. 15.
47 BGHSt 47, 318, 325; Graf/Jäger/Wittig-*Wiedner*, § 266a Rn. 15.
48 BGHZ 133, 370, 379; BGHSt 48, 307, 314; Ignor/Mosbacher-*Pananis*, § 6 Rn. 14.
49 BGHSt 47, 318, 325.
50 *Wegner*, wistra 1998, 283, 284.
51 *Bollacher*, S. 110.
52 OLG Düsseldorf NStZ-RR 2002, 178.

die fachliche Kompetenz für ein Ressort einher, weshalb eine unbeschränkte Kontrollpflicht der übrigen Geschäftsleiter schon mangels eigener fachlicher Kompetenz für alle Geschäftsbereiche auch kriminalpolitisch nicht notwendig ist.[53] Für den Schutz des Rechtsguts reicht es nämlich aus, wenn eine Person strafrechtlich verantwortlich ist, zumal in einer mehrgliedrigen Geschäftsleitung die jeweiligen Bereiche ohnehin intensiver betreut werden als es bei einem einzigen Geschäftsführer der Fall wäre.[54]

Darüber hinaus ist gerade bei einem Unterlassen die Anwendung des § 14 Abs. 1 Nr. 1 StGB von Bedeutung: Zwar werden ausweislich des Wortlauts des § 14 Abs. 1 Nr. 1 Alt. 2 StGB („als Mitglied eines solchen Organs") sämtliche Organmitglieder vom Regelungsbereich der Organhaftung erfasst, doch ergeben sich daraus noch keine konkreten strafrechtlichen Anforderungen an einzelne Geschäftsleiter.[55] Dementsprechend ist zu berücksichtigen, dass ein Unterlassungsdelikt eine besondere Pflichtenbeziehung begründet, deren Umfang sich an den jeweils Verpflichteten richtet, so dass nach einer internen Geschäftsverteilung unzuständige Geschäftsführer sich nicht pflichtwidrig verhalten, wenn sie sich mangels konkretem Anlass auf ihren eigenen Pflichtenkreis beschränken.[56] Denn bei § 266a Abs. 1 StGB besteht das Unterlassen im Vorenthalten der Sozialversicherungsbeiträge und nicht im Unterlassen einer generellen Überwachung. In einem aus mehreren Personen bestehenden Geschäftsleitungsgremium wird die Arbeitgeberfunktion eben nicht durch jeden Geschäftsführer ausgeübt, weil auch das Abführen der Sozialversicherungsbeiträge nur eine unter vielen Aufgaben ist, die die Leitung eines Unternehmens mit sich bringt.[57] Eine finanziell angespannte Situation des Unternehmens allein begründet noch keine gesteigerte Kontrollpflicht an sich nicht zuständiger Geschäftsführer hinsichtlich der Beitragszahlung.[58]

Bei Delegation an einen untergeordneten Sachwalter hingegen besteht gerade in Krisensituationen eine Überwachungspflicht,[59] weil die kraft der Organstellung begründete Verantwortlichkeit der Geschäftsleiter z.B. auch einem Prokuristen gegenüber durchweg besteht.[60] Einem Geschäftsführer bleibt es

53 LK-StGB/*Schünemann*, § 14 Rn. 53.
54 LK-StGB/*Schünemann*, § 14 Rn. 54.
55 MK-StGB/*Radtke*, § 14 Rn. 69.
56 OLG Frankfurt a.M. ZIP 1995, 213, 215.
57 *Branz*, S. 24 f.
58 *Bollacher*, S. 110.
59 BGH NStZ 1997, 125, 126.
60 *Branz*, S. 25.

unbenommen, die Sozialversicherungsbeiträge selbst abzuführen, wenn ein Prokurist oder eine andere betraute Person dies pflichtwidrig unterlässt.[61]

4. Begriff des Arbeitgebers

Da als Täter des § 266a Abs. 1 StGB nur Arbeitgeber in Betracht kommen, ist von Bedeutung, welche natürlichen oder juristischen Personen darunter zu verstehen sind. Mangels einer gesetzlichen Definition ist die Eigenschaft als Arbeitgeber nach dem Sozialversicherungsrecht, das seinerseits auf das Arbeits- und Dienstvertragsrecht gem. §§ 611 ff. BGB abstellt, zu bestimmen.[62]

Voraussetzung ist demzufolge ein sozialversicherungspflichtiges Beschäftigungsverhältnis.[63] In § 7 Abs. 1 S. 1 SGB IV wird als Beschäftigung die nichtselbständige Arbeit, insb. in einem Arbeitsverhältnis, definiert und damit wiederum auf das Arbeitsrecht Bezug genommen.[64] Dabei sind Anhaltspunkte für das Vorliegen einer Beschäftigung die Weisungsgebundenheit des Beschäftigten und seine Eingliederung in den Betrieb des Weisungsgebers, § 7 Abs. 1 S. 2 SGB IV. Darüber hinaus sind eine Bezahlung nach festen Entgeltsätzen und das Fehlen eines eigenen unternehmerischen Risikos Kennzeichen einer abhängigen Beschäftigung.[65] Zur Beurteilung der Frage, ob ein sozialversicherungspflichtiges Beschäftigungsverhältnis vorliegt, muss anhand der vorgenannten Kriterien eine wertende Gesamtbetrachtung der relevanten Umstände erfolgen.[66] Maßgeblich sind allein die tatsächlichen Verhältnisse und nicht die vertragliche Bezeichnung, um so den sozialversicherungsrechtlichen Schutz des Arbeitnehmers und die Sicherung der Finanzmittel der Sozialversicherungsträger zu gewährleisten.[67] Daher kann sich auch der Auftraggeber eines Scheinselbständigen gem. § 266a Abs. 1 StGB strafbar machen.[68]

Danach ist derjenige Arbeitgeber, dem der Arbeitnehmer zur Erbringung von Arbeitsleistungen verpflichtet ist und zu dem er in einem persönlichen Abhängigkeitsverhältnis steht, das sich vor allem durch die Eingliederung des

---

61 *Wüchner*, S. 49.

62 BGH NStZ 2014, 321, 322; LK-StGB/*Möhrenschlager*, § 266a Rn. 14; MK-StGB/*Radke*, § 266a Rn. 12.

63 MK-StGB/*Radke*, § 266a Rn. 9 und Rn. 12.

64 MK-StGB/*Radke*, § 266a Rn. 12.

65 Matt/Renzikowski-*Matt*, § 266a Rn. 16a.

66 BGH NStZ 2014, 321, 323.

67 BGHSt 53, 71, 77; *Fischer*, § 266a Rn. 4b; Sch-Sch-*Perron*, § 266a Rn. 11.

68 Matt/Renzikowski-*Matt*, § 266a Rn. 16c.

Arbeitnehmers in den Betrieb des Arbeitgebers ausdrückt.[69] Des weiteren wird die Arbeitgeberstellung durch die Pflicht zur Lohnzahlung als Gegenleistung der Arbeitsleistung geprägt.[70] Es ist verfassungsrechtlich nicht zu beanstanden, dass die Eigenschaft als Arbeitgeber keine Gewinnerzielungsabsicht erfordert.[71]

5. Abgrenzung der Begriffe Arbeitgeber und Unternehmer

Der Begriff des Arbeitgebers und der des Unternehmers sind nicht zwingend identisch. Wird z.B. ein Betrieb im eigenen Namen, doch für Rechnung eines Dritten geführt, ist zwischen Arbeitgeber und Unternehmer zu unterscheiden.[72] In dieser Konstellation ist Arbeitgeber, wer den Betrieb leitet und wem die Arbeitnehmer untergeben sind; demgegenüber ist der Unternehmer der wirtschaftliche Inhaber des Betriebs.[73]

Im Rahmen dieser Untersuchung wird allerdings vom Leitbild eines Unternehmers in seiner Eigenschaft als Geschäftsleiter eines mittelständischen Unternehmens, insb. einer GmbH, ausgegangen.[74] Daher werden die Begriffe des über § 14 Abs. 1 StGB als Arbeitgeber verantwortlichen Geschäftsführers und des Unternehmers hier synonym verwendet.

V. Die Tathandlung des Vorenthaltens

1. Begriff des Vorenthaltens

Die Tathandlung des § 266a Abs. 1 StGB besteht im Vorenthalten der Arbeitnehmeranteile am Gesamtsozialversicherungsbeitrag durch den Arbeitgeber. In diesem Sinne werden Beiträge vorenthalten, wenn sie bei Fälligkeit[75] nicht an die zuständige Einzugsstelle abgeführt werden.[76] Das Vorenthalten besteht somit im völligen oder teilweisen Unterlassen der fälligen Zahlung[77] und dies nach dem Wortlaut der Norm unabhängig von einem völligen oder teilweisen

---

69 BSGE 34, 111, 113; BGH NStZ 2014, 321, 322; MK-StGB/*Radke*, § 266a Rn. 12.

70 MK-StGB/*Radke*, § 266a Rn. 12; SK-*Hoyer*, § 266a Rn. 23; Sch-Sch-*Perron*, § 266a Rn. 11.

71 BVerfG (Kammerentscheidung) NJW 2003, 961.

72 BSGE 34, 111, 113.

73 *Tag*, S. 46.

74 Siehe dazu oben 1. Teil.

75 Siehe dazu oben 2. Teil. A. I.

76 BGHZ 144, 311, 314 = BGH wistra 2000, 422; BGHZ 134, 304, 307 = BGH NJW 1997, 1237.

77 Sch-Sch-*Perron*, § 266a Rn. 9; *Gosch*, S. 138; *Fritz*, S. 17.

Lohneinbehalt.[78] Maßgeblicher Zeitpunkt zur Beurteilung der Strafbarkeit wegen Vorenthaltens ist nicht das Entstehen der Beitragsforderung, sondern allein der Zeitpunkt ihrer Fälligkeit, so dass es auch nicht darauf ankommt, ob der Arbeitgeber zuvor über ausreichend Liquidität verfügte, um die Verbindlichkeiten zu begleichen.[79]

Vereinbart der Arbeitgeber mit der Einzugsstelle vor Eintritt der Fälligkeit wirksam eine Stundung der Beiträge, ist eine Strafbarkeit nach § 266a Abs. 1 StGB ausgeschlossen.[80]

Ebenso entfällt die Strafbarkeit, wenn nicht der Arbeitgeber, sondern ein Dritter die fälligen Beiträge zahlt.[81]

2. *Tilgungsbestimmungen*

Der Arbeitgeber hat nach § 4 S. 1 BVV (Beitragsverfahrensverordnung) die Möglichkeit der Tilgungsbestimmung bei Teilzahlungen. Dies ermöglicht ihm, zuvörderst die Gesamtsozialversicherungsbeiträge und von dieser Verbindlichkeit wiederum vorrangig die Arbeitnehmeranteile zu tilgen. Dabei kann die Tilgungsbestimmung gegenüber der Einzugsstelle sowohl ausdrücklich als auch konkludent erfolgen, wobei allerdings der mutmaßliche Wille nicht ausreichen soll.[82] Verzichtet der Arbeitgeber auf eine Tilgungsbestimmung, werden nach dieser Auffassung gem. § 4 S. 2 und 3 BVV zunächst die Auslagen der Einzugsstelle sowie Gebühren und von den Gesamtsozialversicherungsbeiträgen bei gleicher Fälligkeit anteilig die Arbeitgeber- und Arbeitnehmerbeiträge getilgt. Diese Tilgungsreihenfolge kann bei Teilzahlungen zur Folge haben, dass sich ein Arbeitgeber nach § 266a Abs. 1 StGB strafbar macht, wenn sich sein mutmaßlicher Wille nicht nach außen manifestiert. Deshalb ist nach zutreffender Gegenauffassung im Wege einer täterfreundlichen Auslegung auch bei Fehlen entsprechender Anhaltspunkte der mutmaßliche Wille des Arbeitgebers zu berücksichtigen und entgegen § 4 S. 2 BVV sind Teilzahlungen zuerst auf die Arbeitnehmerbeiträge anzurechnen.[83] Denn gem. § 4 S. 1 BVV und (dem von

---

78 Siehe dazu oben 2. Teil. A. I.

79 *Tag*, S. 115.

80 LK-StGB/*Möhrenschlager*, § 266a Rn. 51; MK-StGB/*Radtke*, § 266a Rn. 51; Matt/Renzikowski-*Matt*, § 266a Rn. 28; Sch-Sch-*Perron*, § 266a Rn. 7; *Fischer*, § 266a Rn. 12; Lackner/Kühl-*Heger*, § 266a Rn. 9.

81 BGH NStZ 2006, 227, 228; MK-StGB/*Radke*, § 266a Rn. 49.

82 BGH NJW 2009, 2599; Matt/Renzikowski-*Matt*, § 266a Rn. 43.

83 LK-StGB/*Möhrenschlager*, § 266a Rn. 44; Sch-Sch-*Perron*, § 266a Rn. 10a.

ihm verdrängten) § 366 BGB hat der Arbeitgeber zu seinen Gunsten das Recht einer Tilgungsbestimmung.[84] Sofern nicht ein ausdrücklich erklärter Wille des Arbeitgebers entgegensteht, macht es keinen Sinn, das vernünftige Bemühen eines Arbeitgebers um rechtskonformes Verhalten zu untergraben, indem auch dann starr am Wortlaut des § 4 S. 2 BVV festgehalten wird, wenn die Teilzahlung nur zur Tilgung der Arbeitnehmerbeiträge ausreicht. Andernfalls läge es in der Hand der Einzugsstelle, einen Arbeitgeber zum Straftäter zu machen.[85] Vielmehr kann gemeinhin angenommen werden, dass sich ein Arbeitgeber nicht gem. § 266a Abs. 1 StGB strafbar machen möchte, wenn er dies durch eine Anrechnung seiner Zahlung auf fällige Arbeitnehmeranteile am Gesamtsozialversicherungsbeitrag vermeiden kann.[86]

3. *Deliktsnatur des § 266a Abs. 1 StGB*

a) Echtes Unterlassungsdelikt

aa) Charakter des echten Unterlassungsdelikts

Da sich der Inhalt der Tathandlung in der bloßen Nichtzahlung der geschuldeten Sozialversicherungsbeiträge erschöpft und keine darüber hinaus gehenden Unrechtselemente beinhaltet,[87] handelt es sich bei § 266a Abs. 1 StGB um ein echtes Unterlassungsdelikt.[88]

Bei einem Begehungsdelikt wird der Tatbestand durch aktives Tun und bei einem Unterlassungsdelikt durch Untätigbleiben verwirklicht.[89] Bei den Unterlassungsdelikten wird zwischen echten (delicta omissiva) und unechten (delicta commissiva per omissionem) Unterlassungsdelikten unterschieden.[90]

---

84 LK-StGB/*Möhrenschlager*, § 266a Rn. 44; MK-StGB/*Radke*, § 266a Rn. 63.

85 LK-StGB/*Möhrenschlager*, § 266a Rn. 43.

86 LK-StGB/*Möhrenschlager*, § 266a Rn. 44; MK-StGB/*Radke*, § 266a Rn. 63; *Tag*, S. 113.

87 BGH wistra 2011, 69; *Fischer*, § 266a Rn. 11.

88 BGHSt 53, 71, 79; BGHSt 47, 318, 320; MK-StGB/*Radke*, § 266a Rn. 7; SK-*Hoyer*, § 266a Rn. 3; Matt/Renzikowski-*Matt*, § 266a Rn. 5; Sch-Sch-*Perron*, § 266a Rn. 5; *Fischer*, § 266a Rn. 14; Lackner/Kühl-*Heger*, § 266a Rn. 7; Graf/Jäger/Wittig-*Wiedner*, § 266a Rn. 2; Satzger/Schluckebier/Widmaier-*Saliger*, § 266a Rn. 3; Maurach/*Schroeder/Maiwald/Hoyer/Momsen*, BT 1, § 45 III Rn. 71; Arzt/Weber/*Heinrich/Hilgendorf*, BT, § 23 Rn. 13.

89 Wessels/*Beulke/Satzger*, AT, Rn. 49.

90 Baumann/Weber/Mitsch-*Mitsch*, Vorkommentierung, AT, § 15 Rn. 7; *Jescheck/Weigend*, AT, § 58 III. 1.

Unechte Unterlassungsdelikte spiegeln die Begehungsdelikte,[91] indem das Unterlassen dem aktiven Tun wertungsmäßig gleichgestellt ist, § 13 StGB, und das Begehungsdelikt durch Unterlassen verwirklicht wird, weshalb es als „unechtes" Unterlassen bezeichnet wird.[92] Daneben erfordert § 13 StGB eine Garantenstellung desjenigen, der zur Abwendung des tatbestandlichen Erfolges verpflichtet ist, weil er aus einem „besonderen Rechtsgrund" zum Schutz eines fremden Rechtguts angehalten ist.[93] Der Unterlassende als Garant verstößt daher ebenso wie bei einer Tatbegehung durch aktives Tun primär gegen eine Verbotsnorm.[94]

Demgegenüber sind echte Unterlassungsdelikte solche Straftaten, deren strafbewehrtes Verhalten sich im Verstoß gegen eine Gebotsnorm erschöpft, indem der Täter eine bestimmte, rechtlich geforderte Tätigkeit schlicht unterlässt, die mittelbar einen Erfolg[95] herbeiführen soll.[96]

Daher werden echte Unterlassungsdelikte als Gegenstück der reinen Tätigkeitsdelikte angesehen.[97] Während bei Erfolgsdelikten der in der Außenwelt eintretende tatbestandliche Erfolg von der Tathandlung zumindest gedanklich abgrenzbar ist,[98] setzen die Tätigkeitsdelikte keinen Erfolg in der Außenwelt voraus und ihr Unrechtsgehalt besteht in dem bloßen, im Tatbestand beschriebenen Tätigwerden.[99]

Genauer formuliert haben auch Tätigkeitsdelikte einen Erfolg, der lediglich von der Handlung nicht zu trennen ist, und entsprechend liegt auch bei echten Unterlassungsdelikten ein Erfolg vor, der im Unterlassen selbst besteht.[100]

Auch § 266a Abs. 1 StGB verlangt eine Zahlung der Beiträge zur Sozialversicherung an die Einzugsstelle, die vom Eintritt des Zahlungserfolges nicht abtrennbar ist.[101] Der Zahlungserfolg liegt dann im Schutz der Einzugsstelle vor Beitragsausfällen[102] bzw. darin, die Beiträge behalten zu dürfen.[103]

---

91 Wessels/*Beulke/Satzger*, AT, Rn. 1155.
92 *Roxin*, AT II, § 31 III Rn. 17.
93 *Jescheck/Weigend*, AT, § 59 IV. 1.
94 Wessels/*Beulke/Satzger*, AT, Rn. 1155; a.A.: *Roxin*, AT II, § 31 III Rn. 27, nach dessen Auffassung auch unechtes Unterlassen nur gegen eine Gebotsnorm verstoßen kann.
95 Der „mittelbare Erfolg" meint nicht den Tatbestandserfolg.
96 BGHSt 14, 280, 281; Matt/Renzikowski-*Renzikowski*, Vor § 13 Rn. 26; *Jescheck/Weigend*, AT, § 26 II. 3; Wessels/*Beulke/Satzger*, AT, Rn. 1154.
97 *Jescheck/Weigend*, AT, § 58 III. 2; Wessels/*Beulke/Satzger*, AT, Rn. 1154.
98 Wessels/*Beulke/Satzger*, AT, Rn. 37.
99 Wessels/*Beulke/Satzger*, AT, Rn. 39.
100 *Roxin*, AT II, § 31 III Rn. 22.
101 OLG Dresden ZIP 2003, 360, 364; *Ischebeck*, S. 166.
102 OLG Dresden ZIP 2003, 360, 364.
103 *Ischebeck*, S. 164.

Während bei Erfolgsdelikten die den Erfolg darstellende Wirkung der Handlung räumlich und zeitlich von ihr getrennt ist,[104] ist bei Tätigkeitsdelikten der tatbestandliche Erfolg insofern nicht von der Tathandlung zu isolieren, weil er mit dem letzten Handlungsakt zusammenfällt.[105]

Da die Tatbestandserfüllung also zugleich den unmittelbaren Erfolg darstellt, sind die echten Unterlassungsdelikte durchaus ein Spiegelbild der Tätigkeitsdelikte. Dementsprechend ist für die Strafbarkeit eines echten Unterlassungsdelikts nicht erforderlich, dass der Täter den Erfolg verhindert, sondern es ist lediglich maßgeblich, ob er die von ihm gesetzlich geforderte Handlung unterlässt.[106] Die Bestrafung des Täters erfolgt „nur" wegen des Untätigbleibens und nicht, weil ein etwaiger Schaden entstanden ist.[107]

Dieses Unterlassen kann durchaus sozialschädliche Folgen haben,[108] die bei Herbeiführen des mittelbaren Erfolgs vermieden worden wären. Wird die Handlungspflicht erfüllt, besteht der mittelbare Erfolg in einem mittelbaren Rechtsgüterschutz.[109] Bei § 266a Abs. 1 StGB bewirkt die Zahlung der Sozialversicherungsbeiträge des Arbeitnehmers mittelbar den Schutz des Beitragsaufkommens der Sozialversicherungsträger. Ein echtes Unterlassungsdelikt wie § 266a Abs. 1 StGB beschränkt die Handlungserwartung auf einen nur mittelbaren Rechtsgüterschutz, um die Handlungsfreiheit nicht unverhältnismäßig einzuschränken und den Handlungspflichtigen nicht unmittelbar für den Rechtsgüterschutz der Allgemeinheit verantwortlich zu machen.[110]

Aus der Handlungserwartung eines echten Unterlassungsdelikts kann daher keine Garantenstellung des Handlungspflichtigen abgeleitet werden.[111] § 13 StGB ist auf echte Unterlassungsdelikte nicht anwendbar.[112] Die entscheidende Besonderheit der echten Unterlassungsdelikte liegt gerade darin, dass aus dem ihnen zugrundeliegenden Gebot heraus keine Garantenstellung konstruiert werden darf, die eine Erfolgsabwendungspflicht nach sich ziehen würde.[113]

---

104 *Roxin/Greco*, AT I, § 10 H Rn. 102.
105 *Roxin/Greco*, AT I, § 10 H Rn. 103.
106 BGHSt 14, 280, 281.
107 *Naucke*, Strafrecht, § 7 Rn. 236.
108 Vgl. nur Wessels/*Beulke/Satzger*, AT, Rn. 1154.
109 *Gosch*, S. 22.
110 *Gosch*, S. 22.
111 *Roxin*, AT II, § 31 III Rn. 29.
112 Sch-Sch-*Bosch*, § 13 Rn. 1a.
113 *Roxin*, AT II, § 31 III Rn. 29.

Vielmehr sind mit der Umschreibung der Tathandlung als Vorenthalten die Voraussetzungen des § 266a Abs. 1 StGB vollständig definiert.[114]

Die Vornahme der gesetzlich geforderten Handlung muss bei echten Unterlassungsdelikten möglich[115] und zumutbar[116] sein. Demnach gilt auch für § 266a Abs. 1 StGB, dass die Möglichkeit und Zumutbarkeit der Pflicht zur Beitragszahlung durch den Handlungspflichtigen ungeschriebene Tatbestandsvoraussetzungen sind.[117]

bb) Möglichkeit der Beitragszahlung

Die Möglichkeit der Beitragszahlung kann aus tatsächlichen oder rechtlichen Gründen ausgeschlossen sein.[118] Als tatsächliche Gründe kommen z.B. die unerwartete schwerwiegende Erkrankung oder ein Unfall des Arbeitgebers[119] und als rechtliche Gründe z.B. die Eröffnung des Insolvenzverfahrens oder die Bestellung eines vorläufigen Insolvenzverwalters in Betracht.[120] Die rechtliche Unmöglichkeit beruht im Insolvenzverfahren darauf, dass und soweit der Arbeitgeber gem. § 80 Abs. 1 und § 21 Abs. 2 S. 1 Nr. 2 InsO die Befugnis verliert, über seine Zahlungsmittel zu verfügen und deshalb auch bei Fälligkeit die Arbeitnehmerbeiträge nicht mehr abführen darf.

Der wichtigste Fall tatsächlicher Unmöglichkeit liegt allerdings in der Zahlungsunfähigkeit des Arbeitgebers zum Zeitpunkt der Fälligkeit.[121] Denn von einem an sich Handlungspflichtigen darf keine unmögliche Leistung verlangt werden.[122] Dabei soll die Zahlungsunfähigkeit erst dann den Tatbestand des § 266a Abs. 1 StGB ausschließen, wenn die zum Begleichen der fälligen Arbeitnehmerbeiträge konkret benötigten Mittel nicht mehr vorhanden sind.[123] Eine

---

114 SK-*Stein*, vor § 13 Rn. 10.

115 Sch-Sch-*Bosch*, Vorbem. §§ 13 ff. Rn. 141; Baumann/Weber/Mitsch-*Mitsch*, Vorkommentierung, AT, § 15 Rn. 15.

116 Sch-Sch-*Bosch*, Vorbem. §§ 13 ff. Rn. 155; Baumann/Weber/Mitsch-*Mitsch*, Vorkommentierung, AT, § 15 Rn. 19.

117 BGHSt 53, 71, 79; BGHSt 47, 318, 320; LK-StGB/*Möhrenschlager*, § 266a Rn. 54; *Fischer*, § 266a Rn. 14.

118 *Fischer*, § 266a Rn. 15.

119 LK-StGB/*Möhrenschlager*, § 266a Rn. 55.

120 Sch-Sch-*Perron*, § 266a Rn. 10.

121 BGHSt 47, 318, 320; BGHZ 134, 304, 307; MK-StGB/*Radke*, § 266a Rn. 66; Matt/Renzikowski-*Matt*, § 266a Rn. 44.

122 BGHSt 47, 318, 320.

123 BGH NJW 1997, 133, 134; Sch-Sch-*Perron*, § 266a Rn. 10; Ignor/Mosbacher-*Pananis*, § 6 Rn. 28.

lediglich partielle Zahlungsunfähigkeit, die es dem Arbeitgeber unmöglich macht, alle seine Verbindlichkeiten zu erfüllen, soll hingegen nicht zu einem Tatbestandsausschluss führen.[124]

cc) Zumutbarkeit der Beitragszahlung

Entsprechend den hohen Anforderungen an das Vorliegen einer tatsächlichen Unmöglichkeit der Zahlung fälliger Arbeitnehmeranteile soll auch die Zumutbarkeit der Beitragszahlung den Tatbestand nicht ausschließen, wenn lediglich wirtschaftliche Interessen des Arbeitgebers betroffen sind.[125] Dies folgt aus der sog. Vorrangrechtsprechung des BGH zu § 266a Abs. 1 StGB.[126]

Dementsprechend wäre dem Handlungspflichtigen die Erfüllung der Beitragspflichten nur dann unzumutbar, wenn dies eine Gefahr für seine höchstpersönlichen Rechtsgüter oder die seiner Angehörigen, z.B. durch Gefährdung des notwendigen Lebensbedarfs, zur Folge hätte.[127]

Indes ermöglicht es das Merkmal der Zumutbarkeit (neben dem der Möglichkeit) bei echten Unterlassungsdelikten in spezifischen Einzelfällen, eine nur auf die Tathandlung als solche bezogene Anwendung des Tatbestandes einzuschränken bzw. zu korrigieren.[128] Dabei soll Unzumutbarkeit der Beitragszahlung nicht erst bei „gänzlich unerwarteten Ereignissen“ anzunehmen sein, zu denen jedenfalls dringend notwendige Reparaturen und weitere Maßnahmen zur Verhinderung unvorhersehbarer Schäden, wie z.B. bei Ausfall von Strom, Wasser oder Heizung mit der drohenden Gefahr einer Betriebsstillegung, zählen.[129]

b) Abstraktes Gefährdungsdelikt

Hinsichtlich der Wirkung der Beeinträchtigung, die von einer Tathandlung ausgeht, ist weiterhin zwischen Verletzungs- und Gefährdungsdelikten zu unterscheiden.[130] Während Verletzungsdelikte einen Schadenseintritt am tatbestandlich geschützten Rechtsgut erfordern, reicht es bei Gefährdungsdelikten dagegen aus, wenn für das Rechtsgut eine Gefahrenlage herbeigeführt wird.[131]

---

124 Sch-Sch-*Perron*, § 266a Rn. 10; Ignor/Mosbacher-*Pananis*, § 6 Rn. 28.
125 Sch-Sch-*Perron*, § 266a Rn. 10.
126 Siehe dazu unten 2. Teil. B.
127 Sch-Sch-*Perron*, § 266a Rn. 10.
128 Matt/Renzikowski-*Matt*, § 266a Rn. 54.
129 LK-StGB/*Möhrenschlager*, § 266a Rn. 64.
130 Matt/Renzikowski-*Renzikowski*, Vor § 13 Rn. 27; Wessels/*Beulke/Satzger*, AT, Rn. 40.
131 Wessels/*Beulke/Satzger*, AT, Rn. 41 und Rn. 42.

Die Gefährdungsdelikte wiederum werden in konkrete und abstrakte Gefährdungsdelikte unterschieden.[132] Konkrete Gefährdungsdelikte setzen voraus, dass im konkreten Einzelfall für das geschützte Rechtsgut eine reale Gefahr eingetreten und der tatbestandliche Erfolg nur zufällig ausgeblieben ist.[133] Demgegenüber reicht bei abstrakten Gefährdungsdelikten das Vorliegen eines im Tatbestand beschriebenen Verhaltens, das typischerweise gefährlich ist, für die Strafbarkeit aus und ist nicht vom Eintritt einer realen Gefahr abhängig.[134] Dem liegt die gesetzgeberische Erwägung zugrunde, dass bestimmte Verhaltensweisen eine generelle Gefährlichkeit beinhalten und daher verboten sind, ohne dass die Gefährlichkeit selbst Tatbestandsmerkmal ist.[135]

Dementsprechend ist § 266a Abs. 1 StGB nicht nur echtes Unterlassungsdelikt, sondern zugleich auch abstraktes Gefährdungsdelikt.[136] Sofern der Straftatbestand als Erfolgsdelikt eingeordnet wird,[137] wird übersehen, dass bei einem echten Unterlassungsdelikt wie § 266a Abs. 1 StGB der tatbestandliche Erfolg im Unterlassen selbst besteht[138] und eine konkrete Gefährdung oder Schädigung der Leistungsfähigkeit der Sozialversicherungsträger durch einen einzelnen Arbeitgeber als Verletzungserfolg schon ausweislich des Wortlauts der Norm gerade nicht erforderlich ist.[139] Das Unterlassen der Beitragszahlung ist eben vom Ausbleiben eines Zahlungserfolges nicht trennbar[140] und nur dieses Untätigbleiben selbst manifestiert sich nach außen. Insofern ist die nach außen tretende Folge des Vorenthaltens von einem darüber hinaus gehenden weder eintretenden noch geforderten Tatbestandserfolg zu unterscheiden.[141] Wäre eine konkrete Gefährdung des Beitragsaufkommens der Solidargemeinschaft gefordert, müsste denn auch in jedem einzelnen Fall geprüft werden, wie sich das Vorenthalten der Sozialversicherungsbeiträge auf das geschützte Rechtsgut ausgewirkt hat und dargelegt werden, inwiefern der Tatbestandserfolg lediglich zufällig vermieden wurde.[142]

---

132 Wessels/*Beulke/Satzger*, AT, Rn. 42.
133 *Roxin/Greco*, AT I, § 10 H Rn. 124 und § 11 B Rn. 147.
134 *Roxin/Greco*, AT I, § 10 H Rn. 124 und § 11 B Rn. 153.
135 Matt/Renzikowski-*Renzikowski*, Vor § 13 Rn. 27; Wessels/*Beulke/Satzger*, AT, Rn. 44.
136 *Tag*, S. 103; *Fritz*, S. 16; *Branz*, S. 88; *Gosch*, S. 137.
137 LK-StGB/*Möhrenschlager*, § 266a Rn. 3.
138 Siehe dazu oben 2. Teil. A. V. 3. a) aa).
139 *Branz*, S. 88; *Tag*, S. 102; *Fritz*, S. 16.
140 Siehe dazu oben 2. Teil. A. V. 3. a) aa).
141 *Branz*, S. 88.
142 *Tag*, S. 102.

Vielmehr werden die Sozialversicherungen schon durch das bloße Vorenthalten der Beiträge durch den Arbeitgeber in ihrer Leistungsfähigkeit abstrakt gefährdet.[143] Diese Gefährdung ist selbst kein Tatbestandsmerkmal, sondern nur das Motiv des Gesetzgebers, die Beitragsvorenthaltung der Arbeitnehmeranteile in § 266a Abs. 1 StGB unter Strafe zu stellen.[144]

B. Die Vorrangrechtsprechung des BGH

Zu § 266a Abs. 1 StGB ist inzwischen eine gefestigte Rechtsprechung des BGH etabliert, die als Vorrangrechtsprechung bezeichnet wird. Da die Unmöglichkeit der Beitragszahlung (an sich) die Tatbestandsmäßigkeit des § 266a Abs. 1 StGB entfallen lässt, kommt der Frage, wann Zahlungsunfähigkeit des Arbeitgebers anzunehmen ist, gerade in einer finanziell schwierigen Situation des Unternehmens hohe Bedeutung zu. Die Auffassung, ein Arbeitgeber sei erst dann finanziell nicht mehr leistungsfähig, wenn ihm konkret die Mittel fehlen, die zur Entrichtung der Arbeitnehmeranteile benötigt werden und dies ungeachtet anderer bestehender Verbindlichkeiten,[145] korreliert mit einem angenommenen Vorrang der Arbeitnehmeranteile vor anderen Forderungen.

I. Entwicklung der Vorrangrechtsprechung

Der VI. Zivilsenat befasste sich im Jahr 1997 mit dem Anspruch einer Einzugsstelle gegen den Geschäftsführer einer GmbH auf Schadensersatz wegen vorenthaltener Arbeitnehmerbeiträge zur Sozialversicherung aus § 823 Abs. 2 BGB i.V.m. § 266a Abs. 1 StGB als Schutzgesetz und stellte in seiner Entscheidung erstmalig fest, die Arbeitnehmerbeiträge seien vorrangig vor allen anderen Verbindlichkeiten zu begleichen.[146]

Weiter führte der Zivilsenat aus, der Straftatbestand des § 266a Abs. 1 StGB sei auch dann verwirklicht, wenn ein Arbeitgeber diesen Vorrang missachte und stattdessen kongruente, d.h. fällige und einredefreie Forderungen anderer Gläubiger befriedige mit der Folge, dass die (spätere) Zahlungsfähigkeit im Zeitpunkt der Fälligkeit der Arbeitnehmeranteile beeinträchtigt oder nicht mehr vorhanden sei.[147] Damit konstituiert der BGH einen absoluten Vorrang der

143 *Tag*, S. 102.
144 *Fritz*, S. 22.
145 Siehe dazu oben 2. Teil. A. V. 3. a) bb).
146 BGHZ 134, 304, 310 = BGH NJW 1997, 1237, 1238.
147 BGHZ 134, 304, 310 = BGH NJW 1997, 1237, 1238.

Arbeitnehmerbeiträge vor anderen zivilrechtlichen Verbindlichkeiten und stuft eine vorausgehende Verwendung von finanziellen Mitteln gegenüber anderen Gläubigern als pflichtwidrig ein.[148]

Diese erhebliche Verschärfung zivil- und strafrechtlicher Haftung begründete der Senat damit, dass die Privilegierung der Beitragsansprüche sich aus der strafrechtlichen Sanktionierung ihres Vorenthaltens ergebe und der Vorrang vor zivilrechtlichen Forderungen damit dem Schutzzweck des § 266a Abs. 1 StGB entspreche, der schon nach dem gesetzgeberischen Willen in der Sicherstellung des Beitragsaufkommens der Sozialversicherungen liege.[149]

Des weiteren ergebe sich dieser Vorrang auch aus der Existenz des § 266a Abs. 6 S. 1 StGB (früher: § 266a Abs. 5 S. 1 StGB), wonach von einer Strafe abgesehen werden kann, wenn die fristgemäße Zahlung der Beiträge trotz ernsthaften Bemühens nicht möglich war und der Arbeitgeber die Gründe dafür sowie die Höhe der vorenthaltenen Beiträge der Einzugsstelle meldet; denn diese Vorschrift sei dann überflüssig, wenn die aus der Befriedigung kongruenter Verbindlichkeiten resultierende Zahlungsunfähigkeit des Arbeitgebers die Tatbestandsmäßigkeit des § 266a Abs. 1 StGB oder zumindest die Rechtswidrigkeit entfallen ließe.[150]

Ein solch absoluter Vorrang stellt hinsichtlich der Liquidität eines Arbeitgebers nicht darauf ab, ob dieser noch seine Gesamtverbindlichkeiten erfüllen kann, sondern maßgeblich ist nur, ob die Arbeitnehmeranteile nötigenfalls statt anderer Verbindlichkeiten beglichen werden können.[151] Dieser Begriff von Zahlungsunfähigkeit als tatsächlicher Unmöglichkeit i.S.d. § 266a Abs. 1 StGB ist enger gefasst als die Zahlungsunfähigkeit i.S.v. § 17 Abs. 2 InsO.[152]

Handelt es sich bei dem Arbeitgeber z.B. um eine GmbH, haftet ihr Geschäftsführer gegenüber der Gesellschaft gem. § 64 S. 1 GmbHG (früher: § 64 Abs. 2 S. 1 GmbHG) für Zahlungen, die nach Eintritt von Zahlungsunfähigkeit oder Überschuldung der Gesellschaft geleistet wurden. Zahlungsunfähigkeit, § 17 Abs. 2 InsO, oder Überschuldung, § 19 Abs. 2 InsO, bedingen den Eintritt der Insolvenzreife und deshalb sanktioniert das gesellschaftsrechtliche Zahlungsverbot aus § 64 S. 1 GmbHG Masseschmälerungen, die der Geschäftsführer einer GmbH pflichtwidrig vornimmt.[153] Danach würde der vom VI. Zivilsenat

---

148 Ignor/Mosbacher-*Pananis*, § 6 Rn. 29.

149 BGHZ 134, 304, 310 f. = BGH NJW 1997, 1237, 1238.

150 BGHZ 134, 304, 311 = BGH NJW 1997, 1237, 1238.

151 *Wüchner*, S. 102.

152 MK-StGB/*Radke*, § 266a Rn. 66.

153 Lutter/Hommelhoff-*Kleindiek*, § 64 Rn. 1.

angenommene Vorrang der Pflicht zum Abführen der Arbeitnehmeranteile mit dem Gebot der Massesicherung kollidieren, bei dessen Missachtung der Geschäftsführer zivilrechtlich haftet. Demgegenüber würde dem Geschäftsführer Strafbarkeit gem. § 266a Abs. 1 StGB und über § 823 Abs. 2 BGB auch zivilrechtliche Haftung drohen, wenn er das Gebot der Massesicherung beachtet.

Im Hinblick auf dieses Dilemma stellte 2001 der II. Zivilsenat in einem obiter dictum fest, in einem solchen Fall müsste das deliktische Verschulden (für einen Anspruch aus § 823 Abs. 2 BGB i.V.m. § 266a Abs. 1 StGB) wegen einer Pflichtenkollision verneint werden, ein Haftungsausschluss nach § 64 S. 2 GmbHG (früher: § 64 Abs. 2 S. 2 GmbHG) komme jedoch nicht in Betracht, weil § 64 S. 1 GmbHG den Erhalt der verteilungsfähigen Vermögensmasse einer insolvenzreifen GmbH und die Verhinderung bevorzugter Befriedigung einzelner Gläubiger bezwecke.[154] § 64 S. 2 GmbHG schließt eine Ersatzpflicht gem. § 64 S. 1 GmbHG aus, wenn Zahlungen nach Eintritt der Insolvenzreife mit der Sorgfalt eines ordentlichen Geschäftsmanns vereinbar sind.

In strafrechtlicher Hinsicht folgte aus dieser Auffassung, dass ein Arbeitgeber sich dann normgerecht verhielte, wenn er in Beachtung des gesellschaftsrechtlichen Zahlungsverbots aus § 64 S. 1 GmbHG nach Eintritt der Insolvenzreife keine Arbeitnehmerbeiträge zur Sozialversicherung mehr abführt und ab diesem Zeitpunkt das Zahlungsverbot mithin auch für die Arbeitnehmeranteile gilt.

Demgegenüber trat der 5. Strafsenat im Jahr 2002 der Auffassung des VI. Zivilsenats unter Annahme eines Vorrangs der Arbeitnehmerbeiträge vor allen anderen Verbindlichkeiten bei und begründete dies ergänzend damit, dass die Missachtung einer strafrechtlich gebotenen Pflicht wie das Abführen der Sozialversicherungsbeiträge im Falle einer Pflichtenkollision überhaupt nur dann gerechtfertigt sein könne, wenn stattdessen eine mindestens gleichwertige Pflicht erfüllt werde, aus dem strafrechtlichen Schutz jedoch stets eine Höherwertigkeit gegenüber einer zivilrechtlichen Handlungspflicht folge.[155]

Darauf folgend vertrat der 5. Strafsenat 2003 wie der II. Zivilsenat die Auffassung, nach Eintritt der Insolvenzreife müssten wegen der Einheit der Rechtsordnung zur Vermeidung einer Pflichtenkollision mit der sonst drohenden Ersatzpflicht nach § 64 S. 1 GmbHG keine Arbeitnehmerbeiträge gezahlt werden.[156] Dies gelte während der Drei-Wochen-Frist zur Beantragung des

---

154 BGHZ 146, 264, 275 = BGH NJW 2001, 1280, 1282.
155 BGHSt 47, 318, 321 f.
156 BGHSt 48, 307, 309 f. = BGH NJW 2003, 3787, 3788.

Insolvenzverfahrens gem. § 15a Abs. 1 S. 1 InsO (früher: § 64 Abs. 1 GmbHG).[157] Weil der Arbeitgeber sich demnach nicht gem. § 266a Abs. 1 StGB strafbar mache und ihm somit auch keine zivilrechtliche Haftung über § 823 Abs. 2 BGB drohe, könne er sich mangels Pflichtenkollision nicht auf einen Haftungsausschluss nach § 64 S. 2 GmbHG berufen, wenn er während der Insolvenzantragsfrist dennoch Arbeitnehmerbeiträge abführe.[158] Nach Ablauf dieser Frist lebe die Beitragsabführungspflicht jedoch wieder auf, was insbesondere bei fortbestehender Insolvenzreife gelte, und die Arbeitnehmeranteile seien vorrangig abzuführen, falls noch liquide Mittel verfügbar seien, weil nur während der Drei-Wochen-Frist aussichtsreiche Sanierungsversuche privilegiert würden.[159]

Der II. Zivilsenat trat in einer Entscheidung im Jahr 2005 jedoch der Ansicht des 5. Strafsenats entgegen und widersprach dem postulierten Vorrang der Sozialversicherungsbeiträge, weil die Insolvenzordnung ein solches Rangverhältnis gerade nicht kenne bzw. dieses durch den Gesetzgeber bewusst abgeschafft worden sei und die Entscheidung des Gesetzgebers nicht unterlaufen werden dürfe.[160] Vielmehr sei mit dem Wegfall der Konkursordnung und der seinerzeit in § 61 Abs. 1 Nr. 1 e) KO für die Sozialbeiträge enthaltenen Privilegierung der Forderungen der Einzugsstellen und den nunmehr geltenden Vorschriften der Insolvenzordnung ein Paradigmenwechsel eingetreten und allein aus der Strafbewehrung des Vorenthaltens könne der angenommene Vorrang nicht hergeleitet werden.[161] Demzufolge handle ein Arbeitgeber eben nicht im Sinne des § 64 S. 2 GmbHG mit der Sorgfalt eines ordentlichen Geschäftsmanns, wenn er nach Eintritt der Insolvenzreife noch Arbeitnehmeranteile an die Sozialkasse abführe.[162]

Ebenfalls im Jahr 2005 bekräftigte der 5. Strafsenat, an der Vorrangigkeit der Arbeitnehmeranteile festzuhalten, denn der vom II. Zivilsenat angesprochene Paradigmenwechsel sei dafür nicht von Bedeutung, weil sich für den Arbeitgeber der Vorrang schon aus der Strafbewehrung der Beitragsabführungspflicht ergebe.[163] Gerade in einer finanziell angespannten Situation eines Unternehmens sei der durch § 266a Abs. 1 StGB intendierte Schutz des Beitragsaufkommens

157 BGHSt 48, 307, 310 = BGH NJW 2003, 3787, 3788.
158 BGHSt 48, 307, 310 = BGH NJW 2003, 3787, 3788.
159 BGHSt 48, 307, 310 f. = BGH NJW 2003, 3787, 3788.
160 BGH NJW 2005, 2546, 2548.
161 BGH NJW 2005, 2546, 2548.
162 BGH NJW 2005, 2546, 2548.
163 BGH NJW 2005, 3650, 3651 = BGH NStZ 2006, 223, 224.

der Sozialversicherungen sonst nicht zu wahren, weil der Arbeitgeber insbesondere in der Krise kein Eigeninteresse habe, die Sozialversicherungsbeiträge abzuführen.[164] Des weiteren wiederholte der 5. Strafsenat seine Auffassung, dass die Beitragsabführungspflicht nur innerhalb der Drei-Wochen-Frist zur Stellung eines Insolvenzantrags suspendiert sei, weil sich nicht auf das Gebot der Massesicherung aus § 64 S. 1 GmbHG berufen könne, wer ein Unternehmen trotz fortbestehender Insolvenzreife ohne aussichtsreiche Sanierungsmöglichkeit weiterführe und sich daher nur in einem scheinbaren Konflikt mit § 64 S. 1 GmbHG befinde und jederzeit den gebotenen Insolvenzantrag stellen könne.[165] Sei der Drei-Wochen-Zeitraum ohne Eröffnung des Insolvenzverfahrens verstrichen, müssten mit noch vorhandenen Mitteln vorrangig die Arbeitnehmerbeiträge beglichen werden.[166]

Daraufhin änderte der II. Zivilsenat 2007 seine Rechtsprechung und schloss sich unter Hinweis auf die Einheit der Rechtsordnung der Auffassung des 5. Strafsenats an, indem er nunmehr feststellte, einem Geschäftsführer könne als Arbeitgeber nicht auferlegt werden, bei insolvenzreifer Gesellschaft dem Gebot der Massesicherung zu genügen und fällige Arbeitnehmeranteile nicht zu zahlen, wenn ihm deswegen strafrechtliche Verfolgung drohe.[167] Daher handele er in dieser krisenhaften Unternehmenssituation doch mit der Sorgfalt eines ordentlichen Geschäftsmanns gem. § 64 S. 2 GmbHG und sei nicht nach § 64 S. 1 GmbHG gegenüber der Gesellschaft erstattungspflichtig.[168]

Entsprechend konsequent entschied der II. Zivilsenat in den Jahren 2008 und 2010, dass ein Geschäftsführer allerdings dann über § 823 Abs. 2 BGB i.V.m. § 266a Abs. 1 StGB auf Schadensersatz wegen vorenthaltener Arbeitnehmerbeiträge haftet, wenn nach Eintritt der Insolvenzreife noch Forderungen anderer Gläubiger als der Einzugsstelle, wie z.B. Miete oder Nettolöhne, beglichen werden und diese Forderungen die der Sozialkasse übersteigen, weil dann keine Pflichtenkollision vorliege und sich aus dem Umstand einer Zahlung ergebe, dass die Beitragsabführung eben doch noch möglich sei.[169] Dies gelte mit der Folge rückwirkender Haftung jedenfalls dann, wenn die Insolvenzantragsfrist verstreiche, ohne dass der Geschäftsführer einen Insolvenzantrag stelle.[170] Dadurch

164 BGH NJW 2005 3650, 3651 f. = BGH NStZ 2006, 223, 224.
165 BGH NJW 2005, 3650, 3652 = BGH NStZ 2006, 223, 224 f.
166 BGH NJW 2005, 3650, 3652 = BGH NStZ 2006, 223, 224.
167 BGH NJW 2007, 2118, 2120 = BGH GmbHR 2007, 757, 758 f.
168 BGH NJW 2007, 2118, 2120 = BGH GmbHR 2007, 757, 759.
169 BGH NJW-RR 2008, 1253, 1254; BGH NJW 2009, 295; BGH NJW-RR 2010, 701, 702.
170 BGH NJW 2009, 295, 296.

entsteht nunmehr ein neuer Widerspruch zur Rechtsprechung des 5. Strafsenats, nach der in der Drei-Wochen-Frist zur Beantragung des Insolvenzverfahrens gerade keine strafrechtliche Verantwortlichkeit aus § 266a Abs. 1 StGB droht, wenn keine Arbeitnehmerbeiträge abgeführt werden. Denn eine in diesem Zeitraum suspendierte Beitragsabführungspflicht kann nachträglich nicht wieder aufleben, weil ansonsten auch eine rückwirkende Strafbarkeit entstünde.

Daher besteht nach vereinzelter Auffassung seit der Änderung der Rechtsprechung durch den II. Zivilsenat keine Grundlage mehr für die Anerkennung des durch den 5. Strafsenat für den Drei-Wochen-Zeitraum aus dem gesellschaftsrechtlichen Zahlungsverbot hergeleiteten temporären Sonderrechtfertigungsgrunds zur Beitragsvorenthaltung.[171] Vielmehr sei das Abführen der Arbeitnehmeranteile vor und nach Eintritt der Insolvenzreife mit der Sorgfalt eines ordentlichen Geschäftsmanns vereinbar, weshalb auch in diesem Zeitraum gesellschafts- und insolvenzrechtliche Wertungen nicht länger maßgeblich sein dürften und es mithin solange strafbar sei, keine Arbeitnehmerbeiträge abzuführen, wie noch kein Insolvenzantrag gestellt werde, so dass das Vorenthalten auch während der Drei-Wochen-Frist strafbar sei.[172] Dabei wird übersehen, dass der 5. Strafsenat die Beitragsabführungspflicht gerade deshalb für den Drei-Wochen-Zeitraum suspendiert hat, damit der Geschäftsführer währenddessen aussichtsreiche Sanierungsversuche unternehmen kann und der II. Zivilsenat seine Judikatur aufgab, um diesen gesetzlichen Wertungen zu genügen. Für diesen Zeitraum eine strafrechtliche Verantwortlichkeit begründen zu wollen, liefe dem Zweck der Drei-Wochen-Frist diametral zuwider.[173] Dementsprechend ist nicht zu erwarten und sollte auch nicht gefordert werden, dass der 5. Strafsenat seine Rechtsprechung aufgibt und die Beitragsabführungspflicht während des Sanierungszeitraums pönalisiert.

Seine Rechtsprechung erweiterte der II. Zivilsenat 2011 dahingehend, dass ein Geschäftsführer auch dann mit der gebotenen Sorgfalt handele und nicht aus § 64 S. 1 GmbHG hafte, wenn er nicht nur die laufenden, d.h. nach Eintritt der Insolvenzreife fälligen Arbeitnehmeranteile an die Einzugsstelle abführe, sondern auch beim Begleichen von Beitragsrückständen.[174] Denn es sei dem Arbeitgeber nicht zumutbar, auf eine rückwirkende Zahlung und damit zugleich auf die Möglichkeit der Straffreiheit gem. § 266a Abs. 6 S. 1 und 2 StGB zu verzichten

---

171 *Bittmann*, wistra 2007, 406, 407.

172 *Bittmann*, wistra 2007, 406, 407.

173 *Brand*, GmbHR 2010, 237, 240.

174 BGH BB 2011, 781, 782.

und sich einem Schadensersatzanspruch nach § 823 Abs. 2 BGB auszusetzen.[175] Für die Arbeitgeberanteile allerdings gelte weiterhin das gesellschaftsrechtliche Zahlungsverbot aus § 64 Abs. 1 GmbHG, weil nur das Vorenthalten von Arbeitnehmerbeiträgen strafbar sei.[176] Daher ist es unerlässlich, dass der Geschäftsführer gegenüber der Einzugsstelle hinsichtlich der Zahlungen eine eindeutige Tilgungsbestimmung vornimmt.[177]

Zusammenfassend bedeutet diese Rechtsprechung, an der die Senate des BGH bis heute festhalten, für die Strafbarkeit gem. § 266a Abs. 1 StGB: Ein Arbeitgeber muss stets die Arbeitnehmeranteile zur Sozialversicherung vorrangig vor allen anderen Verbindlichkeiten begleichen, um eine Strafbarkeit zu vermeiden. Eine Ausnahme gilt nur für ein insolvenzreifes Unternehmen während der Drei-Wochen-Frist zur Beantragung des Insolvenzverfahrens, in der Sanierungsversuche unternommen werden und keine Arbeitnehmerbeiträge abgeführt werden müssen. Indes droht einem Geschäftsführer jedenfalls bei Fortführung des Unternehmens nach Ablauf der Insolvenzantragsfrist die (auch rückwirkende) Haftung auf Schadensersatz aus § 823 Abs. 2 BGB i.V.m. § 266a Abs. 1 StGB, wenn ein insolvenzreifes Unternehmen noch über genügend Mittel zum Begleichen der Arbeitnehmeranteile verfügt und diese dennoch nicht abgeführt werden.

Will ein Arbeitgeber der straf- *und* zivilrechtlichen Haftung entgehen, muss er demzufolge ausnahmslos bei Fälligkeit die Arbeitnehmeranteile zur Sozialversicherung vorrangig vor allen anderen Verbindlichkeiten abführen, sofern die Mittel dafür zur Verfügung stehen.

II. Obliegenheiten

Um das vorrangige Abführen der Arbeitnehmerbeiträge so weit wie möglich zu gewährleisten, hat der BGH eine Reihe von Obliegenheiten benannt, die der Arbeitgeber als Sicherungsmaßnahmen im Zeitraum zwischen der Fälligkeit des Arbeitsentgelts und der Fälligkeit der Arbeitnehmeranteile zu beachten habe.[178] Befindet sich das Unternehmen in einer finanziell schwierigen Situation, obliegt es dem Arbeitgeber, einen Liquiditätsplan aufzustellen sowie ausreichende Rücklagen zu bilden, indem alle anderweitigen Zahlungspflichten

175 BGH BB 2011, 781, 782.
176 BGH BB 2011, 781, 783.
177 *Jänig*, BB 2011, 784.
178 BGHZ 134, 304, 309 = BGH NJW 1997, 1237 f.

zurückzustellen und sogar die den Arbeitnehmern auszuzahlenden (Netto-) Löhne zu kürzen sind.[179] Ebenso erforderlich sei die Aufnahme eines Kredits bzw. das Ausschöpfen eines noch offenen Kreditrahmens,[180] es sei denn die Rückzahlung des Kredits sei nicht sicherzustellen.[181] Auch ist es dem Arbeitgeber verwehrt, Vermögenswerte, deren Pfändung droht, dem Gläubigerzugriff zu entziehen.[182] Er ist auch nicht gehalten, seine Arbeitnehmer zu kündigen und dadurch ihre Sozialversicherungspflicht zu beenden.[183] Hingegen sollen die Arbeitnehmerbeiträge auch vor Miet- und Pachtforderungen Vorrang genießen, sofern eine Räumung nicht unmittelbar bevorsteht.[184]

Der Umfang der Obliegenheiten richtet sich nach dem jeweiligen Einzelfall und dabei ist zu berücksichtigen, welche Einnahmen und welche Kapitalabflüsse zu erwarten sind.[185] Jedenfalls muss der Arbeitgeber fällige Forderungen abrechnen, um so mögliche Zahlungseingänge zu generieren.[186] Zugleich muss er Kapitalabflüsse vermeiden, die im Beiseiteschaffen von Geldern, überzogenen Entnahmen oder der inkongruenten Befriedigung anderer Gläubiger, also dem Begleichen nicht fälliger oder einredebehafteter Forderungen, bestehen.[187]

III. Vorsatz

Die Verwirklichung des § 266a Abs. 1 StGB setzt zumindest bedingten Vorsatz voraus.[188] Dafür genügt es, wenn der Arbeitgeber erkennt, dass die Arbeitnehmeranteile im Fälligkeitszeitpunkt möglicherweise nicht abgeführt werden können, und er trotz dieser Vorstellung nicht mittels ihm obliegender Maßnahmen auf die Beitragserfüllung hinwirkt, sondern vielmehr billigend in Kauf nimmt,

---

179 BGHZ 134, 304, 309 = BGH NJW 1997, 1237, 1238; BGHSt 47, 318, 321; BGH WM 2006, 2134 f.

180 BGH NJW 1997, 133, 134.

181 BGHSt 47, 318, 323.

182 BGHSt 47, 318, 323.

183 BGH NJW 2002, 1123, 1126.

184 LK-StGB/*Möhrenschlager*, § 266a Rn. 64.

185 BGHSt 47, 318, 322 f.

186 BGH NJW 2002, 1123, 1125.

187 LK-StGB/*Möhrenschlager*, § 266a Rn. 59; MK-StGB/*Radke*, § 266a Rn. 71; Sch-Sch-*Perron*, § 266a Rn. 10; *Brüssow/Petri*, § 266a Rn. 30.

188 BGHZ 134, 304, 314 = BGH NJW 1997, 1237, 1239; LK-StGB/*Möhrenschlager*, § 266a Rn. 79; MK-StGB/*Radke*, § 266a Rn. 89; Matt/Renzikowski-*Matt*, § 266a Rn. 63.

den Sozialversicherungsträgern die Arbeitnehmerbeiträge vorzuenthalten.[189] Wegen des durch den BGH angenommenen Vorrangs der Arbeitnehmeranteile zur Sozialversicherung vor allen anderen Verbindlichkeiten und der dem Arbeitgeber auferlegten Obliegenheiten, mittels derer der Vorrang sichergestellt werden soll, muss sich der bedingte Vorsatz auf den Zeitpunkt vor Fälligkeit der Beiträge erstrecken, in dem der Arbeitgeber diesen Obliegenheiten hätte nachkommen müssen.[190]

Dass der Arbeitgeber diesen von der Rechtsprechung postulierten Vorrang der Arbeitnehmeranteile vor allen anderen zivilrechtlichen Forderungen überhaupt erkennt, ist in diesen Voraussetzungen des bedingten Vorsatzes impliziert. Allerdings muss die drohende Zahlungsunfähigkeit nicht nur erkennbar gewesen, sondern tatsächlich erkannt und gebilligt worden sein.[191] Daher reicht es zur Begründung des Vorsatzes nicht aus, wenn der Arbeitgeber bloße Zweifel hegt, ob er zum Fälligkeitszeitpunkt seiner Beitragsabführungspflicht nachkommen kann.[192] Vielmehr liegt bedingter Vorsatz hinsichtlich einer Verletzung der Pflicht, die Obliegenheiten zu erfüllen, dann vor, wenn der Arbeitgeber erkannt hat, dass ein Liquiditätsengpass droht und er dabei billigend in Kauf nimmt, zum Zeitpunkt ihrer Fälligkeit die Arbeitnehmeranteile nicht abführen zu können, indem er die Erfüllung seiner Obliegenheiten unterlässt.[193]

Die Pflichtverletzung selbst soll nur dann anzunehmen sein, wenn die sich abzeichnenden Liquiditätsprobleme durch Erfüllung der Obliegenheiten hätten abgewendet werden können.[194]

Demnach ist ein Doppelvorsatz erforderlich, der zum einen den Vorsatz umfasst, die Obliegenheiten nicht zu erfüllen und dadurch die spätere Zahlungsunfähigkeit herbeizuführen, und zum anderen den Vorsatz umschließt, die geschuldeten Arbeitnehmerbeiträge zum Fälligkeitszeitpunkt nicht zu begleichen.[195] Ist der Arbeitgeber allerdings seinen Obliegenheiten nachgekommen und ist es ihm infolge unvorhersehbarer Ereignisse dennoch bei Fälligkeit nicht möglich, die benötigten Mittel zur Zahlung der

---

189 BGHZ 134, 304, 314 = BGH NJW 1997, 1237, 1239.
190 BGHZ 134, 304, 315 = BGH NJW 1997, 1237, 1239.
191 BGH NJW 2002, 1123, 1125.
192 BGHZ 134, 304, 315 = BGH NJW 1997, 1237, 1239.
193 BGHSt 47, 318, 323 f.
194 BGHSt 47, 318, 323.
195 SK-*Hoyer*, § 266a Rn. 52; *Tag*, S. 136.

Arbeitnehmeranteile aufzubringen, kann ihm keine vorsätzliche Pflichtverletzung vorgeworfen werden.[196]

Hinsichtlich der normativen Tatbestandsmerkmale, Arbeitgeber zu sein, der mit Arbeitnehmern sozialversicherungspflichtige Beschäftigungsverhältnisse begründet hat, ist eine Parallelwertung in der Laiensphäre erforderlich, aufgrund derer die normativen Tatbestandsmerkmale richtig erfasst worden sein müssen, damit Vorsatz vorliegen kann.[197]

IV. Implikationen der Vorrangrechtsprechung

1. Deliktische Haftung des Geschäftsleiters

§ 266a Abs. 1 StGB ist Schutzgesetz im Sinne des § 823 Abs. 2 BGB.[198] Demnach würde ein Geschäftsführer gegenüber einer Einzugsstelle nur dann zivilrechtlich auf Schadensersatz wegen vorenthaltener Arbeitnehmerbeiträge haften, wenn er rechtswidrig und schuldhaft den Tatbestand des § 266a Abs. 1 StGB verwirklicht hat. Nach der Rechtsprechung des II. Zivilsenats haftet ein Geschäftsführer allerdings auch dann rückwirkend zivilrechtlich, wenn er die Insolvenzantragsfrist verstreichen lässt und während bestehender Insolvenzreife Verbindlichkeiten begleicht, deren Höhe die der fälligen Arbeitnehmeranteile übersteigen, obwohl der 5. Strafsenat eine strafrechtliche Verantwortlichkeit während des Laufs der Drei-Wochen-Frist zur Beantragung der Insolvenz ausgeschlossen hat.[199]

Damit ermöglicht es § 823 Abs. 2 BGB i.V.m. § 266a Abs. 1 StGB den Sozialversicherungsträgern, sich neben dem Unternehmen (insb. im Fall der Insolvenz) den Geschäftsführer als weiteren Schuldner der Sozialversicherungsbeiträge des Arbeitnehmers zu verschaffen.[200]

Hingegen entfällt die Haftung auf Schadensersatz, wenn im Insolvenzfall der Insolvenzverwalter die Zahlung der Arbeitnehmerbeiträge erfolgreich hätte anfechten können, weil der den Einzugsstellen entstandene Schaden dann nicht kausal auf dem Vorenthalten der Arbeitnehmeranteile beruht.[201] Auf die strafrechtliche Verantwortlichkeit hat eine erfolgreiche Insolvenzanfechtung indes

---

196 *Bente*, S. 66.

197 LK-StGB/*Möhrenschlager*, § 266a Rn. 79; Matt/Renzikowski-*Matt*, § 266a Rn. 63.

198 BGH NJW 2005, 2546, 2547 m.w.N.

199 Siehe dazu oben 2. Teil. B. I.

200 *Hellmann*, JZ 1997, 1005.

201 BGH NJW 2005, 2546, 2548; BGH NJW 2005, 3650, 3652 = BGH NStZ 2006, 223, 224.

keine Auswirkungen, weil der Arbeitgeber in einer finanziell schwierigen Situation kein Eigeninteresse habe, die Arbeitnehmerbeiträge abzuführen, weshalb der Schutzzweck des § 266a Abs. 1 StGB nicht mehr gewährleistet sei, wenn schon im Hinblick auf die bloße Möglichkeit der späteren Eröffnung eines Insolvenzverfahrens und damit einhergehender Insolvenzanfechtung[202] auf die Beitragsabführungspflicht verzichtet würde.[203]

2. *Kollision mit gesellschaftsrechtlichen Pflichten*

Indem der II. Zivilsenat seine Rechtsprechung geändert hat und der Judikatur des 5. Strafsenats beigetreten ist, besteht keine Haftung wegen des gesellschaftsrechtlichen Zahlungsverbots mehr, wenn ein Geschäftsführer sowohl innerhalb als auch außerhalb der Insolvenzantragsfrist die Arbeitnehmeranteile zur Sozialversicherung abführt, weil er dabei mit der Sorgfalt eines ordentlichen Geschäftsmannes handelt.[204] Die frühere Kollision zwischen strafbewehrter Beitragsabführungspflicht und bei deren Erfüllung nach Insolvenzreife drohender gesellschaftsrechtlicher Haftung ist daher aufgelöst.[205]

Im Fall der finanziellen Krise eines Unternehmens ist der Geschäftsführer allerdings gehalten, Sanierungsmöglichkeiten auszuschöpfen. Denn ihm droht eine Haftung aus § 43 Abs. 2 GmbHG, wenn er (zu früh) einen Insolvenzantrag stellt, ohne aussichtsreiche Sanierungsversuche in den Grenzen des § 64 GmbHG und § 15a InsO unternommen zu haben.[206] Insofern würde der Versuch, mittels frühzeitigem Insolvenzantrag (rückwirkender) deliktischer und nach etwaigem Verstreichen der Insolvenzantragsfrist strafrechtlicher Haftung zu entgehen, zu einem Haftungsrisiko aus § 43 Abs. 2 GmbHG führen.[207] Zudem kann als Folge strafrechtlicher Verantwortlichkeit gem. § 6 Abs. 2 S. 2 Nr. 3 e) GmbHG für die Dauer von fünf Jahren seit rechtskräftiger Verurteilung nicht mehr zum Geschäftsführer bestellt werden, wer wegen einer Straftat nach § 266a Abs. 1 StGB zu einer Freiheitsstrafe von mindestens einem Jahr verurteilt worden ist.

---

202 Siehe dazu unten 2. Teil. B. IV. 3. b).

203 BGH NJW 2005, 3650, 3652 = BGH NStZ 2006, 223, 224; BGHSt 48, 307, 312 = BGH NJW 2003, 3787, 3789.

204 *Brand*, GmbHR 2010, 237, 241.

205 Siehe dazu oben 2. Teil. B. I.

206 Lutter/Hommelhoff-*Kleindiek*, § 43 Rn. 35.

207 *Wüchner*, S. 112.

3. *Insolvenzrechtliche Folgen*

Die Vorrangrechtsprechung des BGH kann beträchtliche insolvenzrechtliche Folgen haben:

a) Insolvenz des Unternehmens

Ein Insolvenzverfahren ist zu eröffnen, wenn ein Eröffnungsgrund vorliegt, § 16 InsO. Eröffnungsgründe sind die Zahlungsunfähigkeit, § 17 Abs. 1 InsO, bei juristischen Personen, wie z.B. einer GmbH, auch die Überschuldung, § 19 Abs. 1 InsO, und auf Antrag des Schuldners auch die drohende Zahlungsunfähigkeit, § 18 Abs. 1 InsO.

Nach der Legaldefinition des § 17 Abs. 2 S. 1 InsO ist der Schuldner zahlungsunfähig, wenn er nicht in der Lage ist, die fälligen Zahlungspflichten zu erfüllen. Bei einer Zahlungseinstellung wird gem. § 17 Abs. 2 S. 2 InsO vermutet, dass Zahlungsunfähigkeit besteht.[208] Demnach ist von einer Zahlungseinstellung auszugehen, wenn sich die Zahlungsunfähigkeit nach außen manifestiert.[209]

Maßgeblich für die Feststellung der Zahlungsunfähigkeit ist vom Tag der Messung an die Liquidität über einen Zeitraum der folgenden (etwa) drei Wochen, wie er auch im Hinblick auf die Insolvenzantragsfrist relevant ist.[210] Die Zahlungsunfähigkeit selbst wird dabei immer für einen bestimmten Stichtag, also den Tag der Messung, geprüft und bei Feststellung der Zahlungsunfähigkeit liegt Insolvenzreife vor und damit beginnt der Lauf der Drei-Wochen-Frist zur Beantragung der Insolvenz.[211] Ermittelt wird die Zahlungsunfähigkeit, indem die aktuell fälligen Verbindlichkeiten und die liquiden Mittel einander gegenübergestellt werden.[212]

Demgegenüber liegt nur eine Zahlungsstockung und keine Zahlungsunfähigkeit vor bzw. ist zu vermuten, wenn die Liquiditätslücke regelmäßig bis maximal 10 % beträgt.[213]

Auch die Überschuldung ist legaldefiniert und liegt nach § 19 Abs. 2 S. 1 InsO vor, wenn das Vermögen des Schuldners die bestehenden Verbindlichkeiten nicht mehr deckt, es sei denn, die Fortführung des Unternehmens

---

208 Schmidt-*Schmidt*, InsO, § 17 Rn. 4.

209 Schmidt-*Schmidt*, InsO, § 17 Rn. 39.

210 BGH NJW 2006, 1348, 1351; MK-InsO/*Eilenberger*, § 17 Rn. 12.

211 Schmidt-*Schmidt*, InsO, § 17 Rn. 5.

212 Andres/Leithaus/Dahl-*Leithaus*, § 17 Rn. 2.

213 BGH NJW 2006, 1348, 1351; Andres/Leithaus/Dahl-*Leithaus*, § 17 Rn. 2; MK-InsO/*Eilenberger*, § 17 Rn. 24.

ist nach den Umständen überwiegend wahrscheinlich. Damit beinhaltet die Überschuldung ein bilanzielles und ein prognostisches Element.[214] Voraussetzungen einer positiven Fortführungsprognose sind eine stets ausreichende Liquidität für voraussichtlich zumindest das nächste Jahr und das Vorliegen eines Fortführungswillens.[215]

Da der Eröffnungsgrund der Überschuldung eine Fortbestehensprognose und Überschuldungsbilanz auf einen langen Zeitraum betrachtet erfordert und die drohende Zahlungsunfähigkeit nur auf Antrag des Schuldners hin einen fakultativen Eröffnungsgrund darstellt, der keine obligatorische Antragspflicht nach § 15a Abs. 1 S. 1 InsO auslöst,[216] ist im Hinblick auf die Vorrangrechtsprechung vor allem die Zahlungsunfähigkeit als Eröffnungsgrund relevant.

Da der Arbeitgeber auch in einer finanziell angespannten Situation des Unternehmens vorhandene Mittel zurückhalten muss, um später fällig werdende Arbeitnehmerbeiträge zur Sozialversicherung zu begleichen, und selbst auf Forderungen in kongruenter Deckung nicht mehr leisten darf, kann er in die Lage geraten, fällige Verbindlichkeiten anderer Gläubiger nicht mehr erfüllen zu können. Indem der Arbeitgeber fällige, einredefreie Forderungen nicht mehr erfüllen kann, tritt Zahlungsunfähigkeit ein, die für die Gläubiger sogar als Zahlungseinstellung erkennbar ist. Beträgt die Liquiditätslücke nämlich 10 % oder mehr, ist nicht mehr von einer bloßen Zahlungsstockung auszugehen.

Ein Unternehmen kann somit in die Lage geraten, dass eine an sich nur drohende Zahlungsunfähigkeit gleichsam zu einer eingetretenen Zahlungsunfähigkeit „hochqualifiziert“ wird.[217] Dies hat den Eintritt der Insolvenzreife zur Folge, so dass die Drei-Wochen-Frist zur Beantragung der Insolvenz zu laufen beginnt, auch wenn der Arbeitgeber mit den noch vorhandenen Mitteln die eigentlich fälligen Forderungen begleichen könnte.[218] Selbst wenn mit den noch vorhandenen Mitteln die später fällig werdenden Arbeitnehmeranteile bezahlt werden und eine etwaige (rückwirkende) deliktische Haftung vermieden wird, wird dem Geschäftsführer schon wegen der Kürze der Insolvenzantragsfrist im Hinblick auf die aus § 15a Abs. 4 oder Abs. 5 InsO drohende Strafbarkeit wegen vorsätzlicher oder fahrlässiger Insolvenzverschleppung in manchen Fällen keine andere Wahl bleiben als einen Insolvenzantrag zu stellen.

---

214 Schmidt-*Schmidt*, InsO, § 19 Rn. 3.

215 Andres/Leithaus/Dahl-*Leithaus*, § 19 Rn. 6.

216 Schmidt-*Schmidt*, InsO, § 18 Rn. 10.

217 *Gosch*, S. 181.

218 *Gosch*, S. 181 f.

Neben der vom BGH angenommenen Vorrangigkeit der Arbeitnehmerbeiträge vor allen anderen Verbindlichkeiten als solcher wirkt sich auf den Fortbestand eines Unternehmens demnach auch aus, dass die tatsächliche Unmöglichkeit der Beitragsabführungspflicht, die eine Strafbarkeit gem. § 266a Abs. 1 StGB entfallen lässt, erst unter engeren Voraussetzungen vorliegt als die insolvenzrechtliche Zahlungsunfähigkeit.[219] Dadurch kann der Arbeitgeber nur in sehr begrenztem Maße noch vorhandene finanzielle Mittel, z.B. für aussichtsreiche Sanierungsversuche, einsetzen, steuert allerdings in dem Zeitraum vor Eintritt der Insolvenzreife, in dem er die Abführungspflicht noch vorrangig erfüllen muss, zugleich auf die Zahlungsunfähigkeit zu, indem er gezwungen ist, selbst kongruente Forderungen anderer Gläubiger nachrangig zu behandeln.

Dadurch kann nicht nur der Arbeitgeber selbst in die Situation geraten, einen Insolvenzantrag stellen zu müssen, sondern auch seine Gläubiger, deren fällige und einredefreie Forderungen er nicht bedienen darf, haben dann die Möglichkeit eines Eröffnungsantrags. Nach § 13 Abs. 1 S. 2 InsO sind sowohl die Gläubiger als auch der Schuldner berechtigt bzw. Geschäftsführer als Vertretungsorgane einer GmbH wegen § 15a Abs. 1 S. 1 InsO verpflichtet, einen Antrag auf Eröffnung des Insolvenzverfahrens zu stellen. Ein Gläubiger ist gem. § 14 Abs. 1 S. 1 InsO antragsberechtigt, wenn er ein rechtliches Interesse an der Verfahrenseröffnung hat und Forderung sowie Eröffnungsgrund glaubhaft macht. Als Eröffnungsgründe muss der Gläubiger die Zahlungsunfähigkeit und/oder Überschuldung des Schuldners geltend machen.[220]

Unter Geltung der früheren Konkursordnung war Voraussetzung der Fälligkeit der Forderung, dass diese durch den Gläubiger ernsthaft eingefordert wurde, und darüber hinaus musste der Schuldner dauerhaft unvermögend sein, seinen Zahlungspflichten nachzukommen.[221] Hingegen genügt es unter der Insolvenzordnung, wenn sich aus einer Gläubigerhandlung, wie z.B. dem Übersenden einer Rechnung, der Wille ergibt, vom Schuldner Erfüllung zu verlangen.[222] Denn Forderungen, die nicht mit einer gewissen Ernsthaftigkeit geltend gemacht werden, sollen kein Auslöser für eine Insolvenzantragstellung sein.[223]

Demzufolge kann auch ein Gläubiger, dessen per Rechnung geltend gemachte, fällige und einredefreie Forderung nur deshalb nicht ausgeglichen wird, weil erst

---

219 Siehe dazu oben 2. Teil. B. I.

220 Schmidt-*Gundlach*, InsO, § 14 Rn. 18.

221 Vgl. Schmidt-*Schmidt*, InsO, § 17 Rn. 4; Andres/Leithaus/Dahl-*Leithaus*, § 17 Rn. 2.

222 BGHZ 173, 286, 293.

223 *Rönnau*, StraFo 2014, 265, 268 m.w.N.

später fällig werdende Arbeitnehmerbeiträge zur Sozialversicherung auch vor kongruenten Forderungen Vorrang genießen und dies im Voraus durch Bildung von Rücklagen – quasi um jeden Preis – sichergestellt werden muss, den Eröffnungsantrag stellen und damit seinerseits die Insolvenz eines Unternehmens herbeiführen, das an sich gar nicht zahlungsunfähig ist. Insofern vermag die Vorrangrechtsprechung auch solche Unternehmen geradezu in die Insolvenz zu treiben, die sich allenfalls in einer finanziell schwierigen Situation befinden, was in einer globalisierten Wirtschaft und Schwierigkeiten an internationalen Kapitalmärkten durchaus auch für längere Zeiträume alltäglich sein kann.

b) *Insolvenzanfechtung*

Die Insolvenzanfechtung dient der Gläubigergleichbehandlung, der par conditio creditorum, indem Vermögensverschiebungen im Vorfeld einer Insolvenz korrigiert werden können, wodurch eine gleichmäßige Befriedigung aller Gläubiger ermöglicht werden soll.[224] Gem. § 129 Abs. 1 InsO ist eine Rechtshandlung, die vor der Eröffnung des Insolvenzverfahrens vorgenommen worden ist und die Insolvenzgläubiger benachteiligt, nach den Vorschriften der §§ 130 ff. InsO anfechtbar.

Bedeutsam sind dafür vor allem § 130 InsO zur Anfechtung einer Rechtshandlung, die einem Insolvenzgläubiger eine Sicherung oder Befriedigung gewährt hat, auf die er einen Anspruch hatte, wenn sie bis zu drei Monate vor Beantragung des Insolvenzverfahrens erfolgte und der Gläubiger die Zahlungsunfähigkeit des Schuldners kannte oder aus den Umständen hätte kennen müssen, sowie § 131 InsO zur Anfechtung einer Rechtshandlung, die einem Insolvenzgläubiger eine Sicherung oder Befriedigung gewährt hat, auf die er überhaupt oder nach Art und Zeit keinen Anspruch hatte, wenn sie im letzten Monat vor Beantragung des Insolvenzverfahrens erfolgte oder wenn sie bis zu drei Monate vor Beantragung des Insolvenzverfahrens erfolgte und der Schuldner zahlungsunfähig war oder der Gläubiger die Benachteiligung der Insolvenzgläubiger kannte oder aus den Umständen hätte kennen müssen.

Zwar gelten kraft der gesetzlichen Fiktion des § 28 e Abs. 1 S. 2 SGB IV die vom Arbeitgeber zu zahlenden Arbeitnehmerbeiträge als aus dem Vermögen des Arbeitnehmers erbracht, womit der Gesetzgeber die Insolvenzanfechtung der Arbeitnehmerbeiträge ausschließen wollte,[225] doch hat der BGH entschieden, dass die Arbeitnehmersozialversicherungsbeiträge gleichwohl der

224 *Knospe*, S. 51.
225 Siehe dazu oben 2. Teil. A. II.

Insolvenzanfechtung unterliegen, weil es sich der Gesetzesfiktion entsprechend um eine nur mittelbare (und keine unmittelbare) Zahlung aus dem Vermögen des Beschäftigten an die Einzugsstellen handele.[226]

Mithin werden die vom Arbeitgeber geforderte strafbewehrte Handlung, nämlich die vorrangige Abführung der Sozialversicherungsbeiträge bzw. ihr Erfolg durch die Insolvenzanfechtung rückgängig gemacht,[227] so dass der damit bezweckte Schutz entfällt.[228] Obwohl der Arbeitgeber als Normadressat im Fall der Insolvenzanfechtung den Schutz des Beitragsaufkommens der Sozialversicherung gar nicht bewirken kann, weil seine Handlung gleichsam „neutralisiert" wird,[229] begründet die Missachtung der Handlungspflicht nach der Vorrangrechtsprechung dennoch eine strafrechtliche Verantwortung. Die Begründung des BGH, die bloße Möglichkeit einer Insolvenzanfechtung würde mangels Eigeninteresse des Arbeitgebers an der Beitragsabführung sonst den Schutzzweck unterlaufen,[230] übersieht, dass gerade die durch den BGH selbst gestattete Insolvenzanfechtung der Arbeitnehmerbeiträge dem Willen des Gesetzgebers zuwider läuft.[231] Darüber hinaus besteht keine Notwendigkeit, Arbeitgebern pauschal zu unterstellen, sie würden in einer finanziellen Krise des Unternehmens die Arbeitnehmeranteile nicht abführen, bzw. es ist davon auszugehen, dass die Beitragsabführung jedenfalls solange erfolgt, wie betriebsnotwendige Ausgaben wie die Bezahlung der Mitarbeiter, der Gewerberaummiete, der Energielieferung, etc. noch möglich sind.[232]

V. Kritik an der Vorrangrechtsprechung

Die Vorrangrechtsprechung führt aus insolvenzrechtlicher Sicht zu einem paradoxen Ergebnis: Wegen des postulierten Vorrangs der Arbeitnehmerbeiträge vor allen anderen Forderungen kann ein Arbeitgeber in einer finanziell schwierigen Situation gezwungen sein, fällige, einredefreie Verbindlichkeiten anderer Gläubiger zurückzustellen bzw. diese nicht zu begleichen, um Rückstellungen für erst später fällig werdende Arbeitnehmeranteile zur Sozialversicherung zu schaffen. Dadurch wird allerdings die Insolvenz des Unternehmens herbeigeführt, weil

226 BGHZ 183, 86, 91 f.
227 *Lüke/Mulansky*, ZIP 1998, 673, 676.
228 *Gosch*, S. 161.
229 *Gosch*, S. 163.
230 Siehe dazu unten 2. Teil. B. IV. 1.
231 *Brand*, GmbHR 2010, 237, 241.
232 *Ischebeck*, S. 165.

es als zahlungsunfähig gilt. In der nunmehr eingetretenen Insolvenz kann und wird der Insolvenzverwalter die Zahlung der Arbeitnehmersozialversicherungsbeiträge erfolgreich anfechten, so dass diese zurückgezahlt und später allenfalls dann in marginaler Höhe neben den anderen Insolvenzgläubigern auch an die Sozialkassen verteilt werden. Der mit der Vorrangigkeit erstrebte Zweck, das Beitragsaufkommen der Sozialversicherungen zu gewährleisten, wird geradezu in sein Gegenteil verkehrt. Die entsprechende Auslegung der Vorschrift des § 266a Abs. 1 StGB, das Beitragsaufkommen durch den Vorrang der Arbeitnehmeranteile erst zu sichern und sodann insolvenzrechtlich wieder zu entziehen, entbehrt jeder Sinnhaftigkeit.[233]

Der Zusammenbruch eines Unternehmens kann sich darüber hinaus auch ergeben, indem wirtschaftlich notwendige Aktivitäten, wie z.B. Investitionen oder eine Marketingkampagne, eingeschränkt werden, weil Liquidität im Hinblick auf die Beitragsabführungspflicht gebunden wird oder gar für die Sanierung erforderliche Mittel deshalb nicht zur Verfügung stehen.[234] Die damit einhergehende Gefährdung von Arbeitsplätzen läuft damit nicht nur dem Schutzgut des § 266a Abs. 1 StGB zuwider, sondern auch der Intention des Sozialversicherungsrechts, denn diese umfasst gem. § 1 Abs. 1 SGB III die Erhaltung und Schaffung wettbewerbsfähiger Arbeitsplätze.[235]

Die Reichweite des Vorrangs der Arbeitnehmerbeiträge vor anderen Verbindlichkeiten, wie sie nach der Rechtsprechung des BGH bei § 266a Abs. 1 StGB angenommen wird, geht über den Gläubigerschutz, den das Insolvenzstrafrecht in §§ 283, 283c und 288 StGB gewährt, deutlich hinaus und fügt sich nicht in das Gläubigerschutzsystem des StGB ein.[236] Der Bankrott, § 283 StGB, bestraft u.a. das Beiseiteschaffen von Vermögensbestandteilen nach Eintritt der Insolvenzreife und das Herbeiführen der Zahlungsunfähigkeit oder Überschuldung durch ein solches Beiseiteschaffen. Das Beiseiteschaffen erfasst Handlungen, die Vermögensbestandteile dem Gläubigerzugriff entziehen oder diesen Zugriff wesentlich erschweren.[237] Die Gläubigerbegünstigung, § 283c StGB, stellt unter Strafe, in Kenntnis der Zahlungsunfähigkeit einem Gläubiger zur Begünstigung vor den übrigen Gläubigern eine inkongruente Befriedigung zu gewähren. Das Begleichen einer kongruenten Forderung ist daher weder gem. § 283 StGB

233 *Radtke*, NStZ 2004, 562, 563 f.

234 MK-StGB/*Radke*, § 266a Rn. 70; Ignor/Mosbacher-*Pananis*, § 6 Rn. 30.

235 MK-StGB/*Radke*, § 266a Rn. 70; *Plagemann*, NZS 2000, 8, 11.

236 *Radtke*, NStZ 2003, 154, 156.

237 Sch-Sch-*Heine/Schuster*, § 283 Rn. 4; *Fischer*, § 283 Rn. 4.

noch nach § 283c StGB strafbar.[238] § 283 Abs. 6 StGB und entsprechend auch § 283c Abs. 3 StGB erfordern als objektive Bedingung der Strafbarkeit[239] die Zahlungseinstellung, Eröffnung des Insolvenzverfahrens oder Abweisung des Eröffnungsantrags mangels Masse. § 288 StGB stellt das Vereiteln der drohenden Zwangsvollstreckung u.a. durch Veräußerung von Vermögensbestandteilen unter Strafe und erfasst ebenfalls nicht die kongruente Erfüllung.[240] Im Gegensatz zu § 266a Abs. 1 StGB setzt das Insolvenzstrafrecht erst dann ein, wenn inkongruente Forderungen beglichen werden, und lässt dies zum Schutz der Gläubigerinteressen ausreichen.[241] Auch läuft eine Verpflichtung zur Bildung von Rücklagen, um die Beitragsabführung erst später fällig werdender Arbeitnehmeranteile zu gewährleisten, auf eine Gläubigerbegünstigung der Sozialversicherung hinaus, die eigentlich durch § 283c StGB sanktioniert wird.[242] Sofern behauptet wird, bereits aus der Existenz des § 266a Abs. 1 StGB ergebe sich, dass die Arbeitnehmerbeiträge nicht nur dem Gläubigerschutz des Insolvenzstrafrechts unterlägen,[243] ist zwar zutreffend, dass die Beitragsabführung der Arbeitnehmeranteile strafrechtlich geschützt ist, aber es wird übersehen, dass dieser Schutz erst aufgrund des postulierten Vorrangs vor allen anderen Verbindlichkeiten von der Systematik des insolvenzrechtlichen Gläubigerschutzes abweicht.

Dieser Vorrang lässt sich entgegen der Auffassung des BGH auch nicht aus der Strafbewehrung des Vorenthaltens der Beitragsansprüche der Sozialkassen herleiten.[244] Denn aus der schlichten Pönalisierung des Vorenthaltens einen Vorrang der Beitragsansprüche zu konstruieren und aus dem postulierten Vorrang seinerseits wiederum die (extensive) Strafbarkeit zu begründen, ist ein argumentativer Zirkelschluss.[245]

Auch die Ansicht des BGH, aus der Existenz des ansonsten überflüssigen § 266a Abs. 6 S. 1 StGB könne der Vorrang geschlussfolgert werden,[246] ist

---

238 Sch-Sch-*Heine/Schuster*, § 283c Rn. 8; *Fischer*, § 283c Rn. 7.

239 Sch-Sch-*Heine/Schuster*, § 283 Rn. 59 und § 283c Rn. 18; *Fischer*, Vor § 283 Rn. 12.

240 Sch-Sch-*Heine/Hecker*, § 288 Rn. 13; *Fischer*, § 288 Rn. 9.

241 *Radtke*, NStZ 2003, 154, 156.

242 Ignor/Mosbacher-*Pananis*, § 6 Rn. 30.

243 *Hellmann*, JZ 1997, 1005, 1006.

244 Siehe dazu oben 2. Teil. B. I.

245 MK-StGB/*Radke*, § 266a Rn. 70; *Fischer*, § 266a Rn. 16; Ignor/Mosbacher-*Pananis*, § 6 Rn. 30; *Rönnau*, wistra 1997, 13, 16; a.A.: SK-*Hoyer*, § 266a Rn. 68, der einen Zirkelschluss nur dann sehen will, wenn nicht von der Straftatbestandsmäßigkeit, sondern von der Strafrechtswidrigkeit oder der Strafbarkeit ausgehend der Vorrang begründet wird.

246 Siehe dazu oben 2. Teil. B. I.

unzutreffend. Zwar lässt die Unmöglichkeit oder Unzumutbarkeit der Beitragszahlung bereits die Tatbestandsmäßigkeit entfallen, doch gilt dies für den Zeitpunkt der Fälligkeit der Arbeitnehmerbeiträge. Ob im Vorfeld ihrer Fälligkeit Rücklagen zu bilden und die Arbeitnehmeranteile auch vor kongruenten Forderungen anderer Gläubiger vorrangig sind, ergibt sich daraus genauso wenig, wie auch § 266a Abs. 6 S. 1 StGB ansonsten keineswegs jeglicher Anwendung entzogen würde. Vielmehr verringert sich der Anwendungsbereich des § 266a Abs. 6 S. 1 StGB nur, wenn ein Absehen von Strafe nicht wegen des Begleichens anderer Verbindlichkeiten statt vorrangiger Arbeitnehmerbeiträge erfolgt.[247] Einem Arbeitgeber, der in einer wirtschaftlich schwierigen Situation statt der Sozialkasse die Forderungen anderer Gläubiger befriedigt, wird durch diese Vorschrift eine „goldene Brücke" gebaut, die es ermöglicht, von Strafe abzusehen, ohne den Schutzzweck des § 266a Abs. 1 StGB zu unterlaufen, wenn der Arbeitgeber im Interesse des Fortbestehens des Unternehmens handelt.[248] Dementsprechend verbleibt auch ohne die Annahme eines Vorrangs der Arbeitnehmeranteile vor allen anderen Verbindlichkeiten für § 266a Abs. 6 S. 1 StGB ein Anwendungsbereich in Fällen, in denen ein Arbeitgeber im Zeitpunkt der Fälligkeit der Arbeitnehmerbeiträge stattdessen eine inkongruente Forderung befriedigt oder auch nur einen Vorschuss zahlt, weil dies z.B. im Hinblick auf kursierende Gerüchte über Liquiditätsschwierigkeiten seines Unternehmens der Aufrechterhaltung des Vertrauens und damit der Geschäftsbeziehung mit Lieferanten, etc. dient, während er selbst mit Einnahmen rechnete und rechnen durfte, die letztlich dann doch ausblieben.

Der Vorrang der Arbeitnehmeranteile kann entgegen vereinzelt vertretener Auffassung[249] auch nicht auf § 28e Abs. 1 S. 2 SGB IV[250] gestützt werden. Eine solche Privilegierung anzunehmen und zugleich die Insolvenzanfechtung der Arbeitnehmerbeiträge zu bejahen und sie damit der Gläubigergleichbehandlung zu unterwerfen,[251] ist in sich widersprüchlich und sinnwidrig.[252] Aus § 28e Abs. 1 S. 2 SGB IV kann auch deshalb kein Vorrang hergeleitet werden, weil § 266a Abs. 1 StGB sozialrechtsakzessorisch ist[253] und § 28e Abs. 1 S. 2 SGB IV

---

247 LK-StGB/*Möhrenschlager*, § 266a Rn. 60.
248 Ignor/Mosbacher-*Pananis*, § 6 Rn. 44.
249 *Brand*, GmbHR 2010, 237, 241.
250 Siehe dazu oben 2. Teil. A. II.
251 Siehe dazu oben 2. Teil. B. IV. 3. b).
252 MK-StGB/*Radke*, § 266a Rn. 70.
253 Siehe dazu oben 2. Teil. A. I.

selbst gerade keine Bevorrechtigung der Sozialkassen an der Beitragszahlung begründet, so dass sich der strafrechtliche Schutz des Zahlungsanspruchs der Einzugsstelle dementsprechend nur am Maßstab des Sozialrechts orientieren kann.[254]

C. Die Rechtsfigur der omissio libera in causa

Missachtet der Arbeitgeber die Obliegenheiten, die nach der Rechtsprechung des BGH die vorrangige Zahlung der Arbeitnehmersozialversicherungsbeiträge gewährleisten sollen, und begibt sich dadurch seiner Handlungs- bzw. Zahlungsfähigkeit im Zeitpunkt der Fälligkeit der Beiträge, wird ihm dieses Vorverhalten über die Rechtsfigur der omissio libera in causa strafbarkeitsbegründend zugerechnet, weil der BGH darin ein vorwerfbares Vereiteln der aus § 266a Abs. 1 StGB folgenden Beitragsabführungspflicht sieht.[255]

I. Verhältnis des Vorrangs zur Anwendung der omissio libera in causa

Demnach leitet sich aus dem angenommenen Vorrang der Beitragsansprüche der Sozialkassen das Postulat ab, dass der Arbeitgeber sich seine Zahlungsfähigkeit erhält, indem er den Obliegenheiten nachkommt, insb. auch andere fällige Verbindlichkeiten zurückstellt. Wird das Postulat durch den Arbeitgeber nicht berücksichtigt, folgt daraus der Vorwurf pflichtwidrigen Vorverhaltens, der sich strafrechtsdogmatisch auf die omissio libera in causa stützt.

Ohne einen Vorrang der Sozialversicherungsbeiträge anzunehmen, kann einem Arbeitgeber insb. nicht vorgeworfen werden, auch Wochen vor Fälligkeit der Beitragsansprüche kongruente Forderungen anderer Gläubiger befriedigt zu haben. Erfüllt der Arbeitgeber das aus § 266a Abs. 1 StGB folgende Gebot, die Arbeitnehmersozialversicherungsbeiträge bei Fälligkeit an die Einzugsstellen abzuführen, nicht, weil ihm die Beachtung dieses Gebots im Fälligkeitszeitpunkt unmöglich ist und deshalb der Tatbestand eigentlich entfiele, kann nur unter Anwendung der omissio libera in causa die Missachtung der Obliegenheiten als pflichtwidrig beurteilt und dieses Vorverhalten zugerechnet werden, indem der Einwand der Unmöglichkeit der Gebotserfüllung keine Beachtung finden soll.

Dementsprechend wird die Strafbarkeit aus § 266a Abs. 1 StGB durch zwei Schritte begründet: Einerseits werden diejenigen Bedingungen definiert, die

254 *Ischebeck*, S. 144 f.

255 BGHSt 47, 318, 320; BGHZ 134, 304, 308 = BGH NJW 1997, 1237.

trotz fehlender Handlungsfähigkeit einen strafrechtlichen Vorwurf erwachsen lassen, und andererseits kann dieser Vorwurf erst unter Anwendung der omissio libera in causa zugerechnet werden.[256] Sofern bei § 266a Abs. 1 StGB eine Strafbarkeit begründet werden soll, obwohl der Arbeitgeber im Zeitpunkt der Fälligkeit der Beitragsansprüche zahlungsunfähig ist, sind postulierter Vorrang mit Bestimmung der Obliegenheiten und dogmatischer Zugriff auf die omissio libera in causa untrennbar miteinander verknüpft.

II. Begriff der omissio libera in causa

Die omissio libera in causa[257] erfasst begrifflich ein „in der Ursache freies Unterlassen".[258] Damit wird zum Ausdruck gebracht, dass derjenige strafrechtlich verantwortlich ist, der dem „Grunde nach frei" darin war, sich für die Unterlassung zu entscheiden, weil er eine Verhaltensalternative hatte und die geforderte Handlung zur Erfüllung des Gebots hätte vornehmen können.[259] Der strafrechtliche Vorwurf beruht also darauf, dass der Handlungspflichtige seine Handlungsunfähigkeit selbstverschuldet herbeiführt.[260] Da beim echten Unterlassungsdelikt die Möglichkeit zur Handlung bzw. die Handlungsfähigkeit tatbestandlich vorausgesetzt wird, erfolgt durch die omissio libera in causa eine „außerordentliche Zurechnung" wegen Herbeiführens dieser Handlungsunfähigkeit.[261] Dies impliziert, dass vorgelagerte Regeln dem Handlungspflichtigen gebieten, seine Handlungsfähigkeit zu erhalten oder (wieder) zu erlangen.[262] Geschieht dies nicht, wird durch aktives (actio praecedens) oder passives (omissio praecedens) Vorverhalten die Ursache dafür gesetzt, dass der Täter im Zeitpunkt der Handlungspflicht das Gebot nicht mehr erfüllen kann (omissio subsequens).[263]

Das Vereiteln der Gebotserfüllung durch passives Vorverhalten, also durch Unterlassen, wird als omissio libera in omittendo bezeichnet.[264] Sowohl

---

256 *Radtke*, NStZ 2003, 154, 155.
257 *Androulakis*, S. 156 verwendete den Begriff erstmalig.
258 *Satzger*, Jura 2006, 513.
259 *Renzikowski*, FS Weber, S. 333, 338 f.
260 *Satzger*, Jura 2006, 513.
261 *Renzikowski*, FS Weber, S. 333, 339.
262 *Hruschka*, FS Bockelmann, S. 421, 428; *Renzikowski*, FS Weber, S. 333, 339.
263 *Satzger*, Jura 2006, 513, 516.
264 Sch-Sch-*Bosch*, Vorbem. §§ 13 ff. Rn. 144 m.w.N.; *Struensee*, FS Stree/Wessels, S. 133, 149.

die omissio libera in causa als auch in omittendo beruhen auf mehraktigen Geschehensabläufen.[265]

Im Fall des aktiven Vorverhaltens ist es zur Unterscheidung von der omissio libera in omittendo sprachlich richtiger, von einer omissio libera in agendo zu sprechen[266] und den Begriff der omissio libera in causa als Oberbegriff für aktives oder passives Vorverhalten zu verwenden. Entsprechend wird auch im Rahmen dieser Untersuchung verfahren.

III. Begründungsmodelle der omissio libera in causa

Zur dogmatischen Begründung der Rechtsfigur der omissio libera in causa gibt es zwei verschiedene Ansätze, die ihrerseits mit zumindest im Detail unterschiedlichen Argumenten vertreten werden.

Die beiden Ansätze können als Vorverlagerungsmodell einerseits und als Obliegenheitsmodell andererseits bezeichnet werden.[267] Die für die omissio libera in causa herangezogenen Begründungsmodelle ähneln dabei denjenigen, die bereits für die verwandte und noch umstrittenere Rechtsfigur der actio libera in causa bemüht werden.[268]

Das Zurechnungsmodell der actio libera in causa („in der Ursache freie Handlung") begründet wegen verantwortlichen Herbeiführens eines Defektzustandes die Strafbarkeit des Täters, wenn sich dieser vor Ausführung der Tat vorsätzlich oder fahrlässig in einen Defekt- bzw. Rauschzustand versetzt und sodann einen Tatbestand rechtswidrig verwirklicht, aus dem er allerdings wegen seiner Schuldunfähigkeit eigentlich nicht bestraft werden könnte.[269]

Der wesentliche Unterschied zwischen actio libera in causa und omissio libera in causa liegt darin, dass erste eine Zurechnung bei fehlender Schuldfähigkeit und zweite eine Zurechnung bei bereits nicht vorhandener Handlungsfähigkeit ermöglichen soll.[270]

---

265 *Satzger*, Jura 2006, 513, 516.

266 SK-*Rudolphi/Stein*, vor § 13 Rn. 48; *Dehne-Niemann*, GA 2009, 150.

267 *Dehne-Niemann*, GA 2009, 150, 151.

268 *Dehne-Niemann*, GA 2009, 150, 151; *Baier*, GA 1999, 272.

269 Wessels/*Beulke/Satzger*, AT, Rn. 655; *Sydow*, S. 30 f.; *Leupold*, S. 15 f.; *Baier*, GA 1999, 272, 277 f.

270 *Baier*, GA 1999, 272, 278.

1. *Vorverlagerungsmodell*

a) *Begründung*

Das Vorverlagerungsmodell wird auch Tatbestandsmodell genannt, weil nach dieser Ansicht zur Begründung der Strafbarkeit auf das Vorverhalten zurückgegriffen und dabei vorausgesetzt wird, dass das Vorverhalten seinerseits alle Strafbarkeitsvoraussetzungen erfüllt.[271] Danach wird das Vorverhalten als Teil des Tatbestandes des echten Unterlassungsdelikts angesehen. Dem Täter wird vorgeworfen, sich vorsätzlich oder fahrlässig seiner Handlungsmöglichkeit begeben zu haben, weshalb er dafür verantwortlich sei, zum Zeitpunkt der Handlungspflicht das Gebot nicht erfüllen zu können, so dass seine Handlungspflicht trotz Unmöglichkeit bestehen bleibe.[272]

Ein der Rechtsordnung zu entnehmendes Gebot beinhalte *zugleich* ein an den Handlungspflichtigen adressiertes Verbot, sich die Erfüllung des Gebots unmöglich zu machen.[273] Ausgehend von der Annahme eines der Gebotsnorm immanenten Verbots, erstreckt sich der Tatbestand demnach auch auf die actio oder omissio praecedens. Ein solches Verbot, sich handlungsunfähig zu machen, folge teleologisch aus dem Gebot selbst, weil dieses sonst nicht wirksam bestehen könne.[274] Außerdem liege es in der Natur einer Gebotsnorm, dass ihre Erfüllung mehrere aufeinander folgende Teilakte erfordern könne.[275]

Die vorgenannte Auffassung beruht darauf, dass aus dem Handlungsgebot ein „kategorischer Imperativ" abgeleitet wird, indem die Verletzung des Gebots und die Verletzung des darin beinhalteten Verbots einander gleichgestellt werden.[276]

Im Fall einer omissio praecedens muss nach vereinzelt vertretener Ansicht für die Begründung der Strafbarkeit nicht die Rechtsfigur der omissio libera in omittendo herangezogen werden, weil darin der Regelfall der Missachtung einer Gebotsnorm liege.[277] Dann müsse allerdings auch im Fall einer actio praecedens nicht die omissio libera in agendo bemüht werden, weil es widersprüchlich sei, für beide Konstellationen hinsichtlich der Strafbarkeit aus einem echten Unterlassungsdelikt zu unterscheiden und schon vom Unterlassungsbegriff jedes

---

271 Baumann/Weber/Mitsch-*Mitsch*, Vorkommentierung, AT, § 15 Rn. 28.
272 Sch-Sch-*Bosch*, Vorbem. §§ 13 ff. Rn. 144; *Welp*, S. 138 f.
273 *Bertel*, JZ 1965, 53, 55.
274 *Bertel*, JZ 1965, 53, 55.
275 *Struensee*, FS Stree/Wessels, S. 133, 150.
276 *Hruschka*, FS Bockelmann, S. 421, 422.
277 *Struensee*, FS Stree/Wessels, S. 133, 150.

Vorverhalten umfasst sei, das für den Handlungspflichtigen beherrschbar sei.[278] Demnach wäre jedes Vorverhalten dem tatbestandlichen Untätigbleiben zugehörig und diese Ansicht somit als Sonderlösung des Vorverlagerungsmodells anzusehen.

Auch nach einer weiteren vereinzelt vertretenen Auffassung bedarf es nicht der omissio libera in causa, um bei einem Vergehen ohne Versuchsstrafbarkeit die Strafbarkeit zu begründen, wenn der Täter unmittelbar zur Tatbestandsverwirklichung ansetze und ihm der weitere Kausalverlauf zurechenbar sei, so dass er sich trotz Handlungsunfähigkeit im Zeitpunkt der Vollendung der Tat strafbar mache.[279] Bei einem echten Unterlassungsdelikt überschreite die actio oder omissio praecedens die Schwelle zum unmittelbaren Ansetzen, wenn dadurch nach der Tätervorstellung eine unmittelbare Gefahr für das geschützte Rechtsgut entstehe, weil damit weitere Möglichkeiten zur Abwendung der Gefahr verstrichen seien.[280] Eine Strafbarkeit über die omissio libera in causa komme allerdings dann in Betracht, wenn sich das Vorverhalten noch im Vorbereitungsstadium befunden habe.[281] Auch diese Begründung stellt eine Sonderlösung des Vorverlagerungsmodells dar.

b) Kritik

Das Vorverlagerungsmodell erfährt Kritik, weil das die Handlungsunfähigkeit herbeiführende Vorverhalten noch nicht das tatbestandlich beschriebene, unter Strafe gestellte Verhalten darstellt und sich dessen Kausalität für den Tatbestandserfolg bei einem echten Unterlassungsdelikt überhaupt nur dann hypothetisch feststellen lässt, wenn die gebotene Handlung hinzugedacht wird.[282] Da das Vorverhalten sowohl in einem aktiven Tun als auch in einem passiven Unterlassen bestehen kann, wird missachtet, dass sich bei einem echten Unterlassungsdelikt das strafbewehrte Verhalten eigentlich in einem bloßen Untätigbleiben erschöpft.[283]

Dementsprechend ist das Vorverlagerungsmodell zur Begründung der Strafbarkeit kaum tragfähig, wenn der Tatbestand nur eine ganz bestimmte Verhaltensweise als Tathandlung verbietet.[284] Der BGH selbst hat festgestellt, dass die

---

278 *Struensee*, FS Stree/Wessels, S. 133, 150 f.
279 *Tag*, S. 119 f.
280 *Tag*, S. 120 f.
281 *Tag*, S. 134.
282 *Baier*, GA 1999, 272, 281.
283 *Hruschka*, FS Bockelmann, S. 421, 422 f.
284 *Baier*, GA 1999, 272, 281.

actio libera in causa bei den verhaltensgebundenen Tatbeständen der Straßenverkehrsgefährdung, § 315c StGB, der Trunkenheit im Verkehr, § 316 StGB, und dem Fahren ohne Fahrerlaubnis, § 21 StVG, nicht anwendbar ist, weil das in den Verkehrsstraftaten vorausgesetzte „Führen" eines Fahrzeugs nicht gleichbedeutend mit Verursachen einer Bewegung sei und deshalb die in diesen Tatbeständen beschriebene Tathandlung nicht als Verursachung eines von ihr trennbaren Erfolges begriffen werden könne.[285] Bei einer solchen Umschreibung der Tathandlung im Gesetz könne sich der Tatbestand nicht auf ein zeitlich vorgelagertes Verhalten erstrecken.[286] Erfasst der Tatbestand eines echten Unterlassungsdelikts ein schlichtes Untätigbleiben als Tathandlung, kann nach der Argumentation des BGH der Tatbestand gerade nicht auf eine actio oder omissio praecedens vorverlagert werden.

Darüber hinaus hat der Unterlassende im entscheidenden Zeitpunkt der Handlungspflicht aufgrund seiner Handlungsunfähigkeit regelmäßig keinen Vorsatz und eine Anknüpfung an den während des Vorverhaltens bestehenden Vorsatz wäre nur möglich, wenn hierin der Versuchsbeginn der Tat läge, weshalb das Vorverlagerungsmodell bei Delikten ohne Versuchsstrafbarkeit zur Strafbarkeitsbegründung nicht geeignet ist.[287]

Die Auffassung, wonach der Unterlassungsbegriff jedes Vorverhalten umfasse und daher eine Anwendung der omissio libera in causa nicht notwendig sei, könnte allenfalls auf unechte Unterlassungsdelikte zutreffen, weil die geforderte Beherrschbarkeit des Vorverhaltens letztlich eine Garantenstellung voraussetzt, um den tatbestandlichen Erfolg abzuwenden. Eine solche Verpflichtung zur Erfolgsabwendung kennen die echten Unterlassungsdelikte gerade nicht, sondern die Gebotsnorm beschreibt das tatbestandlich geforderte Verhalten und beschränkt sich auch auf dieses. Des weiteren würde ein solcher Unterlassungsbegriff die Unterlassung selbst bloß fingieren, weil der Unterlassende zum Zeitpunkt der Handlungspflicht gar nicht mehr handlungsfähig ist.[288] Außerdem wird übersehen, dass sich aus der Gebotsnorm der Zeitpunkt der Handlungspflicht ergibt und somit ihre Reichweite nicht beliebig in das Vorfeld dieses Zeitpunktes erstreckt werden kann.[289]

---

285 BGHSt 42, 235, 239.
286 BGHSt 42, 235, 240.
287 *Baier*, GA 1999, 272, 281 f.
288 *Baier*, GA 1999, 272, 279.
289 *Renzikowski*, FS Weber, S. 333, 342.

Ebenso wenig vermag die Ansicht, durch das Vorverhalten setzte der Täter unmittelbar zur Tatbestandsverwirklichung an und dieses Vorverhalten könne ihm bei Vollendung der Tat im Zeitpunkt der Unterlassung zugerechnet werden, eine Strafbarkeit unter Verzicht auf die omissio libera in causa zu begründen. Danach wird ein Versuchsbeginn bei Vergehen angenommen, deren Versuch für sich genommen straflos bzw. deren Strafbarkeit auf die Deliktsvollendung beschränkt ist,[290] und bei denen das unmittelbare Ansetzen zur Tatbestandsverwirklichung, wie es § 22 StGB erfordert, erst mit Unterlassen der gebotenen Handlung angenommen werden kann, weil die echten Unterlassungsdelikte spiegelbildlich zu den Tätigkeitsdelikten[291] die gesetzlich geforderte Handlung genau beschreiben.[292] Selbst in Anerkennung einer weiten Vorverlagerung des Versuchsbeginns, fehlt es mangels Handlungsfähigkeit im entscheidenden Zeitpunkt am tatbestandlichen Unterlassen und deshalb an der allein strafbaren Vollendung der Tat.[293]

Das noch weitergehende Ansinnen, über die omissio libera in causa bei einem Vorverhalten noch im Stadium der Vorbereitung eine Strafbarkeit zu konstruieren, kommt im Hinblick darauf, dass Vorbereitungshandlungen grundsätzlich straflos sind, erst recht nicht in Betracht.

Insgesamt missachtet das Vorverlagerungsmodell in seiner Begründung der Strafbarkeit, dass das Verursachen eines Untätigbleibens selbst noch kein Unterlassen darstellt.[294]

2. Obliegenheitsmodell

a) Begründung

Das Obliegenheitsmodell wird auch als Ausnahmemodell bezeichnet, weil es eine Ausnahme vom Koinzidenzprinzip als der materiellen Gleichzeitigkeit aller Verbrechensmerkmale[295] macht.[296] Danach soll derjenige, der sich vorwerfbar in die Lage versetzt hat, seiner Handlungspflicht im tatbestandlich geforderten Zeitpunkt nicht nachkommen zu können, sich nicht auf

290 *Dehne-Niemann*, GA 2009, 150, 169; *Rönnau*, wistra 1997, 13, 14.
291 Siehe dazu oben 2. Teil. A. V. 3. a) aa).
292 *Dehne-Niemann*, GA 2009, 150, 168.
293 *Dehne-Niemann*, GA 2009, 150, 169.
294 *Dehne-Niemann*, GA 2009, 150, 170 Fn. 80.
295 *Jerouschek/Kölbel*, JuS 2001, 417.
296 Matt/Renzikowski-*Haas*, § 13 Rn. 28.

seine Handlungsunfähigkeit berufen dürfen, sondern die Unmöglichkeit der Gebotserfüllung wird wegen des Vorverhaltens als strafrechtlich irrelevant angesehen.[297]

Vielmehr habe der Täter durch geeignete Maßnahmen seine Handlungsfähigkeit zum entscheidenden Zeitpunkt sicherzustellen.[298] Die Erhaltung oder Wiederherstellung der Handlungsfähigkeit sei eine Obliegenheit, weshalb bei deren Missachtung an die Stelle des tatbestandlichen Unterlassens als dessen Surrogat das Untätigbleiben aufgrund des vorwerfbaren Herbeiführens der Handlungsunfähigkeit trete.[299] Die Obliegenheiten seien Implikationen der in einer Norm beinhalteten Verhaltensanweisung.[300] Indem die Obliegenheiten aus der Norm selbst abgeleitet werden, soll sich danach der strafrechtliche Vorwurf trotz Handlungsunfähigkeit des Täters aus dem tatbestandlichen Unterlassen selbst ergeben.

In diesem Kontext geht der Begriff der Obliegenheit davon aus, dass der Handlungspflichtige eine Sanktionierung wegen Missachtung der in der Norm beinhalteten Verhaltensanweisung nur vermeiden kann, wenn sein Vorverhalten darauf ausgerichtet war.[301] Der sonst vornehmlich im Zivilrecht verwendete Begriff findet sich in § 43 Abs. 2 GmbHG sowie in §§ 28 und 58 VVG, die die Haftung bei Sorgfalts- bzw. Obliegenheitsverletzungen regeln. Der Täter soll sich vor allem im eigenen Interesse die Fähigkeit erhalten oder wiederherstellen, den Erfolgseintritt zu vermeiden, damit ihm kein Mangel an Rechtstreue vorgeworfen werden kann.[302] Mittelbar wird dadurch zugleich dem Rechtsgüterschutz gedient.[303]

Die vorgenannte Ansicht ergibt sich daraus, dass aus dem Handlungsgebot ein „hypothetischer Imperativ" abgeleitet wird, sich als Obliegenheit die Handlungsfähigkeit zu erhalten, so dass bei deren Verletzung das Unterlassen der gebotenen Handlung trotz Handlungsunfähigkeit zugerechnet wird.[304] Dieser Auffassung liegt die Annahme zugrunde, dass sich aus den primären Verhaltensanweisungen der Gebotsnorm die Obliegenheiten als

---

297 Ignor/Mosbacher-*Pananis*, § 6 Rn. 28; *Wegner*, wistra 1998, 283, 289; *Hellmann*, JZ 1997, 1005, 1006.

298 *Wegner*, wistra 1998, 283, 289; *Hellmann*, JZ 1997, 1005, 1006.

299 *Hruschka*, FS Bockelmann, S. 421, 423 f.

300 *Hruschka*, FS Bockelmann, S. 421, 426.

301 *Neumann*, S. 49 f.

302 *Vogel*, S. 77.

303 *Vogel*, S. 77 Fn. 105.

304 *Hruschka*, FS Bockelmann, S. 421, 422.

sekundäre und damit nachgeordnete Verhaltensanweisungen ableiten lassen.[305] Indem der Handlungspflichtige bei seinem Vorverhalten die lediglich abgeleiteten Obliegenheiten beachten muss und das durch ihre Verletzung bedingte Untätigbleiben das Unterlassen der Gebotserfüllung im entscheidenden Zeitpunkt ersetzt, fehlt es an der materiellen Gleichzeitigkeit der Strafbarkeitsvoraussetzungen.

Sofern die Ansicht vertreten wird, es handele sich nicht um eine Konstruktion der omissio libera in causa, wenn dem Täter wegen Verletzung der Obliegenheiten verwehrt wird, sich auf seine daraus folgende Handlungsunfähigkeit zu einem späteren Zeitpunkt zu berufen,[306] wird übersehen, dass diese Annahme auf der Zurechnungsstruktur einer Obliegenheit als einer aus einer Norm abgeleiteten Pflicht beruht[307] und das Wesen der omissio libera in causa gerade in der Zuschreibung strafrechtlicher Verantwortlichkeit für das einer Gebotserfüllung vorgelagerte Verhalten liegt.

b) Kritik

Das Obliegenheitsmodell wird kritisiert, weil die darin immanente Ausnahme vom Koinzidenzprinzip eine gesetzliche Regelung erfordert, die allerdings nicht existiert.[308] Im Strafgesetzbuch findet sich nicht einmal eine Regelung, ob und wenn ja, welche Konsequenzen sich aus dem vorwerfbaren Herbeiführen der Handlungsunfähigkeit ergeben.[309] Auch das Obliegenheitsmodell selbst vermag weder die genauen Voraussetzungen noch den exakten Umfang zu definieren, die die Zurechnung der Handlungsunfähigkeit aufgrund des Vorverhaltens bedingen.[310] Die Ableitung der Obliegenheiten aus einer Norm begründet auch nur ihre Sinnhaftigkeit, ihre zwingende Geltung ergibt sich daraus keineswegs.[311] Insofern folgt auch aus der Obliegenheitsverletzung selbst noch nicht, dass derjenige, der eine Obliegenheit missachtet hat, sich nicht darauf berufen darf, wenn er einer Verhaltensanweisung infolge der Obliegenheitsverletzung nicht

---

305 *Hruschka*, FS Bockelmann, S. 421, 427 f.

306 Ignor/Mosbacher-*Pananis*, § 6 Rn. 28; *Wegner*, wistra 1998, 283, 289; *Hellmann*, JZ 1997, 1005, 1006.

307 *Neumann*, S. 15 und S. 50.

308 Matt/Renzikowski-*Haas*, § 13 Rn. 28; *Renzikowski*, FS Weber, S. 333, 343; *Baier*, GA 1999, 272, 282.

309 *Renzikowski*, FS Weber, S. 333, 343.

310 *Dehne-Niemann*, GA 2009, 150, 155.

311 *Neumann*, GA 1985, 389, 395.

nachkommen kann.[312] Darüber hinaus kann das vorwerfbare Vorverhalten als Surrogat kaum das tatbestandlich geforderte Verhalten ersetzen, wenn beide als Strafbarkeitsvoraussetzungen nicht funktional gleichwertig sind.[313]

Besteht das Vorverhalten in einer actio praecedens, läuft dies auch der Grundannahme eines Unterlassens zuwider, weil sich der Sinngehalt eines Tuns niemals im bloßen Untätigbleiben erschöpft.[314] Liegt das Vorverhalten hingegen in einer omissio praecedens, kann eine solche Unterlassung nicht Teil einer auf einen bestimmten Erfolg zulaufenden realen Kausalkette sein, sondern setzt vielmehr einen entsprechenden Kausalverlauf voraus, dessen Erfolg erst dann ausbliebe, wenn die Unterlassung als Ursache gerade nicht fehlen würde.[315] Obwohl Obliegenheitsverletzungen nur ein „Verschulden gegen sich selbst" erfassen und demzufolge für sich genommen keine Strafbarkeit begründen können,[316] dienen sie beim Obliegenheitsmodell der Zuschreibung strafrechtlicher Verantwortlichkeit und entgrenzen sowohl im Fall der actio praecedens als auch im Fall der omissio praecedens das tatbestandliche Untätigbleiben ganz erheblich bzw. ersetzen dieses sogar. Mithin erfolgt eine Bestrafung aus einem echten Unterlassungsdelikt, obwohl das tatbestandliche Unterlassen tatsächlich gar nicht vorliegt,[317] sondern gleichsam rechtlich fingiert wird.

3. *Die omissio libera in causa als Unterlassen durch Tun*

Vereinzelt wird die Rechtsfigur der omissio libera in causa der Lehre des Unterlassens durch Tun zugeordnet, und zwar sowohl bei den unechten[318] als auch bei den echten[319] Unterlassungsdelikten. Die Lehre des Unterlassens durch Tun geht davon aus, dass ein Unterlassungsdelikt dann durch ein Begehen verwirklicht werden kann, wenn das Verhalten zwar als Unterlassen zu bewerten ist, im konkreten Fall jedoch in einem positiven Tun besteht, ohne in einer Gesetzeskonkurrenz zu einem dieses Verhalten erfassenden Begehungsdelikt zu stehen.[320] Auch beim Unterlassen durch Tun werde gegen eine Gebotsnorm verstoßen,

---

312 *Neumann*, GA 1985, 389, 396.
313 *Neumann*, GA 1985, 389, 397.
314 *Baier*, GA 1999, 272, 282.
315 *Joerden*, S. 48.
316 *Joerden*, S. 46 Fn. 104.
317 *Jaeger*, S. 119.
318 *Roxin*, AT II, § 31 VI Rn. 103.
319 *Roxin*, AT II, § 31 VI Rn. 104.
320 *Overbeck*, GS 1922, 319, 327.

so dass es sich primär um ein Unterlassungsdelikt handele.[321] Ein Unterlassen durch Tun sei vor allem dann anzunehmen, wenn der Zeitpunkt des gebotenen Verhaltens genau bestimmt sei und das die Unterlassung ersetzende Tun auf eben diesen Zeitpunkt falle.[322]

Es kann dahinstehen, ob die Lehre vom Unterlassen durch Tun dogmatisch zu begründen ist oder dadurch schon die Begrifflichkeit des Unterlassens aufgegeben wird, weil gegensätzliche Verhaltensweisen gleichgesetzt werden,[323] und zugleich die anerkannte Abgrenzung zwischen Tun und Unterlassen unterlaufen würde.[324] Denn dies ist nicht Gegenstand der vorliegenden Untersuchung.

Die omissio libera in causa jedenfalls bedarf nicht der Konstruktion des Unterlassens durch Tun, wenn in der Handlung, die die Gebotserfüllung vereitelt, bereits das Unterlassen eines Gebotserfüllungsversuchs gesehen wird.[325] Während die Lehre des Unterlassens durch Tun es ermöglicht, dem Täter ein Verhalten, das den Tatbestand eines Begehungsdelikts verwirklichen könnte, als Unterlassen zuzurechnen, soll die Anwendung der omissio libera in causa vor allem dazu dienen, das an sich nicht strafbare Vorverhalten als tatbestandsmäßiges Unterlassen zuzurechnen.[326] Die Konstruktion des Unterlassens durch Tun vermag nur den Unterschied zwischen Tun und Unterlassen zu überbrücken, nicht jedoch den zwischen Vorverhalten in Form der actio praecedens und dem tatbestandlich gebotenen Verhalten des Unterlassungsdelikts.[327] Denn diese Konstruktion vermag keine Strafbarkeit zu begründen, wenn es an einer Handlungspflicht fehlt,[328] die omissio libera in causa hingegen will trotz Handlungsunfähigkeit die Bestrafung aus einem Unterlassungsdelikt ermöglichen.

Das Erhalten oder Wiederherstellen der Handlungsfähigkeit allein hat noch nicht zur Folge, dass das Handlungsgebot auch beachtet wird, so dass der im Unterlassungsdelikt normierten Pflicht und nicht der actio oder omissio praecedens entscheidende Bedeutung zukommt.[329] Das im entscheidenden Zeitpunkt

---

321 *Overbeck*, GS 1922, 319, 320.
322 *Overbeck*, GS 1922, 319, 327.
323 *Stoffers*, JA 1992, 177, 178.
324 *Stoffers*, JA 1992, 177, 179.
325 *Stoffers*, JA 1992, 177, 181.
326 *Neumann*, S. 47.
327 *Neumann*, S. 47.
328 *Stoffers*, JA 1992, 138.
329 *Baier*, GA 1999, 272, 275.

gebotene Verhalten vereitelt nur, wer eine das tatbestandliche Unterlassen sonst verhindernde Kausalkette unterbricht, indem er seine Handlungsunfähigkeit herbeiführt und als weitere Voraussetzung wenigstens noch den Entschluss des Untätigbleibens fasst.[330] Die Konstruktion des Unterlassens durch Tun berücksichtigt nicht, dass der omissio libera in causa mehraktige Geschehensabläufe zugrunde liegen und mithin das tatbestandliche Unterlassen vom Vorverhalten und dieses wiederum zwischen Tun und Unterlassen deutlich unterschieden werden kann, was eine einheitliche Zuordnung des gesamten Verhaltens jedenfalls bei echten Unterlassungsdelikten weder erforderlich noch möglich macht.[331] Andernfalls würde trotz Verschiedenartigkeit des Handelns eine nicht existierende Identität des Verhaltens geschaffen.[332]

Außerdem ist die Lehre des Unterlassens durch Tun nicht in der Lage, die Fälle des Vorverhaltens in Form der omissio praecedens zu erfassen und schon daher nicht geeignet, die omissio libera in causa dogmatisch zu begründen.[333]

4. *Begründungsmodell in der Vorrangrechtsprechung des BGH*

Der BGH wendet die omissio libera in causa bei § 266a Abs. 1 StGB an, indem er die Verwirklichung des Tatbestandes darin sieht, dass der Handlungspflichtige durch sein Verhalten vor Fälligkeit der Arbeitnehmerbeiträge ihre Zahlung vereitelt.[334] Die Tatbestandsmerkmale des § 266a Abs. 1 StGB sollen durch das Herbeiführen der Zahlungsunfähigkeit verwirklicht und damit auf einen Zeitpunkt vor Fälligkeit der Arbeitnehmeranteile vorverlagert werden.[335] Mithin stützt der BGH die Anwendung der omissio libera in causa auf das Vorverlagerungsmodell.

Sofern der BGH davon spricht, die Erfüllung der Zahlungspflicht sei im Rechtssinne möglich[336] bzw. es liege keine rechtlich relevante Unmöglichkeit vor,[337] wenn es wegen des vorangegangenen Handelns des Arbeitgebers im Fälligkeitszeitpunkt an Liquidität fehle, verwehrt er dem Arbeitgeber zwar die Berufung auf die Unmöglichkeit der Gebotserfüllung, doch folgt der BGH damit

330 *Samson*, FS Welzel, S. 579, 597 f.
331 *Stoffers*, JA 1992, 177, 181.
332 *Hruschka*, FS Bockelmann, S. 421, 435.
333 *Baier*, GA 1999, 272, 274 f.
334 BGHSt 47, 318, 320 f.
335 BGHZ 134, 304, 308 = BGH NJW 1997, 1237.
336 BGHZ 134, 304, 308 = BGH NJW 1997, 1237.
337 BGHZ 134, 304, 313 = BGH NJW 1997, 1237, 1238.

nicht etwa dem Obliegenheitsmodell, sondern bringt nur zum Ausdruck, dass auch die Möglichkeit und Zumutbarkeit der Pflichterfüllung als ungeschriebene Tatbestandsvoraussetzungen echter Unterlassungsdelikte in den Zeitraum vor Fälligkeit der Arbeitnehmersozialversicherungsbeiträge vorverlagert sind bzw. ihre Wirkung entfalten.

Zusammenfassend ist festzustellen, dass sowohl das Vorverlagerungsmodell als auch das Obliegenheitsmodell erheblichen dogmatischen Bedenken begegnen. Inwiefern die Vorrangrechtsprechung des BGH zu § 266a Abs. 1 StGB unter Anwendung der omissio libera in causa mit verfassungsrechtlichen Prinzipien und Grundrechten zu vereinbaren ist, soll im Folgenden untersucht werden.

3. Teil: Das Gesetzlichkeitsprinzip nach Art. 103 Abs. 2 GG als Grenze

A. Bedeutung, Gewährleistungsumfang und Funktionen

Das Gesetzlichkeitsprinzip des Art. 103 Abs. 2 GG enthält vier Gewährleistungselemente, nämlich das Bestimmtheitsgebot, das Verbot von Gewohnheitsrecht, das Analogieverbot und das Rückwirkungsverbot.[338]

Das Bestimmtheitsgebot mit der Tatbestandsbestimmtheit („nullum crimen sine lege certa") und der Strafandrohungsbestimmtheit („nulla poena sine lege certa") als seine Garantiegehalte hat zum einen den Zweck, dass jeder vorhersehen kann, welches Verhalten verboten und mit Strafe bedroht ist, und zum anderen soll die Bestimmungsmacht des Parlaments gewährleistet werden, selbst über die Strafbarkeit zu entscheiden.[339] Es handelt sich mithin um eine doppelte Funktion[340] des Bestimmtheitsgrundsatzes, nämlich die freiheitsgewährleistende Funktion[341] sowie die kompetenzwahrende Funktion[342]. Die kompetenzwahrende Funktion des Art. 103 Abs. 2 GG besteht demzufolge nicht nur in einem Gesetzesvorbehalt als solchem, sondern in einem strengen Gesetzesvorbehalt[343] bzw. einem Parlamentsvorbehalt.[344]

Lebensbereiche, die durch das materielle Strafrecht sanktioniert werden, sind in besonderem Maße grundrechtssensibel, weshalb der Gesetzgeber in diesen Bereichen besonders strikt gehalten ist, die wesentlichen Entscheidungen selbst zu treffen[345] und im Sinne der Normenklarheit die Gesetzesvorschriften so genau

---

338 Maunz/Dürig-*Remmert*, Art. 103 Abs. 2 Rn. 2 und 46; Maunz/Dürig-*Schmidt-Aßmann*, Vorkommentierung Art. 103 Abs. II Rn. 163.

339 BVerfGE 78, 374, 382; BVerfGE 75, 329, 341; BVerfGE 73, 206, 234 f.

340 Maunz/Dürig-*Remmert*, Art. 103 Abs. 2 Rn. 4 und 31; Maunz/Dürig-*Schmidt-Aßmann*, Vorkommentierung Art. 103 Abs. II Rn. 181.

341 BVerfGE 75, 329, 341; Maunz/Dürig-*Remmert*, Art. 103 Abs. 2 Rn. 4 und 31; Maunz/Dürig-*Schmidt-Aßmann*, Vorkommentierung Art. 103 Abs. II Rn. 179.

342 BVerfGE 47, 109, 120; Maunz/Dürig-*Remmert*, Art. 103 Abs. 2 Rn. 4 und 31; Maunz/Dürig-*Schmidt-Aßmann*, Vorkommentierung Art. 103 Abs. II Rn. 180.

343 BVerfGE 78, 374, 382; BVerfGE 75, 329, 341.

344 Maunz/Dürig-*Remmert*, Art. 103 Abs. 2 Rn. 77 m.w.N.; Maunz/Dürig-*Schmidt-Aßmann*, Vorkommentierung Art. 103 Abs. II Rn. 184.

345 BVerfGE 126, 170, 195; BVerfGE 108, 282, 312; BVerfGE 101, 1, 34.

wie möglich gestalten muss.[346] Aus Art. 103 Abs. 2 GG folgt die Verpflichtung des Gesetzgebers, selbst über die wesentliche Frage der Strafwürdigkeit oder Straffreiheit eines Verhaltens im Rahmen eines demokratisch-parlamentarischen Willensbildungsprozesses zu entscheiden.[347] Diese Entscheidung kann demzufolge nicht den Gerichten überlassen werden.

Für den Normadressaten muss aufgrund der gesetzlichen Regelung vorauszusehen sein, ob ein bestimmtes Verhalten strafbar ist.[348] Dafür ist der Gesetzgeber gehalten, die Voraussetzungen der Strafbarkeit im Gesetz selbst so hinreichend genau zu benennen, dass der Normadressat hinsichtlich des Straftatbestandes dessen Tragweite und Anwendungsbereich erkennen kann und diese durch Auslegung ermittelt werden können.[349] Der Normadressat setzt sich dann dem Risiko der Bestrafung aus, wenn die gesetzliche Regelung in Bezug auf das umschriebene Verhalten für ihn erkennbar einen Grenzfall zwischen Strafbarkeit und Straflosigkeit darstellt.[350]

Maßgeblich für die Bestimmtheit einer Strafnorm ist ihr Wortsinn aus Sicht des Bürgers.[351] Das Bundesverfassungsgericht differenziert nicht zwischen Wortsinn bzw. Wortlaut, denn der Wortlaut des Gesetzes muss für den Normadressaten genügen, die Strafbarkeit eines Verhaltens vorauszusehen.[352] Dabei sind die Anforderungen an die Bestimmtheit davon abhängig, an welchen Kreis von Adressaten eine Vorschrift gerichtet ist.[353] Hat der Normadressat spezielles Fachwissen, z.B. aufgrund seines Berufs, sind die Anforderungen an die Vorhersehbarkeit erhöht.[354] Gleichwohl ergeben sich für ihn nur dann Erkundigungspflichten, wenn er im Gegensatz zu anderen der Vorschrift wegen seines Fachwissens eine spezifische Verhaltensanweisung entnehmen kann, also einen Regelungsgehalt (un-)bestimmter Rechtsbegriffe, der sich anderen ohne entsprechendes Fachwissen nicht erschließt.[355] Indem auf den täterspezifischen

---

346 BVerfGE 126, 170, 195; BVerfGE 93, 213, 238.

347 BVerfGE 126, 170, 195.

348 BVerfGE 92, 1, 12; BVerfGE 75, 329, 341; BVerfGE 48, 48, 56.

349 BVerfGE 126, 170, 195; BVerfGE 105, 135, 152 f.; BVerfGE 78, 374, 381 f.; BVerfGE 75, 329, 341; BVerfGE 73, 206, 234; BVerfGE 71, 108, 114.

350 BVerfGE 92, 1, 12; BVerfGE 87, 209, 224; BVerfGE 75, 329, 341; BVerfGE 73, 206, 235; BVerfGE 71, 108, 115.

351 BVerfGE 73, 206, 235 f.; BVerfGE 71, 108, 115 f.

352 BVerfGE 126, 170, 195; BVerfGE 75, 329, 341.

353 BVerfGE 75, 329, 343 u. 345; BVerfGE 48, 48, 57.

354 BVerfGE 48, 48, 57.

355 BVerfGE 48, 48, 57.

Verständnishorizont abgestellt wird, erfährt das Bestimmtheitsgebot in der Rechtsprechung des Bundesverfassungsgerichts eine Relativierung.

Aufgrund seiner Doppelfunktion stellt das Bestimmtheitsgebot für die legislative Gewalt eine Handlungsanweisung und für die exekutive und judikative Gewalt eine Handlungsbegrenzung dar, so dass insb. Gerichte weder Straftatbestände selbständig richterrechtlich entwickeln noch die Wortlautgrenze der Strafnorm missachten dürfen.[356] Erfasst der Anwendungsbereich einer Strafnorm aufgrund ihres Wortlautes besonders gelagerte Einzelfälle nicht (mehr), deren Verhalten gleichwohl (einem Gericht) strafwürdig erscheint, ist Straffreiheit die Folge, weil es allein dem Gesetzgeber vorbehalten ist, ob er eine Strafbarkeitslücke bestehen lässt oder schließt.[357] Da die richterliche Auslegungsgrenze durch den Wortsinn vorgegeben ist, verstößt auch eine Rechtsfortbildung sowohl contra legem als auch praeter legem gegen Art. 103 Abs. 2 GG.[358] Eine Rechtsprechung praeter legem ist eine solche, die außerhalb des Anwendungsbereichs der Strafvorschrift liegt. Eine Auslegung durch den Richter ist dann nicht mehr verfassungskonform, wenn sie zu dem Wortlaut des Gesetzes und dem ersichtlichen Willen des Gesetzgebers im Widerspruch steht.[359] Eine Strafbarkeit darf nicht dadurch begründet werden, indem ihre Auslegung den erkennbaren Wortsinn überschreitet.[360] Dazu stellt der BGH klar, dass es einem Strafgericht nicht zusteht, aus rechtspolitischen Erwägungen den Wortlaut des Gesetzes zu missachten.[361]

Dementsprechend ist für den BGH auch der Wortsinn maßgeblich für die Abgrenzung zwischen Auslegung einerseits und Rechtsfortbildung bzw. Rechtsschöpfung andererseits, als deren gemeinsamer Oberbegriff der Ausdruck Rechtsanwendung verstanden werden kann. Wegen des Analogieverbots ist die am Wortlaut orientierte Auslegung von der Analogie als unzulässiger Rechtsfortbildung, sofern sie zu Lasten des (vermeintlichen) Täters erfolgt, abzugrenzen.[362] Jenseits des möglichen Wortsinns ist Rechtsanwendung als verbotene Analogie

---

356 Maunz/Dürig-*Schmidt-Aßmann*, Vorkommentierung Art. 103 Abs. II Rn. 178.

357 BVerfGE 73, 206, 236; BVerfGE 71, 108, 116.

358 Maunz/Dürig-*Remmert*, Art. 103 Abs. 2 Rn. 80; Maunz/Dürig-*Schmidt-Aßmann*, Vorkommentierung Art. 103 Abs. II Rn. 230.

359 BVerfGE 86, 288, 320; BVerfGE 49, 286, 301; BVerfGE 18, 97, 111.

360 BVerfGE 87, 399, 411; BVerfGE 82, 236, 269; BVerfGE 73, 206, 236; BVerfGE 71, 108, 115.

361 BGHSt 13, 287, 289.

362 *Roxin/Greco*, AT I, § 5 E Rn. 26.

anzusehen, es sei denn sie erfolgt zugunsten des Täters.[363] Die Befugnis zu richterlichen Rechtsfortbildung besteht nur insoweit, als das die Hervorhebung des Prinzipiellen bei Einzelfallentscheidungen und die Entwicklung allgemeiner Rechtsgrundsätze gestattet ist.[364] Lediglich eine planwidrige Regelungslücke darf richterrechtlich geschlossen werden, die Anwendung einer Vorschrift allerdings nicht ausgeweitet werden.[365] Denn das Gesetzlichkeitsprinzip begrenzt für Gerichte sowohl die Tatbestandsergänzung als auch die tatbestandsausweitende Interpretation, weshalb insb. die richterliche Auslegung der Tatbestandsmerkmale nicht zur Folge haben darf, dass die gesetzgeberische Begrenzung der Strafbarkeit im Ergebnis wieder entfällt.[366] Es ist der schöpferische Charakter, der die Auslegung von der Rechtsergänzung oder Rechtsfortbildung unterscheidet, weshalb letztere prägnant auch als Rechtsschöpfung bezeichnet wird.[367] Da der täterspezifische Verständnishorizont maßgeblich ist, darf bei der Auslegung der „wesensgesetzliche" Sinn nicht unberücksichtigt bleiben.[368] Hingegen wäre die Bezeichnung eines schöpferischen Aktes als Auslegung zumindest missbräuchlich.[369] Denn eine Auslegung ist eben nur dann verfassungskonform, wenn der Wille des Gesetzgebers, wie er im Wesen des Gesetzes erkennbar ist, beachtet wird. Der Wille des Gesetzgebers ist als eindeutig anzusehen und somit dessen Interpretation durch Gerichte ausgeschlossen.[370]

Der Bestimmtheitsgrundsatz erfährt insofern eine Einschränkung, als dass auch unbestimmte Begriffe zulässig sind, wenn die Gesetzesauslegung ihre nähere Deutung ermöglicht.[371] Zwar muss ein Straftatbestand umso präziser bestimmt sein, je schwerwiegender die darin angedrohte Strafe ist,[372] jedoch dürfen Gesetze auch dann nicht zu starr und kasuistisch werden, weil sie dem Wandel der Lebensverhältnisse und den Besonderheiten des Einzelfalls genügen müssen.[373] Wegen der Vielgestaltigkeit des Lebens soll es dem Gesetzgeber auch

---

363 BVerfGE 105, 135, 157; BVerfGE 92, 1, 12; BVerfGE 85, 69, 73; BVerfGE 73, 206, 235; BGHSt 48, 354, 357; BGHSt 39, 112, 114; BGHSt 37, 226, 230.

364 BVerfGE 18, 224, 237 f.

365 Wessels/*Beulke/Satzger*, AT, Rn. 81; *Felix*, S. 392 ff. m.w.N.

366 BVerfGE 92, 1, 16.

367 *Engisch*, S. 89 f.

368 *Engisch*, S. 89.

369 *Engisch*, S. 90.

370 BVerfGE 71, 108, 115 f.; BVerfGE 4, 331, 351.

371 BVerfGE 78, 374, 389; BVerfGE 75, 329, 341.

372 BVerfGE 105, 135, 155 f.; BVerfGE 75, 329, 342.

373 BVerfGE 75, 329, 342 f.; BVerfGE 45, 363, 371.

im Strafrecht gestattet sein, allgemeine, unbestimmte und wertausfüllungsbedürftige Begriffe zu verwenden.[374] Dennoch muss der Anwendungsbereich einer Norm für ihren Adressaten mittels einer Auslegung, die sich insb. an Wortlaut und Gesetzeszweck orientiert, vorhersehbar sein.[375] Da der Wortsinn der Auslegung eine Grenze setzt, die nicht überschritten werden darf, hat die grammatische Auslegung von Strafvorschriften eine besonders gewichtige Bedeutung.[376] Der BGH erklärt den dem allgemeinen Sprachverständnis zugrundeliegenden Wortsinn, wobei insb. auch durch Online-Recherchen Kenntnis über den aktuellen Sprachgebrauch erlangt werden könne, als maßgeblich.[377] Daneben ist auch der Zusammenhang des Normgefüges bedeutsam.[378] Eine vornehmlich teleologische Gesetzesauslegung würde die Gefahr einer zu extensiven Anwendung der Norm bergen.[379] Führt die Auslegung einer an sich hinreichend bestimmten Norm zu deren Unbestimmtheit, ist die Auslegung unhaltbar.[380]

Zugleich läuft es dem Bestimmtheitsgebot nicht zuwider, wenn allgemeine Begriffe der Auslegung durch die Gerichte bedürfen.[381] Gleichwohl dürfen Gerichte ein unbestimmtes Gesetzes nicht selbst nachbessern.[382] Sie dürfen eine Norm auch nicht so auslegen, dass sie keine klaren Konturen mehr besitzt und dadurch hinsichtlich ihres Anwendungsbereichs gar die Unsicherheit erhöhen.[383] Zugleich sind die Gerichte aufgrund des Präzisierungsgebots dazu angehalten, eine Norm durch Auslegung zu präzisieren, wenn über ihren Anwendungsbereich Unklarheiten bestehen.[384] Wegen des strengen Gesetzesvorbehalts, den der Gesetzgeber vorrangig zu beachten hat, hat das Präzisierungsgebot der Gerichte nach zutreffender Auffassung nur subsidiäre Bedeutung.[385]

---

374 BVerfGE 92, 1, 12; BVerfGE 75, 329, 341; BVerfGE 45, 363, 371.

375 BVerfGE 73, 206, 237; BVerfGE 57, 250, 262.

376 BK-*Graßhof*, Erg. zu Art. 103 Abs. 2 zu Rn. 21 (1).

377 BGH NJW 2007, 524, 526.

378 BVerfGE 92, 1, 16.

379 *Simon*, S. 477.

380 *Simon*, S. 543.

381 BVerfGE 92, 1, 12; BVerfGE 75, 329, 341; BVerfGE 71, 108, 114 f.

382 BVerfGE 105, 135, 153; Maunz/Dürig-*Schmidt-Aßmann*, Vorkommentierung Art. 103 Abs. II Rn. 225.

383 BVerfGE 126, 170, 198; BVerfGE 92, 1, 19; BVerfGE 87, 209, 224 ff.; BVerfGE 71, 108, 121.

384 BVerfGE 126, 170, 198.

385 Wessels/*Beulke*/*Satzger*, AT, Rn. 73.

Nach ebenfalls zutreffender Auffassung ist das Bestimmtheitsgebot durch die Ewigkeitsgarantie des Art. 79 Abs. 3 GG geschützt, da bei Straftatbeständen und ihrer Anwendung wegen des Rechtsstaatsprinzips gem. Art. 20 Abs. 3 GG stets jede Willkür ausgeschlossen sein muss.[386] Da der Bestimmtheitsgrundsatz vor willkürlicher Ausübung der Strafgewalt schützen soll, ist er nach ebenfalls zutreffender Auffassung zugleich Ausdruck der Garantie der Menschenwürde gem. Art. 1 Abs. 1 GG und fällt auch deshalb unter die Ewigkeitsgarantie des Art. 79 Abs. 3 GG.[387] Neben der Menschenwürde ist das Gesetzlichkeitsprinzip auch im Demokratieprinzip zu verankern.[388]

Im Strafrecht wird das Gebot der Rechtssicherheit durch das Gesetzlichkeitsprinzip zentral verwirklicht.[389] Art. 103 Abs. 2 GG ist wortgleich mit § 1 StGB. Das Gesetzlichkeitsprinzip ist Maßstab für alle Strafvorschriften und insb. auch für normative Tatbestandsmerkmale und Blankettstrafgesetze.[390] Auch Blankettstraftatbestände sind grundgesetzkonform, wenn sie hinreichend bestimmt sind.[391] Art. 103 Abs. 2 GG begrenzt die staatliche Strafmacht und schützt dadurch die persönliche Freiheit der Bürger.[392] Die Gewährleistungselemente des Gesetzlichkeitsprinzips richten sich sowohl an den Gesetzgeber als auch an die Gerichte.[393] Nach zutreffender Auffassung sollte das Gesetzlichkeitsprinzip daher als die „Magna Charta des Bürgers" verstanden werden.[394]

B. Gesetzesbestimmtheit des § 266a Abs. 1 StGB

Das geforderte Handeln, mit dem das Rechtsgut eines echten Unterlassungsdelikts geschützt werden soll, ist bereits gesetzlich im Tatbestand geregelt.[395] Sofern allerdings gefolgert wird, der Normadressat müsse alles Erforderliche tun, um diesen Schutz zu erreichen,[396] wird zum einen der Charakter echter Unterlassungsdelikte missachtet[397] und zum anderen neben den restriktiven

386 Maunz/Dürig-*Schmidt-Aßmann*, Vorkommentierung Art. 103 Abs. II Rn. 192.
387 Maunz/Dürig-*Remmert*, Art. 103 Abs. 2 Rn. 7; BK-*Rüping*, Art. 103 Abs. 2 Rn. 86.
388 BVerfGE 105, 135, 153; BVerfGE 87, 209, 224.
389 *Simon*, S. 542.
390 *Enderle*, S. 113.
391 BVerfGE 87, 399, 407; BVerfGE 78, 205, 213; BVerfGE 14, 245, 252.
392 *Albrecht*, Kriminologie, S. 115.
393 BVerfGE 126, 170, 197.
394 *Naucke*, Strafrecht, § 2 Rn. 30 und 31.
395 *Gosch*, S. 21.
396 *Gosch*, S. 25.
397 Siehe dazu oben 2. Teil. A. V. 3. a) aa).

ungeschriebenen Tatbestandsmerkmalen der Möglichkeit und Zumutbarkeit eines echten Unterlassungsdelikts ein neues extensives ungeschriebenes Tatbestandsbestandsmerkmal der Erforderlichkeit ergänzt.

Die Wertung, bei einem echten Unterlassungsdelikt obliege es dem Normadressaten alles Erforderliche zu tun, um einen Erfolg abzuwenden, findet sich in der Vorrangrechtsprechung des BGH zu § 266a Abs. 1 StGB durch Vorverlagerung der Strafbarkeit unter Anwendung der omissio libera in causa. Es stellt sich die Frage, ob eine solche Wertung aus dem Präzisierungsgebot[398] folgt. Dabei ist zu berücksichtigen, dass § 266a Abs. 1 StGB sozialrechtsakzessorisch ausgestaltet ist[399] und es sich deshalb um ein Blankettstrafgesetz handelt.[400]

Blankettstraftatbestände regeln die Voraussetzungen der Strafbarkeit und das Strafmaß nicht abschließend in der Blankettsanktionsnorm selbst, sondern verweisen zur Ausfüllung auf Gebote oder Verbote in anderen Gesetzen oder Verwaltungsakten als Blankettausfüllungsnorm.[401] Der Straftatbestand als Blankettsanktionsnorm und die außerstrafrechtliche Regelung als Blankettausfüllungsnorm werden zu *einem* Gesetz „zusammengelesen",[402] so dass daraus die Vollvorschrift entsteht.[403] Wird auf Normen desselben Gesetzes verwiesen, spricht man von „unechten" Blanketten, bei Ausfüllung durch Normen eines anderen Gesetzes oder durch einen Verwaltungsakt von „echten" Blanketten.[404]

Während Blankettstrafgesetze unvollständig sind und durch andere Vorschriften ausgefüllt werden müssen, erfassen und beschreiben Straftatbestände mit normativen Tatbestandsmerkmalen das inkriminierte Verhalten vollständig.[405] Normative Tatbestandsmerkmale erfordern zwar die rechtliche Bewertung auf der Grundlage anderer Normen, doch sie inkorporieren diese nicht.[406]

Das Zusammenlesen der Sanktionsnorm und der Ausfüllungsnorm kann dem Normadressaten Schwierigkeiten bereiten.

---

398 Siehe dazu oben 3. Teil. A.

399 Siehe dazu oben 2. Teil. A. I.

400 LK-StGB/*Möhrenschlager*, § 266a Rn. 2; Ignor/Mosbacher-*Pananis*, § 6 Rn. 17; *Wegner*, wistra 1998, 283, 285.

401 Maunz/Dürig-*Schmidt-Aßmann*, Vorkommentierung Art. 103 Abs. II Rn. 199; Matt/Renzikowski-*Gaede*, § 16 Rn. 14; *Fischer*, § 1 Rn. 9.

402 Matt/Renzikowski-*Gaede*, § 16 Rn. 14.

403 *Fischer*, § 1 Rn. 10.

404 *Tiedemann*, AT, Rn. 179.

405 BVerfGE 78, 205, 213.

406 *Enderle*, S. 123.

Schon deshalb darf die richterliche Auslegung akzessorischer Straftatbestände wie Blankettstrafgesetzen im Ergebnis nicht über die zivil- oder öffentlich-rechtliche Norm hinausgehen.[407] Für Blankette gilt deshalb besonders strikt, dass die wesentlichen Entscheidungen über die Strafbarkeitsvoraussetzungen durch den Gesetzgeber selbst getroffen werden müssen.[408] Die Aufgabe der Gerichte beschränkt sich darauf, aus Blankettsanktionsnorm und Blankettausfüllungsnorm die Verhaltensnorm zusammenzusetzen.[409] Zugleich können Gerichte gehalten sein, Blankette verfassungskonform auszulegen.[410]

Aus dem Präzisierungsgebot ergibt sich nicht die Notwendigkeit, die Beachtung von Obliegenheiten zu postulieren, wie es durch die Vorrangrechtsprechung des BGH erfolgt. Aufgrund der Sozialrechtsakzessorietät des § 266a Abs. 1 StGB ist die Fälligkeit der Arbeitnehmerbeiträge, die als Gesamtbeitrag an die Einzugsstellen der Krankenversicherungen abgeführt werden müssen, für den Unternehmer bestimmt, deren Höhe nach dem Arbeitsentgelt bzw. -einkommen zu berechnen ist. Dass es sich bei § 266a Abs. 1 StGB um ein Blankettstrafgesetz handelt, schafft aufgrund des Charakters als Blankett keine Unklarheiten über den Anwendungsbereich. Das Zusammenlesen der Blankettsanktionsnorm und der Blankettausfüllungsnorm bereitet bei dem Vorenthalten von Arbeitnehmerbeiträgen keine Schwierigkeiten, so dass der Unternehmer als Normadressat eine Verhaltensnorm zu beachten hat, die als solche für ihn verständlich ist. Die Problematik des täterspezifischen Verständnishorizonts folgt nicht daraus, dass § 266a Abs. 1 StGB ein Blankettstraftatbestand ist, sondern aus den Obliegenheiten, die der BGH als Vorverhalten der Tathandlung des Vorenthaltens als strafbarkeitsbegründend konstituiert.

Es ist zu fragen, ob die Vorrangrechtsprechung des BGH Unklarheiten über den Anwendungsbereich des § 266a Abs. 1 StGB erst schafft, ihr gar klare Konturen nimmt. Folglich ist zu untersuchen, ob an die Tathandlung des Vorenthaltens überhaupt die postulierten Obliegenheiten durch richterliche Auslegung angeknüpft werden können. Aus verfassungsrechtlicher Sicht ist maßgeblich, welche Art und Weise eines Sollens der Normadressat der sanktionierten Tathandlung des Vorenthaltens entnehmen kann. Dafür müsste die Tathandlung erkennbar das Gebot enthalten, durch Beachtung der Obliegenheiten auch mehrere Wochen vor Fälligkeit der Arbeitnehmerbeiträge die Fähigkeit zur Beitragszahlung

---

407 *Tiedemann*, BT, Rn. 26a.
408 *Enderle*, S. 174.
409 *Enderle*, S. 128.
410 BVerfGE 92, 191, 197; BVerfGE 87, 399, 407.

aufrechtzuerhalten bzw. wiederherzustellen, sofern dies möglich und zumutbar ist. Ist für den Unternehmer nicht vorherzusehen, dass ein entsprechendes Verhalten von ihm verlangt wird und er diesem in freier Entscheidung nicht nachkommt, kann ihm das Unterlassen, die Arbeitnehmerbeiträge im Fälligkeitszeitpunkt abzuführen, nicht als Verantwortlichkeit zugeschrieben werden.

I. Tathandlung des Vorenthaltens

Bei einigen echten Unterlassungsdelikten ist die geforderte Handlung unmittelbar dem Straftatbestand zu entnehmen, bei anderen sind sämtliche Umstände des Sachverhalts heranzuziehen.[411]

Vorenthalten ist das tatbestandliche Prädikat des § 266a Abs. 1 StGB. Da es sich bei § 266a Abs. 1 StGB um ein Blankettstrafgesetz handelt, wird durch das Sozialrecht das Vorenthalten als Tathandlung ausgefüllt: Aufgrund der Sozialrechtsakzessorietät ergibt sich für den Unternehmer, welche Handlung nicht unterbleiben darf, um ein tatbestandliches Vorenthalten zu vermeiden.

Der Wortsinn des Vorenthaltens ist nach dem allgemeinen Sprachverständnis „jemandem etwas (widerrechtlich) nicht geben“[412] sowie allgemeiner und damit zugleich ein wenig ungenauer gefasst „etwas aufbewahren, etwas zurück(be)halten, etwas in Verwahrung bzw. an sich nehmen“.[413] Bei teleologischer Auslegung des Vorenthaltens ist dessen Definition das Nichtzahlen der fälligen Arbeitnehmerbeiträge,[414] die damit im Einklang mit dem Wortlaut steht. Im Interesse der Solidargemeinschaft wird der Schutz des Beitragsaufkommens sichergestellt, wodurch Sinn und Zweck der Vorschrift Genüge getan wird.[415]

Von den Blankettnormen sind Strafgesetze zu unterscheiden, die normative Tatbestandsmerkmale beinhalten. Es ist eine rechtliche Bewertung erforderlich, um die Bedeutung normativer Tatbestandsmerkmale zu erfassen.[416] Durch eine Parallelwertung in der Laiensphäre muss der Täter deren außerstrafrechtliche Wertung nachvollziehen und somit zumindest die soziale Bedeutung[417] bzw. den wesentlichen Unrechtsgehalt erkennen.[418] Da es sich bei § 266a Abs. 1 StGB um

---

411 *Jescheck/Weigend*, AT, § 59 I.

412 *Wahrig*, Deutsches Wörterbuch, Stichwort: „vorenthalten“.

413 *Duden*, Sinn- und sachverwandte Wörter, Stichwort: „vorenthalten“.

414 *Tag*, S. 108.

415 *Tag*, S. 108.

416 Matt/Renzikowski-*Gaede*, § 16 Rn. 20.

417 *Tiedemann*, AT, Rn. 344; Matt/Renzikowski-*Gaede*, § 16 Rn. 20.

418 *Enderle*, S. 333.

ein Blankettstrafgesetz handelt, erfolgt keine Parallelwertung in der Laiensphäre wie bei normativen Tatbestandsmerkmalen. Sofern vereinzelt die Auffassung vertreten wird, es sei für den Unternehmer nicht ersichtlich, dass er die Arbeitnehmerbeiträge vorenthalte, wenn er deren Zahlung unterlasse, weshalb doch eine Parallelwertung in der Laiensphäre vorgenommen werden müsse,[419] wird eine Differenzierung vorgenommen, die aus dem Wortsinn des Vorenthaltens als Tathandlung nicht herzuleiten ist. Vorenthalten bezeichnet bei § 266a Abs. 1 StGB schlicht das Unterlassen und ist damit deskriptives Tatbestandsmerkmal. Das Tatbestandsmerkmal des Vorenthaltens in der Blankettsanktionsnorm bedarf ebenso wenig einer rechtlichen Bewertung durch den Normadressaten wie die sozialrechtlichen Regelungen zur Höhe und Fälligkeit der Arbeitnehmerbeiträge in der Blankettausfüllungsnorm eine außerstrafrechtliche Bewertung erfordern. Das positive Recht ergibt bei § 266a Abs. 1 StGB durch das Zusammenlesen der Blankettsanktionsnorm und der Blankettausfüllungsnorm eine präzise Verhaltensnorm.

Bei einem Gebot obliegt es dem Normadressaten, seine Handlungspflicht zu erkennen[420] und dementsprechend muss sich das materielle Unrechtsbewusstsein auf das spezifische Unrecht des jeweiligen Tatbestandes richten.[421] Das Erkennen der Handlungspflicht und des daraus folgenden Unrechts ist Voraussetzung sowohl bei Tatbeständen, die keine (zusätzliche) rechtliche Bewertung erfordern als auch bei solchen, bei denen eine Parallelwertung in der Laiensphäre vorgenommen werden muss.[422] Für den Normadressaten bedeutet Unrechtsbewusstsein, sich der Sozialschädlichkeit seines Handelns bewusst zu sein, weshalb insb. im Wirtschaftsstrafrecht die tatbestandlich beschriebene Handlung zumindest dann keine Vorstellungen jedenfalls eines besonders strengen normgemäßen Verhaltens hervorruft, wenn die Tathandlung gefährdenden Charakter hat.[423] In diesen Fällen entfällt eine Parallelwertung in der Laiensphäre ohnehin, weil sich das Unrechtsbewusstsein auf die Sozialschädlichkeit beschränkt.[424]

Auch wenn eine Verhaltensnorm durch ihre tatbestandlichen Begriffe, selbst bei solchen, die wertausfüllungsbedürftig sind, Orientierung hinsichtlich des

---

419 SK-*Hoyer*, § 266a Rn. 55.
420 *Hruschka*, FS Bockelmann, S. 421, 428.
421 BGHSt 42, 123; Wessels/*Beulke*/*Satzger*, AT, Rn. 680; *Kaufmann*, Parallelwertung, S. 10.
422 *Kaufmann*, Parallelwertung, S. 10.
423 *Kaufmann*, Parallelwertung, S. 32.
424 *Kaufmann*, Parallelwertung, S. 33.

sozialadäquaten Handelns bietet, bleiben die verfassungsrechtlichen Grenzen der Begriffsauslegung gewahrt.[425]

Der Gesetzgeber muss daher bei Blankettstraftatbeständen und der damit verbundenen Grundentscheidung über die Strafbarkeit eines Verhaltens die Verletzungshandlung selbst generisch, d.h. in allgemeingültigem Sinne, benennen.[426] Erst dadurch wird auch dem Parlamentsvorbehalt Genüge getan.

Bietet die Verhaltensnorm nur eine begrenzte Beschreibung des tatbestandlichen Verhaltens und einer sich daraus ableitenden Orientierung der Sozialadäquanz bzw. umgekehrt der Sozialschädlichkeit, wird der Normadressat durch einen solchen Straftatbestand auch nicht weitergehend verpflichtet und der Umfang seiner Bindungswirkung dementsprechend inhaltlich beschränkt.[427]

Die Verhaltensnorm, die bei § 266a Abs. 1 StGB als Blankett aufgrund des Zusammenlesens der Blankettsanktionsnorm und der Blankettausfüllungsnorm entsteht, ist das an den Unternehmer gerichtete Gebot, die Arbeitnehmeranteile der Sozialversicherungsbeiträge spätestens zum Zeitpunkt ihrer Fälligkeit in voller Höhe an die Einzugsstellen der Krankenversicherungen abzuführen, sofern die Einzugsstelle deren Zahlung nicht gestundet hat. Durch das Sozialrecht wird das Blankett hinsichtlich des Ablaufs des Fälligkeitstages und der nach dem Arbeitsentgelt bzw. -einkommen zu berechnenden Höhe des Gesamtbeitrags für jeden Arbeitnehmer ausgefüllt und ist in dieser Hinsicht präzise. Dieser Anwendungsbereich der Verhaltensnorm ist für den Unternehmer als Adressaten schon aufgrund des Wortlauts vorhersehbar.

Problematisch wird die Verhaltensnorm aufgrund des Inhalts und der Reichweite, die sich nach der Vorrangrechtsprechung des BGH aus der Tathandlung des Vorenthaltens ergeben soll. Durch die Anwendung der omissio libera in causa wird dem Unternehmer strafbarkeitsbegründend vorgeworfen, seine Zahlungsunfähigkeit durch eigenes Vorverhalten selbstverschuldet herbeigeführt zu haben.

Ob sich dieser strafrechtliche Vorwurf entsprechend der Vorrangrechtsprechung des BGH auf das Vorverlagerungsmodell, nach dem das Vorverhalten als Teil des Tatbestandes des echten Unterlassungsdelikts des § 266a Abs. 1 StGB angesehen wird, oder auf das Obliegenheitsmodell, nach dem hinsichtlich des Vorverhaltens eine Ausnahme vom Koinzidenzprinzip als der materiellen Gleichzeitigkeit aller Verbrechensmerkmale gelten soll und die Obliegenheiten

---

425 *Mikus*, S. 37.
426 *Tiedemann*, S. 46.
427 *Mikus*, S. 38.

aus der Norm selbst abgeleitet werden, stützt, kann für die verfassungsrechtliche Beurteilung, ob die Vorrangrechtsprechung mit dem Bestimmtheitsgebot vereinbar ist, dahinstehen. Denn es handelt sich um strafrechtsdogmatische Begründungsmodelle, die beide Vorverhalten pönalisieren, das an die Tathandlung des Vorenthaltens anknüpft. Dieses Vorverhalten besteht in einem Katalog aus Obliegenheiten, die der BGH in seiner Vorrangrechtsprechung definiert hat.[428] Maßgeblich für die Frage, ob dadurch das Bestimmtheitsgebot verletzt wird, ist die Erkennbarkeit der aus dem Vorenthalten abgeleiteten Obliegenheiten für den Unternehmer als Normadressaten, wonach er das vorrangige Abführen der Arbeitnehmerbeiträge vor allen anderen Verbindlichkeiten sicherstellen soll.

Die Obliegenheiten reichen in einer finanziell schwierigen Situation des Unternehmens vom Aufstellen eines Liquiditätsplans über das Kürzen der (Netto-)Löhne der Arbeitnehmer bis zur Rückstellung aller anderweitigen Zahlungspflichten, d.h. auch kongruente Forderungen anderer Gläubiger nicht zu befriedigen.

Ausweislich des Wortsinns des Vorenthaltens, der nach dem allgemeinen Sprachverständnis „jemandem etwas (widerrechtlich) nicht geben" bedeutet, sind diese Obliegenheiten schlichtweg nicht erfasst. Zwar sind die Anforderungen an die Vorhersehbarkeit der Strafbarkeit erhöht, wenn der Normadressat, an den sich § 266a Abs. 1 StGB als Sonderdelikt richtet, ein Unternehmer ist und über spezielles Fachwissen verfügt, jedoch sind gerade für einen Unternehmer diese Obliegenheiten, deren Missachtung als Vorverhalten die Tathandlung des Vorenthaltens bedingen sollen, nicht erkennbar. Das Aufstellen eines Liquiditätsplans mag sinnvoll sein. Es ist allerdings nicht ersichtlich, dass das Unterlassen der Aufstellung eine Strafbarkeit begründet, wenn im Fälligkeitszeitpunkt die Arbeitnehmerbeiträge nicht abgeführt werden können. Einem Unternehmer sollte und wird insb. auch der Grundsatz der Vertragstreue, „pacta sunt servanda", der gegenüber seinen Arbeitnehmern und Geschäftspartnern von besonderer Bedeutung ist, nicht nur bekannt sein, sondern er wird ihn zur Aufrechterhaltung des Arbeitseinsatzes seiner Arbeitnehmer und v.a. auch seiner Geschäftsbeziehungen stets zu befolgen suchen, so dass sich ihm erst recht nicht erschließt, dass ein gegenteiliges, die Privatrechtsordnung verletzendes vorverlagertes Verhalten zur Vermeidung einer Strafbarkeit gem. § 266a Abs. 1 StGB geboten sein soll, wenn dadurch zu einem möglicherweise mehrere Wochen späteren Fälligkeitszeitpunkt Arbeitnehmeranteile nicht an die Einzugsstellen der Krankenversicherungen abgeführt werden können.

428 Siehe dazu oben 2. Teil. B. II.

Durch die Vorrangrechtsprechung, die die Obliegenheiten als strafbares Vorverhalten konstituiert, wird der Wortsinn, der der Auslegung eine Grenze setzt, die nicht überschritten werden darf, nicht beachtet.

Echte Unterlassungsdelikte wie § 266a Abs. 1 StGB sind als Gegenstück der reinen Tätigkeitsdelikte anzusehen.[429] Für verhaltensgebundene Tatbestände hat der BGH denn auch entschieden, dass die darin beschriebene Tathandlung nicht als Verursachung eines von ihr trennbaren Erfolges begriffen werden kann. Deshalb kann bei einer solchen gesetzlichen Umschreibung der Tathandlung der Tatbestand kein Vorverhalten erfassen.[430]

Der BGH setzt sich zu seiner eigenen Rechtsprechung, die sich auf reine Tätigkeitsdelikte bezieht, in Widerspruch, wenn er bei den spiegelbildlichen echten Unterlassungsdelikten eine actio oder omissio praecedens als strafbarkeitsbegründend erfassen will. Bei § 266a Abs. 1 StGB ist das Vorenthalten als schlichtes Untätigbleiben die Tathandlung, die darin liegt, dass die Arbeitnehmersozialversicherungsbeiträge zum Zeitpunkt ihrer Fälligkeit nicht gezahlt werden. In diesem Vorenthalten liegt zugleich der Erfolg, der ohne das Untätigbleiben nicht eintreten würde und daher von diesem nicht getrennt werden kann.

Wäre eine Handlung vor Fälligkeit der Arbeitnehmeranteile, die die spätere Handlungsfähigkeit zu deren Zahlung beseitigt, als vorsätzliches Vorenthalten insb. auch im weiteren Sinne anzusehen, müsste der (vermeintliche) Täter selbst dann aus § 266a Abs. 1 StGB bestraft werden, wenn ein Zufluss finanzieller Mittel die Zahlung der Arbeitnehmerbeiträge bei ihrer Fälligkeit doch noch ermöglichte.[431] Ein solches Ergebnis mit der Folge der Begründung strafrechtlicher Verantwortung wäre nicht nur widersinnig und abwegig, sondern schlicht unhaltbar, so dass in einer solchen Konstellation eine Strafbarkeit ausscheiden müsste.

Aus dem Zusammenlesen der Sanktionsnorm und der Ausfüllungsnorm ergibt sich ein zusammenhängendes Normgefüge im Sinne einer hinreichend bestimmten Verhaltensnorm, der eben nicht mehr, allerdings auch nicht weniger als das Gebot zu entnehmen ist, fällige Arbeitnehmerbeiträge zur Sozialversicherung abzuführen. Nimmt ein Unternehmer § 266a Abs. 1 StGB und die akzessorischen Vorschriften des Sozialrechts zur Kenntnis, wäre es völlig fernliegend anzunehmen, dass er erkennen würde, vorverlagerte Obliegenheiten, die zum Teil Rechtsbrüche verlangen, erfüllen zu müssen, um einer Strafbarkeit wegen

429 Siehe dazu oben 2. Teil. A. V. 3. a) aa).
430 Siehe dazu oben 2. Teil. C. III. 1. b).
431 *Hellmann*, JZ 1997, 1005, 1006.

Vorenthaltens von Arbeitnehmerbeiträgen zu entgehen. § 266a Abs. 1 StGB steht im Strafgesetzbuch im 22. Abschnitt zu Betrug und Untreue. § 266a Abs. 1 StGB passt im Gegensatz zu § 266a Abs. 2 StGB und § 266a Abs. 3 StGB systematisch auch nicht zu den Betrugs- und Untreuedelikten. Gerade der redliche Unternehmer, der in der Krise eines Unternehmens bemüht ist, zum Wohle des Unternehmens und seiner Arbeitnehmer zu handeln, wird sich in seinem Bemühen nicht einer Nähe zu Delikten wie Betrug und Untreue sehen, auch wenn ein möglicher Liquiditätsengpass mit der Krise einhergeht, denn dies liegt bei den meisten Unternehmenskrisen in der Natur der Sache. Obliegenheiten im Sinne der Vorrangrechtsprechung, die zum Teil sogar dem Prinzip der Vertragstreue widersprechen, drängen sich dem Unternehmer gerade nicht auf, wenn es ihm um die Rettung des Unternehmens und den Erhalt der Arbeitsplätze geht.

Auch Sinn und Zweck der Strafvorschrift des § 266a Abs. 1 StGB, das Aufkommen der Mittel für die Sozialversicherung sicherzustellen, führen daher nicht dazu, dass für einen Unternehmer als Normadressaten seine Strafbarkeit im Sinne der Vorrangrechtsprechung erkennbar ist. Er wird und muss kein Unrechtsbewusstsein entwickeln, weil das Bemühen um die Rettung des Unternehmens und den Erhalt der Arbeitsplätze nicht sozialschädlich ist. Dass ein redlicher Unternehmer sich an einem sozialadäquaten Verhalten orientiert, wird in besonderem Maße deutlich, wenn er die (Netto-)Löhne seiner Arbeitnehmer in der arbeitsvertraglich vereinbarten Höhe zahlt und kongruente Forderungen seiner Geschäftspartner befriedigt, um den Geschäftsbetrieb aufrecht zu erhalten und das Unternehmen aus der Krise zu führen.

Zwar ist § 266a Abs. 1 StGB nicht nur ein echtes Unterlassungsdelikt, sondern zugleich auch ein abstraktes Gefährdungsdelikt,[432] doch (nicht nur) aus dem täterspezifischen Verständnishorizont eines Unternehmers heraus würde der Zusammenbruch bzw. die Insolvenz des Unternehmens das Beitragsaufkommen der Sozialversicherung noch mehr gefährden als die unter Umständen als möglich erachtete Nichtzahlung der Arbeitnehmerbeiträge zu einem späteren Fälligkeitszeitpunkt, dem mehrere Wochen vorausgehen können, in denen das Handeln auf die Bewältigung der Krise ausgerichtet ist.

Als Argument für die Vorrangrechtsprechung führt der BGH insb. § 266a Abs. 6 S. 1 StGB an, der ein Absehen von einer Strafe ermöglicht und dessen Existenz überflüssig sei, wenn aufgrund der Missachtung der Obliegenheiten die Unmöglichkeit des Abführens der Arbeitnehmeranteile die Strafbarkeit des

432 Siehe dazu oben 2. Teil. A. V. 3. b).

Unternehmers entfallen ließe.[433] Dem ist entgegenzuhalten, dass ein Unternehmer dem Wortlaut des § 266a Abs. 6 S. 1 StGB entnimmt, dass nach dieser Vorschrift seine strafrechtliche Verantwortlichkeit begrenzt werden kann, wenn er sich um die Zahlung der Arbeitnehmerbeiträge ernsthaft bemüht hat und sie ihm dennoch zum Fälligkeitszeitpunkt unmöglich war. Aus dem Verständnishorizont eines Unternehmers als Normadressaten ergibt sich daraus eben keine Vorrangigkeit der Arbeitnehmersozialversicherungsbeiträge, weil der Gesetzgeber explizit die Situation regelt, dass sie nicht beglichen werden können und ein Unternehmer gerade die Konstellation einer Krise des Unternehmens mit einem damit einhergehenden Liquiditätsengpass als eine solchen Fall auffassen kann und darf. Auch insofern ist im Zusammenhang mit der Verhaltensnorm als gesetzlicher Regelung kein Grenzfall zwischen Strafbarkeit und Straflosigkeit erkennbar, der das Risiko einer Bestrafung aus § 266a Abs. 1 StGB zur Folge hätte.

Der BGH hat sich nicht darauf beschränkt, aus Blankettsanktionsnorm und Blankettausfüllungsnorm die Verhaltensnorm zusammenzusetzen. Die Vorrangrechtsprechung ist keine insb. an Wortlaut und Gesetzeszweck orientierte Auslegung des § 266a Abs. 1 StGB, die ihren Anwendungsbereich für den Normadressaten vorhersehbar macht. Vielmehr wird er durch die Vorverlagerung der Strafbarkeit unter Anwendung der omissio libera in causa weitergehend verpflichtet als die hinreichend bestimmte Verhaltensnorm es inhaltlich regelt und somit der Umfang ihrer Bindungswirkung dementsprechend nicht beschränkt. Erst durch die Vorrangrechtsprechung werden Unklarheiten geschaffen und die strafrechtliche Verantwortlichkeit gem. § 266a Abs. 1 StGB wird konturenlos, so dass der Normadressat dann die Tragweite und den Anwendungsbereich des Straftatbestandes nicht erkennen und er diese durch Auslegung nicht ermitteln kann.

Demzufolge ist das Bestimmtheitsgebot bereits aus den vorgenannten Gründen durch die Vorrangrechtsprechung des BGH zu § 266a Abs. 1 StGB verletzt.

Bei der Orientierung an einer Verhaltensnorm ist allerdings die Einheit der Rechtsordnung von besonderer Bedeutung. Insofern wird nunmehr untersucht, ob auch die der Vorrangrechtsprechung zugrundeliegende Rechtsaufassung des BGH, die strafrechtliche Sanktionierung des § 266a Abs. 1 StGB, sofern Beitragsansprüche der Sozialversicherung nicht erfüllt werden, bedinge einen Vorrang vor zivilrechtlichen Forderungen, ebenfalls eine Verletzung des Bestimmtheitsgebots darstellt.

---

433 Siehe dazu oben 2. Teil. B. I.

II. Einheit der Rechtsordnung

Die Einheit der Rechtsordnung bezieht sich auf die in einer Rechtsordnung beinhalteten Sollenssätze[434] und fordert die Widerspruchsfreiheit der Rechtsordnung bezogen auf die abstrakten als auch konkreten Sollenssätze.[435] Sollenssätze sind sowohl Verbote als auch Gebote. Zu den abstrakten Sollenssätzen gehören Gesetze und Verordnungen, zu den konkreten Sollenssätzen richterliche und behördliche Entscheidungen.[436] Hinsichtlich der Widerspruchsfreiheit ist zwischen Normwidersprüchen, die in sich widersprechenden Sollenssätzen bestehen, und Wertungswidersprüchen, die bei vergleichbaren Lebenssachverhalten zu einer unterschiedlichen Bewertung bzw. Lösung kommen, zu unterscheiden und die Einheit der Rechtsordnung gebietet, beide Widerspruchsarten zu vermeiden.[437] Sofern vereinzelt vertreten wird, dass die Auflösung von Normwidersprüchen zwingend sei, während Wertungswidersprüche mitunter hingenommen werden könnten,[438] ist dem entgegenzuhalten, dass die Einheit der Rechtsordnung gerade dazu dient, für den Normadressaten Rechtssicherheit zu gewährleisten. Die Rechtssicherheit ihrerseits ist wesentlicher Bestandteil des Rechtsstaatsprinzips.[439]

Aus dem Rechtsstaatsprinzip wird abgeleitet, dass sich der Normadressat nicht mit einander entgegengesetzten Vorschriften, die zur Widersprüchlichkeit der Rechtsordnung führen, konfrontiert zu sehen hat.[440]

Die Einheit der Rechtsordnung kann daher nach zutreffender Auffassung aus dem Rechtsstaatsprinzip in Art. 20 Abs. 3 GG hergeleitet werden, denn dieses beinhaltet das Gebot der Rechtssicherheit, wobei die Einheit der Rechtsordnung gleichbedeutend ist mit ihrer Widerspruchsfreiheit.[441] Das Grundgesetz verlangt die Vereinbarkeit aller Normen mit der gesamten Rechtsordnung und führt somit zu deren Einheitlichkeit.[442] Im Strafrecht hat die Vorhersehbarkeit,

---

434 *Engisch*, S. 2.
435 *Felix*, S. 144.
436 *Engisch*, S. 9.
437 *Simon*, S. 452 f.
438 *Engisch*, S. 63.
439 BVerfGE 60, 253, 268 f.; BVerfGE 2, 380, 403.
440 BVerfGE 98, 265, 301 (konfligierende Regelungen des Bundes- und Landesrechts betreffend); BVerfGE 98, 106, 118 f.; BVerfGE 98, 83, 97.
441 *Ischebeck*, S. 119; *Blank*, ZInsO 2013, 461, 468.
442 *Felix*, S. 177.

welches Verhalten verboten und mit Strafe bedroht ist, wegen Art. 103 Abs. 2 GG besondere Bedeutung.[443]

In einer komplexen Rechtsordnung wird deren Einheit im Sinne von Widerspruchsfreiheit nicht vollständig erreicht werden können; gleichwohl ist die Einheit der Rechtsordnung ein Postulat, das bei Rechtssetzung und Rechtsanwendung zu beachten ist.[444] Daher ist bei der Gesetzesauslegung zu berücksichtigen, dass sich die Vorschriften konsistent zusammenfügen.[445] Eine auf verfassungskonformer Auslegung beruhende Gesetzesanwendung verwirklicht die Einheit der Rechtsordnung.[446]

Wegen der Einheit der Rechtsordnung kann denn auch ein Verhalten nicht als strafrechtlich verbotenes Risiko bewertet werden, wenn die Zivilrechtsordnung es gestattet.[447] Das Grundgesetz enthält kein Rangverhältnis zwischen der Straf- und Zivilrechtsordnung.[448]

Eine Normkollision zwischen § 64 S. 1 GmbHG und § 266a Abs. 1 StGB besteht nach mehrjährigem Streit zwischen Senaten des BGH, der nicht zuletzt unter Hinweis auf die Einheit der Rechtsordnung aufgelöst wurde, in der nunmehr gefestigten Vorrangrechtsprechung nicht mehr.[449]

Gleichwohl hat die Vorrangrechtsprechung des BGH mehrere Widersprüche innerhalb der Rechtsordnung zur Folge:

Erstens ist der Vorrang der Arbeitnehmerbeiträge, der nach der Rechtsprechung des BGH gegenüber allen kongruenten Forderungen gilt, es sei denn während der Drei-Wochen-Frist zur Beantragung des Insolvenzverfahrens bei einem insolvenzreifen Unternehmen, widersprüchlich zu dem zivilrechtlich verankerten Prinzip der Vertragstreue und ergibt sich auch nicht aus der durch den BGH behaupteten Überflüssigkeit des § 266a Abs. 6 S. 1 StGB, sollte eine strafbewehrte Beitragspflicht nicht vorrangig vor zivilrechtlichen kongruenten Forderungen sein.[450] Der BGH übersieht schlichtweg, dass sich ein solcher Vorrang dem Grundgesetz nicht entnehmen lässt und die Straf- und Zivilrechtsordnung gleichrangig nebeneinander stehen.

---

443 *Ischebeck*, S. 119.
444 *Simon*, S. 453.
445 BGHSt 13, 102, 117.
446 *Felix*, S. 181.
447 *Lindemann*, S. 118.
448 *Blank*, ZInsO 2013, 461, 468.
449 Siehe dazu oben 2. Teil. B. I.
450 Siehe dazu oben 3. Teil. B. I.

Zweitens sind die Voraussetzungen für die tatsächliche Unmöglichkeit, die Arbeitnehmeranteile abzuführen, als deren Folge eine Strafbarkeit gem. § 266a Abs. 1 StGB entfällt, enger als die der insolvenzrechtlichen Zahlungsunfähigkeit, so dass das Risiko einer Zahlungsunfähigkeit steigt, was die Rettung des Unternehmens und den Erhalt der Arbeitsplätze in einer Krise unterminiert.[451] Indem diese Voraussetzungen unterschiedlich definiert werden, entsteht ein weiterer Widerspruch.

Drittens ist der durch den BGH behauptete Vorrang der Arbeitnehmersozialversicherungsbeiträge widersprüchlich zu der Gläubigergleichbehandlung, der par conditio creditorum,[452] obwohl sich der Gesetzgeber bei Ablösung der Konkursordnung durch Erlass der Insolvenzordnung bewusst auch für die Abschaffung der Konkursvorrechte entschieden hat.[453] Zudem vermag die Vorrangrechtsprechung das paradoxe Ergebnis herbeizuführen, dass der postulierte Vorrang überhaupt erst die Insolvenz eines Unternehmens bedingen und der Insolvenzverwalter dann die vermeintlich vorrangige Zahlung der Arbeitnehmeranteile erfolgreich anfechten kann, was sowohl dem Schutzgut des § 266a Abs. 1 StGB als auch der sozialversicherungsrechtlichen Intention, die gem. § 1 Abs. 1 SGB III auf die Erhaltung und Schaffung wettbewerbsfähiger Arbeitsplätze gerichtet ist, entgegensteht.[454]

Die Vorrangrechtsprechung des BGH ist schlichtweg nicht in die Dogmatik der betroffenen Rechtsgebiete eingebettet.[455] Dementsprechend hilft auch die rechtfertigende Pflichtenkollision nicht über das aus dem Zivilrecht folgende Prinzip der Vertragstreue hinweg, damit der Unternehmer den postulierten Vorrang des Abführens der Arbeitnehmerbeiträge vor allen kongruenten Forderungen erkennen könnte oder gar eine entsprechende Handlungspflicht, das Aufkommen der Mittel für die Sozialversicherung zu privilegieren, bestünde. Eine Handlung kann nur geboten sein, wenn sie erlaubt ist, und es ist nicht der Umkehrschluss zu ziehen, es sei erlaubt, was (vermeintlich) geboten ist, weil Freiheitssphären vorrangig durch das Unterlassen von Eingriffen geschützt werden.[456] Ein Verhalten kann nicht gleichzeitig strafrechtlich geboten und zivilrechtlich haftungsbegründend sein.[457] Die rechtfertigende Pflichtenkollision

---

451 Siehe dazu oben 2. Teil. B. I. und 2. Teil. B. IV. 3. a).

452 Siehe dazu oben 2. Teil. B. IV. 3. b).

453 *Blank*, ZInsO 2013, 461, 470.

454 Siehe dazu oben 2. Teil. B. V.

455 *Rönnau*, wistra 2007, 81, 84.

456 *Rönnau*, NJW 2004, 976, 978.

457 *Altmeppen*, NJW 2007, 2118, 2121.

findet auch deshalb keine Anwendung, da es sich um einen Fall des unternehmerisch erlaubten Risikos handelt.[458] Der strafrechtliche Vorwurf der omissio libera in causa knüpft an ein zivilrechtlich erlaubtes und gebotenes Handeln an, wenn es um das Begleichen kongruenter Forderungen oder die Lohnzahlung an die Arbeitnehmer geht, so dass daraus nicht zugleich eine strafrechtliche Pflichtwidrigkeit gefolgert werden kann. Ein solches Postulat würde die Einheit der Rechtsordnung negieren.

Die aus der Vorrangrechtsprechung des BGH resultierenden Widersprüche verhindern, soweit sie sinnwidrig sind in besonderem Maße, dass der Unternehmer als Normadressat eine Strafbarkeit gem. § 266a Abs. 1 StGB vorhersehen könnte und laufen somit ebenfalls dem Bestimmtheitsgebot zuwider.

Zivilrechtliche Pflichten des Unternehmers und seine Obliegenheiten aufgrund des durch den BGH angenommen Vorrangs fallen im (vermeintlichen) Tatzeitraum zusammen, so dass dieser im Zusammenhang mit dem Koinzidenz- oder Simultanitätsprinzip im Folgenden einer näheren Betrachtung unterzogen werden soll.

III. Koinzidenz- oder Simultanitätsprinzip hinsichtlich des Vorsatzes

Das Koinzidenz- oder Simultanitätsprinzip konstituiert das Erfordernis der materiellen Gleichzeitigkeit von Tatbestandsmäßigkeit, Rechtswidrigkeit und Schuld bzw. aller Merkmale einer Straftat, um deren Strafbarkeit zu begründen.[459] Gem. § 16 StGB müssen der tatbestandliche Vorsatz und nach § 20 StGB die Schuld „bei Begehung der Tat" vorliegen. § 8 StGB stellt betreffend den Zeitpunkt der Tat auf das Tun oder im Falle eines Unterlassens auf den Zeitpunkt der Handlungspflicht ab, wobei nicht maßgeblich ist, wann der Erfolg eintritt. Mithin ist ausschließlich der Moment der Tathandlung relevant.[460] Auf die Tathandlung und nicht den Erfolg abzustellen, ist auch wegen des Rückwirkungsverbots notwendig.[461] Das Koinzidenz- oder Simultanitätsprinzip selbst ergibt sich somit aus dem Wortlaut der vorgenannten Normen. Zum Straftatbestand gehören auch die Normen des Allgemeinen Teils des StGB,[462] die ebenfalls durch das Rückwirkungsverbot umfasst

---

458 *Renzikowski*, FS Weber, S. 333, 340.
459 *Hruschka*, GA 1981, 237, 248 Fn. 16; *Jerouschek/Kölbel*, JuS 2001, 417.
460 Wessels/*Beulke/Satzger*, AT, Rn. 319.
461 BK-*Rüping*, Art. 103 Abs. 2 Rn. 56 und 57.
462 Maunz/Dürig-*Remmert*, Art. 103 Abs. 2 Rn. 68; Maunz/Dürig-*Schmidt-Aßmann*, Vorkommentierung Art. 103 Abs. II Rn. 197.

sind.[463]

Hinsichtlich des Vorsatzes ergibt sich das Koinzidenz- oder Simultanitätsprinzip daraus, dass dieser das kognitive und voluntative Element der Tathandlung bildet, und aufgrund seiner Verankerung in den Normen des Allgemeinen Teils nach zutreffender Auffassung auch aus dem Gesetzlichkeitsprinzip herzuleiten ist[464] sowie hinsichtlich der Schuld nach überwiegender Auffassung aus dem tatbezogenen Schuldprinzip erwächst.[465] Der BGH stellt fest, dass das Koinzidenz- oder Simultanitätsprinzip § 20 StGB zugrunde liegt.[466]

Sofern vereinzelt die Auffassung vertreten wird, das Koinzidenz- oder Simultanitätsprinzip folge nicht aus dem Schuldprinzip, weil dem Schuldprinzip die Form der Zurechnung nicht immanent sei,[467] wird übersehen, dass es ohne das Schuldprinzip und den normativen Schuldbegriff eine Zuschreibung von strafrechtlicher Verantwortung nicht gibt. Denn auch der Schuldbegriff ist tatbezogen.[468] Die Beachtung des Koinzidenz- und Simultanitätsprinzips ist daher ein strenges Gebot des Tatstrafrechts.[469]

Maßgeblich für die Einhaltung des Koinzidenz- und Simultanitätsprinzips ist der Tatzeitraum i.S.d. § 8 StGB. Dafür ist bei echten Unterlassungsdelikten relevant, zu welcher Zeit der Täter hätte handeln können und müssen.[470] Ergibt sich daraus ein Handlungszeitraum, endet dieser mit der Aussichtslosigkeit oder Unmöglichkeit der gebotenen Handlung[471] und ebenso mit deren Unzumutbarkeit.[472] Während des Tatzeitraums muss Vorsatz bestehen.[473]

Weil der BGH in seiner Vorrangrechtsprechung unter dogmatischer Anwendung des Vorverlagerungsmodells das Vorverhalten als Teil des Tatbestandes des § 266a Abs. 1 StGB ansieht und die vorverlagerte actio oder omissio praecedens hinsichtlich der Obliegenheiten des Unternehmers über die omissio libera in causa die strafrechtliche Verantwortlichkeit des Unterlassenes der Beitragsabführung trotz Unmöglichkeit begründen soll, ergibt sich nach Auffassung des

463 BK-*Rüping*, Art. 103 Abs. 2 Rn. 56 und 60.
464 *Hirsch*, FS Lüderssen, S. 253, 262.
465 *Hirsch*, FS Lüderssen, S. 253, 262; *Neumann*, S. 14 f.
466 BGHSt 42, 235, 241.
467 *Jerouschek*, JuS 1997, 385, 387.
468 *Hirsch*, FS Lüderssen, S. 253.
469 *Hirsch*, FS Lüderssen, S. 253, 265.
470 Matt/Renzikowski-*Basak*, § 8 Rn. 5; Sch-Sch-*Eser/Weißer*, § 8 Rn. 4; *Fischer*, § 8 Rn. 4.
471 Sch-Sch-*Eser/Weißer*, § 8 Rn. 4; *Fischer*, § 8 Rn. 4.
472 Matt/Renzikowski-*Basak*, § 8 Rn. 5.
473 Matt/Renzikowski-*Basak*, § 8 Rn. 5.

BGH ein zwischen der Fälligkeit der Löhne und der Arbeitnehmersozialversicherungsbeiträge liegender kurzer und überschaubarer Tatzeitraum.[474]

Da gem. § 23 Abs. 1 S. 2 SGB IV die (Arbeitnehmer-)Beiträge spätestens am drittletzten Bankarbeitstag des jeweiligen Beschäftigungsmonats und ein etwaig verbleibender Restbetrag zum drittletzten Bankarbeitstag des Beschäftigungsfolgemonats fällig sind und in vielen Unternehmen der arbeitsvertragliche Anspruch auf das Arbeitsentgelt bereits zum Monatsanfang besteht, kann sich entsprechend der Ansicht des BGH ein Tatzeitraum von zumindest vier Wochen ergeben. Zudem ist es unerheblich, ob das Arbeitsentgelt schon durch den Arbeitgeber geleistet wurde, es muss im Sinne des § 23 Abs. 1 S. 2 SGB IV durch die Arbeitsleistung des Arbeitnehmers nur erzielt worden sein.

Befindet sich das Unternehmen über eine längere Phase hinweg in einer finanziell schwierigen Situation, führt dies zu einer Verkettung der Tatzeiträume, in denen der Unternehmer nach der Vorrangrechtsprechung des BGH permanent die Obliegenheiten erfüllen müsste. Dies hätte je nach Einzelfall eine völlige Entgrenzung des Tatbestandes in zeitlicher Hinsicht bzw. bezüglich seines Tatzeitraums zur Folge.

Die Vorstellung des Unternehmers in einer krisenhaften Situation des Unternehmens richtet sich auf das nach seiner Sicht notwendige Handeln zur Rettung des Unternehmens und damit gerade nicht darauf, dass ein tatbestandliches Unterlassen gem. § 266a Abs. 1 StGB vorliegen soll, wenn er die Obliegenheiten, die für ihn als solche gar nicht erkennbar sind, nicht erfüllt.[475] Unterbleiben die Obliegenheiten aufgrund der Rettungsbemühungen des Unternehmers, ist dies nicht gleichzusetzen mit dem Verursachen eines tatbestandlichen Unterlassenes durch Vorenthalten der Arbeitnehmeranteile.[476]

Mag der Unternehmer auch (präsumtiv) in Betracht ziehen, dass sein Verhalten die Zahlung der Arbeitnehmersozialversicherungsbeiträge zum Zeitpunkt ihrer Fälligkeit unmöglich macht, liegt darin ein strafrechtlich nicht relevanter dolus antecedens.[477] Ein dolus antecedens, d.h. ein selbst während einer Vorbereitungshandlung vorliegender Vorsatz, genügt nicht als Vorsatz zur Ausführung einer Straftat.[478]

---

474 BGHZ 134, 304, 309.

475 *Dehne-Niemann*, GA 2009, 150, 170.

476 *Dehne-Niemann*, GA 2009, 150, 170 Fn. 80.

477 *Dehne-Niemann*, GA 2009, 150, 170; *Renzikowski*, FS Weber, S. 333, 343.

478 *Roxin/Greco*, AT I, § 12 A Rn. 89.

Da aus dem Verständnishorizont des Unternehmers die Vorrangigkeit der Arbeitnehmerbeiträge nicht ersichtlich ist und die damit nach der Rechtsprechung des BGH einhergehenden Obliegenheiten für ihn nicht erkennbar sind,[479] stellen die Rettungsbemühungen des redlichen Unternehmers in der Konstellation einer Krise des Unternehmens nicht einmal eine Vorbereitungshandlung dar.

Bewirkt ein Verhalten den späteren Eintritt des tatbestandlichen Erfolges, wäre selbst dann das Vorliegen des Vorsatzes wegen des gesetzlichen Wertungswiderspruchs zu verneinen, wenn es sich um das Stadium der Vorbereitung einer Straftat handelte, weil stets ungewiss ist, ob der Täter denn auch in das Stadium der Ausführung einer Straftat übergeht.[480]

Ein Doppelvorsatz einerseits die Obliegenheiten nicht zu erfüllen und dadurch die Zahlungsunfähigkeit zu bewirken und andererseits zum Fälligkeitszeitpunkt die Arbeitnehmeranteile nicht abzuführen,[481] scheidet bei einem redlichen Unternehmer nicht nur wegen des irrelevanten dolus antecedens aus,[482] sondern auch mangels Erkennbarkeit der durch den BGH postulierten Obliegenheiten.

Der Zeitpunkt, in dem bei § 266a Abs. 1 StGB eine Handlungspflicht des Unternehmers besteht, ist durch das Datum der Fälligkeit exakt festgelegt, so dass die vorverlagerte actio oder omissio praecedens hinsichtlich der Obliegenheiten nicht tatbestandsmäßig ist.[483] Demzufolge existiert bei § 266a Abs. 1 StGB (nur) ein Tatzeitpunkt i.S.d. § 8 StGB und entgegen der Vorrangrechtsprechung des BGH kein entgrenzender Tatzeitraum, zumal dessen Zeitspanne je nach Einzelfall überdehnt würde.

Würde der BGH in seiner Vorrangrechtsprechung nicht das Vorverlagerungsmodell anwenden, sondern sich auf das Obliegenheitsmodell stützen, nach dem der strafrechtliche Vorwurf darin besteht, sich durch eine actio oder omissio praecedens, die als Surrogat an die Stelle des tatbestandlichen Unterlassens trete, der Handlungsfähigkeit begeben zu haben, wäre die dogmatische Anwendung des Obliegenheitsmodells erst recht nicht haltbar. Das Obliegenheitsmodell setzt zwingend eine Ausnahme vom Koinzidenz- oder Simultanitätsprinzip voraus, die hinsichtlich des Vorsatzes dem klaren Wortlaut des § 16 StGB zuwiderläuft und mithin gegen das Bestimmtheitsgebot verstößt. Dieser Verstoß hat zur Folge, dass der Tatzeitpunkt nicht einmal mehr in einem Zeitraum tatbestandlichen

479 Siehe dazu oben 3. Teil. B. I.

480 *Roxin/Greco*, AT I, § 12 A Rn. 89.

481 Siehe dazu oben 2. Teil. B. III.

482 *Rönnau*, wistra 1997, 13, 14.

483 *Renzikowski*, FS Weber, S. 333, 342.

Verhaltens liegt, wie es das Vorverlagerungsmodell zu konstruieren versucht. Eine solche Zurechnung ermöglicht das Vorsatzdelikt des § 266a Abs. 1 StGB gerade nicht,[484] denn es existiert weder eine Versuchs- noch eine Fahrlässigkeitsstrafbarkeit. Das Verhalten des Unternehmers vor dem Fälligkeitszeitpunkt ist auch danach ein unbeachtlicher dolus antecedens. Zudem ist für ihn schlichtweg nicht erkennbar, dass ein Handeln, das nicht einmal in einen Tatzeitraum fällt, nach der Vorrangrechtsprechung, würde diese dogmatisch das Obliegenheitsmodell statt des Vorverlagerungsmodells anwenden, strafbarkeitsbegründend ist.

Die Vorrangrechtsprechung des BGH verletzt das Koinzidenz- oder Simultanitätsprinzip hinsichtlich des Vorsatzes, weil das Verhalten des Unternehmers vor Fälligkeit der Arbeitnehmerbeiträge ein strafrechtlich unbeachtlicher dolus antecedens ist und im Fall, dass zum Zeitpunkt der Fälligkeit der Arbeitnehmeranteile deren Zahlung unmöglich ist, bereits der objektive Tatbestand des § 266a Abs. 1 StGB nicht erfüllt wird. Indem der BGH den Tatzeitpunkt zu einem Tatzeitraum ausdehnt, um das der Fälligkeit vorverlagerte Handeln zu erfassen, verletzt er das Bestimmtheitsgebot. Weder liegt entsprechend dem Wortlaut des § 16 StGB der tatbestandliche Vorsatz „bei Begehung der Tat" vor noch macht es die Entgrenzung des Tatbestandes in zeitlicher Hinsicht dem Unternehmer möglich zu erkennen, dass in dem auf der Anwendung der omissio libera in causa beruhenden und damit konstruierten Tatzeitraum Obliegenheiten erfüllt werden müssen, die mit zivilrechtlichen Pflichten, wie z.B. dem Begleichen kongruenter Forderungen oder der Lohnzahlung, nicht vereinbar sind. Denn diese Rechtspflichten werden durch den postulierten Vorrang der Arbeitnehmersozialversicherungsbeiträge keineswegs suspendiert. Würde der Unternehmer bestehende Ansprüche nicht erfüllen, hätte dies für das Unternehmen negative Rechtsfolgen. Lieferanten könnten ihre Belieferung einstellen, ihre Ansprüche klageweise geltend machen und Arbeitnehmer streiken. Die Handlungspflicht besteht bei Fälligkeit der Arbeitnehmeranteile und mithin in einem Tatzeitpunkt. Die Konstruktion eines zumindest mehrwöchigen Tatzeitraums, der durch Verkettung erheblich ausgedehnt werden kann, wenn die finanzielle Krise eines Unternehmens andauert, und somit das Abführen der Arbeitnehmeranteile immer vorrangig vor vertragstreuem Verhalten Geschäftspartnern und den eigenen Arbeitnehmern gegenüber sein soll, verstärkt die Verletzung des Bestimmtheitsgebots durch die Vorrangrechtsprechung noch.

484 *Renzikowski*, FS Weber, S. 333, 344.

Damit zusammenhängend ergibt sich die Problematik, dass der BGH die Verhaltenserwartung an den Unternehmer ex ante definiert und ihre (richterliche) Konkretisierung ex post erfolgt, worauf im Folgenden genauer eingegangen wird.

IV. Definition der Verhaltenserwartung ex ante und Konkretisierung ex post

Um die Verhaltenserwartung ex ante zu definieren, ist auf die Perspektive der Handlungssituation abzustellen, während sie ex post konkretisiert wird, obwohl die nachträglich getroffene Auslegung zum Zeitpunkt der Handlung nicht als Orientierungsmaßstab dienen konnte.[485] Für die Beurteilung, ob die Verhaltenserwartung für den Normadressaten erkennbar war, ist immer die Perspektive ex ante maßgeblich.[486] Dementsprechend muss ein Gericht die Strafbarkeit unter dem Gesichtspunkt der ex ante geltenden Verhaltenserwartung beurteilen.[487] Denn der Normadressat darf darauf vertrauen, dass keine nachträgliche Verschlechterung seiner Rechtsposition erfolgt.[488]

Im Hinblick auf die Tatsachen, dass Unternehmer ihre Entscheidungen oftmals zum einen unter unsicheren Bedingungen gerade bezogen auf zukünftige Entwicklungen und zum anderen unter Zeitdruck treffen müssen und diese Schwierigkeiten in einer Krise des Unternehmens kumulieren, darf der Handlungsspielraum des Unternehmers nur einer Vertretbarkeitskontrolle, allerdings keiner inhaltlichen Überprüfung durch das Strafgericht unterliegen.[489] Würde das Gericht die Situation zum Zeitpunkt der unternehmerischen Entscheidung vollständig rekonstruieren, hätte dies in der Vielzahl der Fälle den sog. Rückschaufehler zur Folge.[490] Dieser Rückschaufehler besteht in einer Fehleinschätzung betreffend die Voraussehbarkeit eines Schadens, für die die Perspektive ex ante letztlich missachtet und nur auf das ex post vorhandene Wissen abgestellt wird, so dass es zu einer Zuschreibung nicht bestehender strafrechtlicher Verantwortung kommt.[491]

Im Übrigen liegt es in der Natur wirtschaftlichen Handelns, dass sich (unternehmerischer) Erfolg fast immer erst im Rückblick zeigt.[492] Ein und dieselbe

485 *Mikus*, Vorwort.
486 *Mikus*, S. 63.
487 *Mikus*, S. 121.
488 BVerfGE 15, 313, 324 f.; *Felix*, S. 265.
489 *Tiedemann*, AT, Rn. 165.
490 *Lindemann*, S. 107 f.
491 *Lindemann*, S. 34 f.
492 Vgl. *Albrecht*, FS Hamm, S. 1, 14 zu § 266 StGB.

risikobehaftete unternehmerische Entscheidung kann ein Unternehmen in einer krisenhaften Situation retten bzw. seine Liquidität erhalten und dem Unternehmer bleibt die Strafverfolgung erspart; verwirklicht sich allerdings das der Entscheidung immanente Risiko, hat eben diese Entscheidung strafrechtliche Verantwortlichkeit zur Folge.[493] Dies stellt nicht nur eine ungleiche Behandlung des zugrundeliegenden Sachverhalts dar, sondern wird den komplexen Situationen und damit einhergehenden Anforderungen im Wirtschaftsleben nicht gerecht.

§ 266a Abs. 1 StGB ist ein echtes Unterlassungsdelikt und zugleich ein abstraktes Gefährdungsdelikt. Abstrakte Gefährdungsdelikte erfassen ein Verhalten, das typischerweise aus der Perspektive ex ante Gefahren birgt, deren Tatbestand gleichwohl nur dann zu bejahen ist, wenn die jeweiligen Tatbestandsmerkmale auch verwirklicht werden.[494] Im Falle des § 266a Abs. 1 StGB besteht die Tathandlung im Vorenthalten der Arbeitnehmersozialversicherungsbeiträge, ohne die es zu keiner Tatbestandsverwirklichung kommt, woran auch der Charakter als abstraktes Gefährdungsdelikt nichts ändert. Deshalb kann die Vorrangrechtsprechung ihre Ausdehnung des Tatbestandes ins Vorfeld nicht unter Verletzung der Wortlautgrenze darauf stützen und gleichzeitig die vorverlagerte Strafbarkeit ex post konkretisierend von dem Eintritt des Erfolges, der im späteren Vorenthalten bzw. Unterlassen aufgrund von Unmöglichkeit selbst liegt, abhängig machen.

Dass unternehmerisches Handeln fehlerhaft ausgeübt wurde, ist nur dann der Fall, wenn es sich aus ex ante-Sicht als unvertretbar darstellt.[495] Dabei muss das Verhalten rechtstreu erfolgen,[496] so dass vor dem Zeitpunkt der Fälligkeit der Arbeitnehmersozialversicherungsbeiträge aus der unternehmerischen Perspektive der Handlungssituation u. a. kongruente Forderungen zu begleichen und die Löhne der Arbeitnehmer zu zahlen sind und eine ex post-Konkretisierung nicht zu einem anderen Ergebnis führen kann.

Es liegt in der Natur jedes Einzelnen, Risiken unterschiedlich einzuschätzen: Ein Handelnder tut dies ex ante, ein Beurteilender ex post.[497] Dies darf allerdings nicht dazu führen, dass das ex post verfügbare Wissen die ex ante maßgebliche Verhaltenserwartung überlagert oder gar ersetzt. Die postulierten

---

493 Vgl. *Albrecht*, FS Hamm, S. 1, 8 zu § 266 StGB.
494 *Hirsch*, FS Lüderssen, S. 253, 259.
495 Baumbach/Hueck-*Beurskens*, § 43 Rn. 33.
496 Baumbach/Hueck-*Beurskens*, § 43 Rn. 10.
497 *Prittwitz*, FS Puppe, S. 819, 825 f.

Obliegenheiten hat der BGH in seiner Vorrangrechtsprechung benannt. Ob die Missachtung dieser Obliegenheiten eine Strafbarkeit begründet, hängt davon ab, ob es dem Unternehmer im Fälligkeitszeitpunkt möglich ist, die Arbeitnehmerbeiträge abzuführen oder nicht. Dadurch wird die Verhaltenserwartung insofern erst im Rückblick konkretisiert, als es auf die Vorstellung des Unternehmers in dem nach der Rechtsprechung vorverlagerten Tatzeitraum ankommt, entweder das Abführen der Arbeitnehmeranteile bei Fälligkeit zu gewährleisten oder nicht.

Dabei ist das Wissen, möglicherweise einen Tatbestand zu verwirklichen, bei den unterschiedlichsten Handlungen präsent.[498] Wenn Gefahren so verdrängt werden, dass sie keine Relevanz für das Handeln haben, besteht kein Vorsatz.[499] Auch das bloße Bewusstsein, dass die Verwirklichung eines Tatbestandes droht, reicht nicht aus, um Vorsatz des vermeintliches Täters anzunehmen.[500] Es liefe dem Tat- und Schuldstrafrecht zuwider, den strafrechtlichen Vorsatz funktionalistisch und präventiv zu normativeren.[501]

Die Anwendung der omissio libera in causa bei § 266a Abs. 1 StGB erstreckt den Straftatbestand ex post auf ein Handeln, das der Unternehmer nur ex ante einschätzen konnte.

Da die nach der Vorrangrechtsprechung bestehenden Obliegenheiten für den redlichen Unternehmer nicht erkennbar sind, das Koinzidenz- oder Simultanitätsprinzip hinsichtlich des Vorsatzes verletzt, dabei der strafrechtlich irrelevante dolus antecedens missachtet und die Verhaltenserwartung nicht streng ex ante definiert, sondern diese erfolgsabhängig ex post konkretisiert wird, stellt sich die Frage, ob zugunsten des Unternehmers stets ein unvermeidbarer Verbots- bzw. Gebotsirrtum anzunehmen ist, da das Verhalten des Unternehmers vor Fälligkeit der Arbeitnehmersozialversicherungsbeiträge nicht über die omissio libera in causa als pflichtwidrig zugerechnet werden kann.

V. Verbots- bzw. Gebotsirrtum als Korrektiv

Der in § 17 StGB geregelte Verbotsirrtum liegt vor, wenn der Normadressat die sein Verhalten betreffende Verbotsnorm nicht kennt, sie für ungültig erachtet oder aufgrund falscher Auslegung rechtswidriges Handeln als rechtmäßig betrachtet, weil seine Vorstellungen über den Geltungsbereich der Norm

---

498 *Prittwitz*, FS Puppe, S. 819, 825.
499 *Prittwitz*, FS Puppe, S. 819, 830.
500 *Prittwitz*, FS Puppe, S. 819, 825.
501 *Prittwitz*, FS Puppe, S. 819, 829.

fehlerhaft sind.[502] Der Täter ist sich seines Handelns bewusst, geht allerdings rechtsirrtümlich von dessen Erlaubtheit aus.[503]

Dieser Verbotsirrtum wird als direkter Verbotsirrtum bezeichnet.[504] Von einem indirekten Verbotsirrtum hingegen, der ebenfalls § 17 StGB unterfällt, spricht man bei einem Erlaubnisirrtum, bei dem sich der Täter über die Existenz oder den Umfang eines Rechtsfertigungsgrundes irrt.[505]

Mithin umfasst der Verbotsirrtum gem. § 17 StGB (auch) das fehlende Unrechtsbewusstsein aufgrund mangelhafter Vorstellungen des Täters.[506] Der Täter verfügt umgekehrt dann über Unrechtseinsicht, wenn er erkennt, dass die Verletzung des durch den Straftatbestand geschützten Rechtsguts Unrecht darstellt.[507] Sie ist nicht mit dem Wissen gleichzusetzen, dass der Normadressat weiß, dass ein bestimmtes Handeln strafbar ist.[508] Besteht Koinzidenz zwischen einem Verhalten, das Unrecht ist, und einem darauf bezogenen Bewusstsein des Täters, ist deren Folge das Unrechtsbewusstsein.[509] Bei einem Verbotsirrtum ist dem Normadressaten denn auch diese Koinzidenz nicht bewusst.[510] Verkennt der Täter bei einem echten Unterlassungsdelikt die Handlungspflicht, fehlt es am Unrechtsbewusstsein.[511] Nach der geltenden Schuldtheorie ist das Unrechtsbewusstsein somit ein selbständiges Element der Schuld.[512]

Demgegenüber sah die Vorsatztheorie, die durch Einführung des § 17 StGB ihre Bedeutung verloren hat, im Tatbestandsvorsatz ein Merkmal der Schuld, das nicht nur das kognitive und voluntative Element des Vorsatzes, sondern auch das Unrechtsbewusstsein beinhalten sollte.[513] Danach wäre zwischen Tatbestands- und Verbotsirrtum nicht zu unterscheiden, denn mangelndes Unrechtsbewusstsein würde den Vorsatz entfallen lassen.[514] Nicht zuletzt das Wesen des Unrechtsbewusstseins, für das insb. die geistige und seelische Verfassung des

---

502 Wessels/*Beulke/Satzger*, AT, Rn. 730, 731, 732 und 733.
503 BGHSt GrS 2, 194, 197.
504 Wessels/*Beulke/Satzger*, AT, Rn. 730.
505 Wessels/*Beulke/Satzger*, AT, Rn. 761, 762 und 763.
506 Vgl. nur Wessels/*Beulke/Satzger*, AT, Rn. 764.
507 BGHSt 45, 97, 101; BGHSt 15, 377, 382 f.
508 Vgl. nur Wessels/*Beulke/Satzger*, AT, Rn. 734 und 764.
509 *Horn*, S. 18.
510 *Horn*, S. 19.
511 SK-*Stein*, vor § 13 Rn. 53.
512 BGHSt GrS 2, 194, 208; Wessels/*Beulke/Satzger*, AT, Rn. 748.
513 Wessels/*Beulke/Satzger*, AT, Rn. 743.
514 Wessels/*Beulke/Satzger*, AT, Rn. 743.

Täters bedeutsam ist, verdeutlicht, dass Vorsatz und Unrechtsbewusstsein nach lebenspraktischer Erfahrung oftmals auseinanderfallen.[515] Daher kann nur die Schuldtheorie, nicht die Vorsatztheorie sachgemäß angewandt werden und der Verbotsirrtum nur Berücksichtigung hinsichtlich der Schuld des Täters finden.[516]

Tatbestands- und Verbotsirrtum werden seit vielen Jahrzehnten strikt unterschieden[517] und das geltende Recht der §§ 16 und 17 StGB kodifiziert die Schuldtheorie, deren Begründung als verfassungskonform bestätigt wurde.[518]

Gem. § 17 S. 1 StGB entfällt die Schuld des Täters, wenn der Verbotsirrtum unvermeidbar war, so dass es sich um einen Schuldausschließungsgrund handelt, nach § 17 S. 2 StGB kann bei vermeidbarem Verbotsirrtum die Strafe fakultativ unter Anwendung von § 49 Abs. 1 StGB gemildert werden.

Die Anforderungen, die an die Unvermeidbarkeit des Verbotsirrtums gestellt werden, sind streng: Es wird erwartet, dass der Normadressat sich bewusst macht, ob sein Handeln der gesetzlichen Verhaltenserwartung entspricht, indem er bei Zweifeln, sofern sie nicht durch Nachdenken aufgelöst werden können, zum einen sein Gewissen anzuspannen hat, wofür nicht nur die konkreten Umstände des Einzelfalls sowie der Lebens- und Berufskreis,[519] sondern auch alle Erkenntnisfähigkeiten und sittlichen Wertvorstellungen maßgeblich sind,[520] und zum anderen eine Erkundigungspflicht hinsichtlich der Rechtslage hat.[521]

Die Pflicht zur Erkundigung setzt allerdings einen konkreten Anlass voraus, die Rechtslage zu prüfen bzw. prüfen zu lassen.[522] Ein solcher Anlass ergibt sich, wenn der Täter erkennt, dass er fremde Rechtsgüter schädigt,[523] sich zumindest der sozialen Unverträglichkeit seines Verhaltens oder dessen bewusst ist, dass der entsprechende Lebensbereich speziell rechtlich geregelt ist.[524] Die Kenntnis des Täters von Gerichtsurteilen oder behördlichen Entscheidungen, die seinem Handeln, in dem sich seine Rechtsauffassung manifestiert, entgegengesetzt sind,

515 BGHSt GrS 2, 194, 206.
516 BGHSt GrS 2, 194, 209.
517 Wessels/*Beulke/Satzger*, AT, Rn. 736.
518 BVerfGE 41, 121 f.
519 BGHSt GrS 2, 194, 201.
520 BGHSt 4, 1.
521 BGHSt GrS 2, 194, 201.
522 Matt/Renzikowski-*Gaede*, § 17 Rn. 24; *Horn*, S. 85 ff. m.w.N.; *Neumann*, FS BGH, S. 104.
523 *Roxin/Greco*, AT I, § 21 F Rn. 58.
524 BGH NJW 1988, 272, 273; Matt/Renzikowski-*Gaede*, § 17 Rn. 24.

müssen ihn in jedem Fall zu einer Überprüfung veranlassen.[525] Ob der Verbotsirrtum vermeidbar oder unvermeidbar ist, hängt dabei auch von der Plausibilität des Verbots ab.[526]

Der Verbotsirrtum bezieht sich auf Begehungsdelikte und wird bei den Unterlassungsdelikten entsprechend als Gebotsirrtum bezeichnet.[527] Diese Terminologie soll verdeutlichen, dass sich der Irrtum des unterlassenden Täters nicht auf ein Handlungsverbot, sondern ein Handlungsgebot bezieht.[528]

Für die Unterscheidung zwischen Tatbestandsirrtum gem. § 16 StGB und Verbotsirrtum nach § 17 StGB kommt es maßgeblich auf die gesetzgeberische Regelung des Inhalts des Straftatbestandes an.[529] Die gesetzliche Regelung erfasst bei § 266a Abs. 1 StGB das Vorenthalten der Tathandlung, das Postulat der Obliegenheiten ist Rechtsprechung des BGH und diese sind somit keine Tatbestandsmerkmale, die durch den Gesetzgeber geregelt wurden. In diesem Zusammenhang ist daher auch unerheblich, ob die Anwendung der omissio libera in causa bei § 266a Abs. 1 StGB auf das Vorverlagerungsmodell oder das Obliegenheitsmodell gestützt wird. Zudem stellt die Nennung der Verhaltenserwartung im Straftatbestand auf dessen Wortlaut ab, so dass eine darauf beruhende Unterscheidung zwischen Tatbestandirrtum und Verbotsirrtum das Bestimmtheitsgebot beachtet. Bei Blankettstraftatbeständen ist diese Abgrenzung wegen des Verweises auf außerstrafrechtliche Vorschriften oftmals problematisch.[530] Zwar handelt es sich bei § 266a Abs. 1 StGB um ein Blankettstrafgesetz und ist als solches sozialrechtsakzessorisch, aber diese Akzessorietät ist nicht der Grund, dass die Verhaltenserwartung, wie sie sich aus der Vorrangrechtsprechung ergibt, verkannt wird. Vielmehr ist es eben nur diese Rechtsprechung selbst, deren postulierte Obliegenheiten irrtümlich nicht beachtet werden. Irrt der Normadressat nicht nur darüber, dass eine Pflicht besteht, die Arbeitnehmersozialversicherungsbeiträge zum Zeitpunkt ihrer Fälligkeit abzuführen, sondern vor allem auch über den Umfang der nach der Vorrangrechtsprechung des BGH bestehenden Rechtspflichten, unterliegt er einem Verbots- bzw. Gebotsirrtum

525 BGHSt 21, 18, 21.
526 *Neumann*, FS BGH, S. 104.
527 *Jescheck/Weigend*, AT, § 60 I. 2.
528 *Naucke*, Strafrecht, § 7 Rn. 276.
529 Matt/Renzikowski-*Gaede*, § 16 Rn. 9.
530 Matt/Renzikowski-*Gaede*, § 16 Rn. 9.

gem. § 17 StGB.[531] Dieser Verbots- bzw. Gebotsirrtum ist nach der herrschenden Auffassung regelmäßig vermeidbar.[532]

Richtigerweise ist bei einem redlich handelnden Unternehmer in einer finanziellen Krise des Unternehmens bei § 266a Abs. 1 StGB zwingend ein unvermeidbarer Verbots- bzw. Gebotsirrtum gem. § 17 StGB anzunehmen, wenn er kongruente Forderungen z.B. von Lieferanten bezahlt oder die Löhne seiner Arbeitnehmer begleicht und deswegen zum Zeitpunkt ihrer Fälligkeit die Arbeitnehmersozialversicherungsbeiträge nicht abführen kann. Denn die nach der Vorrangrechtsprechung des BGH bestehenden Obliegenheiten sind für den Unternehmer nicht erkennbar.[533] Er irrt über den Geltungsbereich des § 266a Abs. 1 StGB, den dieser überhaupt erst durch die Anwendung der omissio libera in causa im Zusammenhang mit dem postulierten Vorrang der Beitragsabführungspflicht erhält, so dass die Rechtsprechung des BGH zu einer extensiven Strafbarkeit führt.

Der Unternehmer orientiert sich daran, dass die Erfüllung zivilrechtlicher vertraglicher Pflichten nicht „nur" erlaubt ist, sondern zudem der Grundsatz „pacta sunt servanda" gilt. In einer finanziellen Krise des Unternehmens wäre es auch fernliegend, nur deshalb einen Kredit aufzunehmen, sofern dieser denn überhaupt bewilligt würde, um die Arbeitnehmeranteile abzuführen. Die Verbindlichkeiten des Unternehmens würden sich durch eine Kreditaufnahme noch erhöhen und damit das Risiko einer Insolvenz steigern, wenn das durch das Darlehen erlangte Kapital lediglich dem Begleichen der Arbeitnehmerbeiträge diente. Dies liefe den Sanierungsbemühungen, die darauf ausgerichtet sind, noch vorhandene Liquidität einzusetzen, um das Fortbestehen des Unternehmens zu ermöglichen, wieder ausreichend Gewinn zu erwirtschaften und konkurrenzfähig zu werden bzw. zu bleiben, diametral zuwider. Auch § 266a Abs. 6 StGB verdeutlicht in diesem Zusammenhang, dass die Arbeitnehmersozialversicherungsbeiträge bei ihrer Fälligkeit nicht unter allen Umständen und ohne Rücksicht auf Konsequenzen zu zahlen sind. Dementsprechend fehlt

---

531 BGHZ 133, 370, 381; LK-StGB/*Möhrenschlager*, § 266a Rn. 80; MK-StGB/*Radtke*, § 266a Rn. 91; SK-*Hoyer*, § 266a Rn. 56; Sch-Sch-*Perron*, § 266a Rn. 17; Ignor/Mosbacher-*Pananis*, § 6 Rn. 38; a.A.: Matt/Renzikowski-*Matt*, § 266a Rn. 63a m.w.N. bei *gleichzeitiger* Fehlvorstellung über die Arbeitgebereigenschaft.

532 BGHZ 133, 370, 381 f.; MK-StGB/*Radtke*, § 266a Rn. 91; Sch-Sch-*Perron*, § 266a Rn. 17; Ignor/Mosbacher-*Pananis*, § 6 Rn. 38.

533 Siehe dazu oben 3. Teil. B. I., 3. Teil. B. II., 3. Teil. B. III. und 3. Teil. B. IV.

es dem Unternehmer am Unrechtsbewusstsein bezogen auf sein Handeln. Es liegt keine Koinzidenz zwischen seinem Verhalten, das der BGH als Unrecht ansieht, und einem dies erkennenden Bewusstsein vor.

Vielmehr ist der redliche Unternehmer ein Normadressat, der einem Berufskreis angehört, in dem sein Bemühen um die Rettung des Unternehmens zu seinen originären Pflichten gehört. Die Kenntnis des Wortlauts des § 266a Abs. 1 StGB und seiner Sozialrechtsakzessorietät bringen ihn daher auch bei der geforderten Gewissensanspannung nicht dazu, Anstrengungen zu unterlassen, die darauf gerichtet sind, die Krise des Unternehmens zu überwinden und den Erhalt der Arbeitsplätze zu sichern. Dieses Bemühen entspricht nicht nur den sittlichen Wertvorstellungen eines redlichen Unternehmers, sondern auch dem seiner Belegschaft und weiten Teilen der Bevölkerung.

Die Berücksichtigung der Strafvorschrift des § 266a Abs. 1 StGB gibt dem Unternehmer auch keinen Anlass, sich zu erkundigen, ob sein Verständnishorizont hinsichtlich der erkennbaren Rechtslage unzutreffend sein könnte. Eine soziale Unverträglichkeit liegt nicht darin, dass Arbeitnehmerbeiträge nicht zum Fälligkeitszeitpunkt abgeführt werden, sondern sie bestünde dann, wenn die Zahlung der Arbeitnehmeranteile zumindest dazu beitragen würde zu vereiteln, dass die Krise des Unternehmens überwunden werden kann. Gelingt dies und verfügt das Unternehmen wieder über ausreichend Liquidität, so dass die Arbeitnehmersozialversicherungsbeiträge nachträglich entrichtet werden können, wird das Aufkommen der Mittel für die Sozialversicherung als geschütztes Rechtsgut gerade nicht geschädigt. Zudem ist die Vorrangrechtsprechung insb. hinsichtlich ihrer insolvenzrechtlichen Implikationen auch nicht plausibel, weil sie die Insolvenz des Unternehmens herbeizuführen vermag und der Insolvenzverwalter die erfolgten Zahlungen an die Einzugsstellen der Krankenversicherungen erfolgreich anfechten kann.[534]

Wenn das Bestimmtheitsgebot nicht leerlaufen soll, muss das Risiko mangelnder Vorhersehbarkeit für Strafbarkeit beim Gesetzgeber und nicht beim Normadressaten liegen.[535] Dies gilt gleichermaßen, wenn die Anwendung des Gesetzes durch die Rechtsprechung, wie es aufgrund der Vorrangrechtsprechung des BGH bei § 266a Abs. 1 StGB der Fall ist, nicht den Anforderungen des Bestimmtheitsgebots genügt. Dann ist der Rückgriff auf den unvermeidbaren Verbotsirrtum zwingend. Die nicht vorhandene rechtliche Kenntnis des Normadressaten, die

---

534 Siehe dazu oben 2. Teil. B. V.

535 *Krahl*, S. 390.

Folge staatlicher Defizite wie mangelnder Bestimmtheit ist, begründet für ihn keinen Vorwurf, so dass ein unvermeidbarer Verbotsirrtum anzunehmen ist,[536] der dann als Korrektiv im Sinne des Art. 103 Abs. 2 GG dient.[537] Es fehlt dem redlichen Unternehmer mithin nicht nur am Doppelvorsatz wegen eines unbeachtlichen dolus antecedens, sondern auch seine Schuld ist wegen eines unvermeidbaren Verbotsirrtums nach § 17 S. 1 StGB ausgeschlossen.

C. Gesetzes- bzw. Parlamentsvorbehalt

Hinsichtlich der kompetenzwahrenden Funktion des Art. 103 Abs. 2 GG, aus der sich ein strenger Gesetzes- bzw. Parlamentsvorbehalt ergibt, der es zugleich dem Gesetzgeber auferlegt, insb. auf dem grundrechtssensiblen Gebiet des Strafrechts die wesentlichen Entscheidungen selbst zu treffen,[538] ist zu prüfen, ob der BGH durch die Vorrangrechtsprechung diesen strengen Parlamentsvorbehalt verletzt.

Die Gesetzesbindung der Gerichte verlangt wegen des Rechtsstaatsprinzips gem. Art. 20 Abs. 3 GG das Gesetz nur so anzuwenden, wie es der Gesetzgeber ausgestaltet hat.[539] Nach Art. 20 Abs. 3 GG sind Exekutive und Judikative an Gesetz und Recht gebunden. Auch in Art. 97 Abs. 1 GG wird die Gesetzesbindung der Richter nochmals betont. Es ist Richtern bei der Gesetzesanwendung versagt, (eigene) Überlegungen zu berücksichtigen, die sich gerade nicht im Gesetz wiederfinden, sondern maßgeblich ist vielmehr, welchen Regelungsinhalt das Gesetz selbst hat.[540]

Insofern wird zutreffend konstatiert, dass die Gerichte verfassungsrechtlich intensiver kontrolliert werden als der Gesetzgeber,[541] was mit der Verpflichtung korreliert, dass nur die Legislative die wesentlichen Entscheidungen selbst treffen darf und muss. Dementsprechend haben die Gerichte den Willen des Gesetzgebers bei der Rechtsanwendung zu beachten.[542]

---

536 Matt/Renzikowski-*Gaede*, § 17 Rn. 23.
537 Maunz/Dürig-*Schmidt-Aßmann*, Vorkommentierung Art. 103 Abs. II Rn. 230.
538 Siehe dazu oben 3. Teil. A.
539 BGHSt 38, 144, 151.
540 BGHSt 38, 144, 151.
541 *Tiedemann*, S. 59.
542 BVerfGE 96, 375, 395; BVerfGE 84, 212, 226.

I. Wille des Gesetzgebers

Hinsichtlich des Verständnisses gesetzlicher Begriffe, die der Auslegung bedürfen, besteht ein Meinungsstreit: Während die subjektive Theorie auf das ursprüngliche Verständnis des historischen Gesetzgebers abstellt, ist nach der objektiven Theorie die Veränderung der Lebensverhältnisse zu berücksichtigen, so dass für Gerichte nicht der Wille des Gesetzgebers maßgeblich ist, sondern der objektivierte Wille des Gesetzes.[543] Die letztgenannte Auffassung ermöglicht es der Rechtsprechung, die Bindung an das Gesetz zu lockern und diese auf den objektiven Sinn eines Gesetzes, wie die Gerichte ihn selbst setzen, zu beschränken.[544] Der Meinungsstreit mit seinen unterschiedlichen Argumenten und Varianten[545] kann dahinstehen, da die Vorrangrechtsprechung des BGH zu § 266a Abs. 1 StGB mit ihrem Postulat der Obliegenheiten hinsichtlich der Tathandlung des Vorenthaltens die äußerste Grenze des Wortlauts bei der Gesetzesanwendung missachtet.[546]

Der Wortlaut einer Norm und ihr Sinnzusammenhang ergeben den objektivierten Willen des Gesetzgebers, auf den es bei der Auslegung einer Vorschrift ankommt.[547] Die Gerichte dürfen die legislative Entscheidung nicht mittels Auslegung konterkarieren,[548] denn insb. ein eindeutiger Wille des Gesetzgebers steht einer davon abweichenden Gesetzesanwendung entgegen.[549] Es ist den Gerichten daher gerade im Strafrecht versagt, die gesetzgeberische Entscheidung zu korrigieren,[550] weil es der demokratisch legitimierte Gesetzgeber ist, der durch die Verabschiedung der Gesetze den Staatswillen zum Ausdruck bringt und dieser nicht durch den Willen von Judikative oder Exekutive rechtlich unterminiert werden darf.[551] Denn andernfalls würde der Parlamentsvorbehalt als kompetenzwahrende Funktion des Art. 103 Abs. 2 GG leerlaufen. Vielmehr sind die Gerichte aufgrund ihrer Gesetzesbindung und der Gewaltenteilung

543 Wessels/*Beulke/Satzger*, AT, Rn. 85 m.w.N.
544 *Naucke*, Strafrecht, § 2 Rn. 60.
545 *Simon*, S. 210 Fn. 27 m.w.N.
546 Siehe dazu oben 3. Teil. B. I.
547 BVerfGE 105, 135, 157; BVerfGE 1, 299, 312.
548 BVerfGE 93, 213, 242; BVerfGE 63, 266, 289; BVerfGE 49, 304, 318; BVerfGE 37, 132, 148.
549 BVerfGE 71, 108, 115 f.; BVerfGE 56, 216, 241; BVerfGE 4, 331, 351.
550 BVerfGE 126, 170, 197; BVerfGE 96, 375, 394; BVerfGE 92, 1, 13; BVerfGE 71, 108, 115 f.; abw. Meinung Voßkuhle, Osterloh und Di Fabio in BVerfGE 122, 248, 285.
551 BVerfGE 8, 155, 169 f.

an die Vorstellungen des Gesetzgebers gebunden, so dass es ihnen verwehrt ist, selbst kriminalpolitisch zu argumentieren bzw. das Recht entsprechend anzuwenden.[552]

Durch die vorliegende Fassung des § 266a Abs. 1 StGB verfolgte der Gesetzgeber die Zielsetzungen, bei vollkommenem Lohneinbehalt Strafbarkeitslücken zu schließen,[553] Schwarzarbeit zu bekämpfen[554] und das Aufkommen der Mittel für die Sozialversicherung sicherzustellen.[555] Dies ist der den Gesetzesmaterialien zu entnehmende Wille des Gesetzgebers. Um den objektivierten Willen des Gesetzgebers näher zu untersuchen, ist daher die Ausgestaltung der Strafvorschrift selbst in den Mittelpunkt der Betrachtung zu stellen.

II. Veränderung der Deliktsnatur

Der Gesetzgeber hat § 266a Abs. 1 StGB als echtes Unterlassungsdelikt, dessen Begehung Vorsatz erfordert, geschaffen. Durch die Vorverlagerung der Strafbarkeit unter Anwendung der omissio libera in causa wird die Deliktsnatur der Norm verändert. Es erfolgt eine extensive strafrechtliche Zuschreibung von Verantwortung, indem bei § 266a Abs. 1 StGB durch die Vorrangrechtsprechung des BGH und das daraus folgende Postulat der Obliegenheiten eine actio oder omissio praecedens so behandelt werden, als werde dadurch unmittelbar zur Tatbestandsverwirklichung angesetzt, wie dies bei Versuchsstrafbarkeiten erforderlich ist, und zugleich wird ein vorverlagertes Handeln einer Fahrlässigkeit gleichgestellt, als ob dessen bloßes Risiko, dass zum Zeitpunkt ihrer Fälligkeit die Arbeitnehmersozialversicherungsbeiträge nicht abgeführt werden können, eine solche begründeten.

Da der BGH die Anwendung der omissio libera in causa bei § 266a Abs. 1 StGB dogmatisch mit dem Vorverlagerungsmodell begründet, soll die actio oder omisso praecedens bereits tatbestandlich sein. Wird die omissio libera in causa hingegen auf das Obliegenheitsmodell gestützt, soll sie das tatbestandliche Unterlassen, das vorwerfbar herbeigeführt worden sei, ersetzen. Nach beiden Modellen entsteht der Charakter einer Versuchsstrafbarkeit nur bedingt, denn der Normadressat macht sich auch nach der Vorrangrechtsprechung des BGH nicht strafbar, wenn er trotz des Vorverhaltens die später fälligen Arbeitnehmerbeiträge abführt bzw. abführen kann. Demgegenüber würde es bei einem Delikt,

---

552 *Simon*, S. 503.

553 BT-Drs. 9/2008, S. 25 (Bundesregierung).

554 Siehe dazu oben 2. Teil. A. I.

555 Siehe dazu oben 2. Teil. A. II.

dessen Versuch strafbar ist, ausreichen, dass der Täter nach seiner Vorstellung unmittelbar zur Tatbestandsverwirklichung ansetzt, § 22 StGB. Erforderlich ist mithin eine tatbestandsnahe Gefährdung,[556] die sich vornehmlich auf den Tatbestand und nicht notwendiger Weise auf das Rechtsgut bezieht.[557] Gleichwohl liegt wegen § 22 StGB in der Vorbereitung der Straftat noch kein Versuch.[558]

Begibt sich der Täter der Handlungsfähigkeit, soll nach einzelner Auffassung damit die Gefahr herbeigeführt und das Versuchsstadium der omissio libera in causa erreicht sein,[559] während nach anderer Einzelauffassung das Rechtsgut bereits konkret gefährdet sein muss.[560] Im Gegensatz dazu wird vereinzelt auch die Auffassung vertreten, dass es mangels Vorsatz zum Zeitpunkt des vorverlagerten Handelns, sofern dieses als unmittelbares Ansetzen angesehen wird, den Versuch einer omissio libera in causa gar nicht geben kann.[561] Die Frage, ob es einen Versuch der omissio libera in causa gibt oder nicht, kann im Rahmen der vorliegenden Untersuchung dahinstehen, weil die Vorrangrechtsprechung des BGH die actio oder omissio praecedens in den Tatbestand des § 266a Abs. 1 StGB einbezieht und von einer Bestrafung nur dann absieht, wenn die Arbeitnehmeranteile im Fälligkeitszeitpunkt doch noch gezahlt werden. Auch wenn eine Versuchsstrafbarkeit bei echten Unterlassungsdelikten möglich ist, ist deren Versuch sehr selten strafbar.[562]

Zwar wird durch die Anwendung der omissio libera in causa bei § 266a Abs. 1 StGB auf eine Gefährdung abgestellt, aber weil der BGH das vorverlagerte Verhalten als tatbestandlich erachtet, hat es weniger den Charakter einer Versuchsstrafbarkeit, sondern vielmehr den eines Fahrlässigkeitsvorwurfs. Es wird letztlich eine (außerordentliche) Fahrlässigkeitszurechnung konstruiert,[563] denn hinsichtlich der sich auf die Obliegenheiten beziehenden Vorbereitungshandlung besteht seitens des redlichen Unternehmers nur ein unbeachtlicher dolus antecedens.[564] Misslingt beim Unterlassungsdelikt die Gebotserfüllung trotz einer darauf gerichteten Handlungstendenz, so stellt sich die Frage, ob

556 *Roxin*, AT II, § 29 I Rn. 1 und 7.
557 *Roxin*, AT II, § 29 I Rn. 7.
558 *Roxin*, AT II, § 29 I Rn. 2.
559 Sch-Sch-*Eser/Bosch*, § 22 Rn. 57.
560 Matt/Renzikowski-*Heger/Petzsche*, § 22 Rn. 50.
561 *Vogel*, S. 234 Fn. 109.
562 Sch-Sch-*Eser/Bosch*, § 22 Rn. 53.
563 *Vogel*, S. 124 und 234.
564 Siehe dazu oben 3. Teil. B. III.

die Erfüllung des Gebots wegen mangelnder Sorgfalt fehlgeschlagen ist und die jeweilige Norm Fahrlässigkeit unter Strafe stellt.[565]

Die Vorrangrechtsprechung des BGH postuliert Obliegenheiten, bei denen selbst zivilrechtlich erlaubtes Handeln eine Strafbarkeit gem. § 266a Abs. 1 StGB begründet, wenn dieses vorverlagerte Verhalten zur Folge hat, dass zum Zeitpunkt ihrer Fälligkeit die Arbeitnehmerbeiträge nicht abgeführt werden können. Indem der BGH selbst erlaubtes Verhalten über die omissio libera in causa als pflichtwidrig bewertet, wertet er dieses Handeln im Widerspruch zur Rechtsordnung zu einem mindestens fahrlässigen Handeln auf. Allerdings entsteht nach der Vorrangrechtsprechung nur der Charakter der Fahrlässigkeit, dennoch unterstellt der BGH dem Unternehmer jedenfalls dann sogar Eventualvorsatz, wenn dieser den drohenden Liquiditätsengpass kannte, die Obliegenheiten nicht erfüllt und billigend in Kauf nimmt, die Arbeitnehmeranteile wegen Unmöglichkeit nicht zahlen zu können.[566] Da nur vorsätzliches Handeln strafbar ist, wenn nicht das Gesetz fahrlässiges Handeln ausdrücklich mit Strafe bedroht, § 15 StGB, muss der BGH den Charakter der Fahrlässigkeit, den die Missachtung der postulierten Obliegenheiten eigentlich hat, durch die rechtsfehlerhafte Konstruktion bzw. Annahme bedingten Vorsatzes scheinbar überwinden.

Bei dem Straftatbestand des § 266a Abs. 1 StGB existiert weder eine Versuchs-[567] noch eine Fahrlässigkeitsstrafbarkeit.[568] Dennoch konstituiert die Vorrangrechtsprechung quasi eine Garantenpflicht aus Ingerenz für den Unternehmer: Käme er den vorverlagerten Obliegenheiten nicht nach, führte er die ihm nach der Rechtsprechung des BGH vorwerfbare Gefahr herbei, dass die Arbeitnehmersozialversicherungsbeiträge vorenthalten würden, weil es nicht möglich wäre, sie zum Fälligkeitszeitpunkt abzuführen, und der Unternehmer deshalb dafür sorgen muss, dass der tatbestandsmäßige Erfolg nicht eintritt. Diese Konstruktion entspricht der eines fahrlässigen unechten Unterlassungsdelikts. § 315c Abs. 1 Nr. 2g, Abs. 3 StGB, der als Gefährdung des Straßenverkehrs unter Strafe stellt, wenn haltende oder liegengebliebene Fahrzeuge nicht kenntlich gemacht werden, und die mangelhafte Dienstaufsicht, § 41 Abs. 3 WStG, sind gesetzlich geregelte fahrlässige unechte Unterlassungsdelikte. Daneben sind die Straftatbestände der fahrlässigen Tötung gem. § 222 StGB und der fahrlässigen Körperverletzung nach § 229 StGB Beispiele für gesetzlich nicht geregelte

565 *Kaufmann*, S. 170.
566 Siehe dazu oben 2. Teil. B. III.
567 *Rönnau*, wistra 1997, 13, 14.
568 *Schmitt*, S. 121.

unechte Unterlassungsdelikte, bei denen die Begehung durch Fahrlässigkeit möglich ist, wenn für den Begehungstatbestand Fahrlässigkeit ausreichend ist[569] und das Handeln des Täters nicht in einem Tun, sondern in einem Unterlassen besteht.

Diese erhebliche Veränderung der Deliktsnatur des § 266a Abs. 1 StGB durch die Vorrangrechtsprechung des BGH unter Anwendung der omissio libera in causa missachtet den objektivierten Willen des Gesetzgebers und verletzt somit den strengen Parlamentsvorbehalt als die kompetenzwahrende Funktion des Art. 103 Abs. 2 GG.

III. Verbot des Gewohnheitsrechts

Gewohnheitsrecht ist die tatsächliche und rechtliche Übung, der die Überzeugung der an Rechtsvorschriften interessierten Bevölkerung über einen langen Zeitraum zugrunde liegt.[570]

Nach vereinzelter Auffassung soll das Verbot des Gewohnheitsrechts nicht für den Allgemeinen Teil des StGB und allgemeine strafrechtliche Lehren, darunter auch Rechtsfiguren wie die sehr umstrittene actio libera in causa, gelten, weil der Gesetzgeber hierfür eine Regelung bewusst nicht vorgenommen habe, sondern dies in die Verantwortung von Rechtsprechung und Lehre gestellt habe.[571] Doch das Verbot strafbarkeitsbegründenden Gewohnheitsrechts erfasst nach zutreffender ganz herrschender Auffassung das gesamte Strafrecht, also auch den Allgemeinen Teil des StGB und allgemeine Lehren, denn Art. 103 Abs. 2 GG enthält die zwingende Verpflichtung, Recht zu positivieren, das strafbarkeitsbegründend ist, damit das verbotene Handeln von dem erlaubten eindeutig abzugrenzen ist.[572] Demnach gestattet Art. 103 Abs. 2 GG nur die verfassungskonforme Gesetzesauslegung und verbietet die (gewohnheitsrechtliche) Schaffung oder Verschärfung von Straftatbeständen oder Strafen.[573]

Sofern hingegen einzelne Auffassungen vertreten, Rechtsfiguren, die der Zuschreibung von Verantwortung dienen, könnten sich gewohnheitsrechtlich

---

569 *Jescheck/Weigend*, AT, § 59 VII. 1.

570 BVerfGE 22, 114, 121.

571 BK-*Rüping*, Art. 103 Abs. 2 Rn. 53.

572 BVerfGE 64, 389, 393; BVerfGE 26, 41, 42; BVerfGE 25, 269, 285; BGHSt 42, 235, 241; Maunz/Dürig-*Schmidt-Aßmann*, Vorkommentierung Art. 103 Abs. II Rn. 223; *Jerouschek*, JuS 1997, 385, 387.

573 BVerfGE 73, 206, 235; BVerfGE 71, 108, 115; Maunz/Dürig-*Schmidt-Aßmann*, Vorkommentierung Art. 103 Abs. II Rn. 222; Wessels/*Beulke/Satzger*, AT, Rn. 79.

verfestigen, wenn sie Gegenstand ständiger Rechtsprechung sind,[574] wird verkannt, dass dadurch strafbarkeitsbegründendes oder strafverschärfendes Recht etabliert und somit gerade auch im Vergleich mit dem positiven Recht der Gewährleistungsumfang des Art. 103 Abs. 2 GG schlichtweg unterlaufen wird. Dies betrifft sowohl die freiheitsgewährleistende als auch die kompetenzwahrende Funktion des Gesetzlichkeitsprinzips.

Gewohnheitsrecht mit Bezug auf den Allgemeinen Teil des StGB ist zu Lasten des Täters stets unzulässig, weil der Allgemeine Teil genauso wenig wie der Besondere Teil aus dem Gesetzlichkeitsprinzip herausgelöst werden kann, denn der Umfang strafbaren Verhaltens ergibt sich gerade auch durch die allgemeinen Normen des StGB.[575] Demzufolge verstieße es gegen den auf die *Strafbarkeit* abstellenden Wortlaut des Art. 103 Abs. 2 GG selbst, würden die allgemeinen Vorschriften aus dessen Gewährleistungsumfang ausgeschlossen.[576]

Die omissio libera in causa ist als Rechtsfigur sowohl nach dem Vorverlagerungsmodell als auch nach dem Obliegenheitsmodell strafbarkeitsbegründendes Gewohnheitsrecht. Weder lässt sich diese Rechtsfigur in ihrem Inhalt und ihrer zeitlichen Dimension, sich nicht der Handlungsfähigkeit zu begeben, § 266a Abs. 1 StGB oder einer anderen Strafvorschrift entnehmen, noch ergibt sich die Erhaltung oder Wiederherstellung der Handlungsfähigkeit in ihrem Umfang als die das tatbestandliche Unterlassen dieser Normen ersetzende Pflicht. Vielmehr wurde die omissio libera in causa als allgemeine strafrechtliche Lehre entwickelt, die einen vermeintlichen Rechtsmissbrauch verhindern soll. In den Rechtsnormen des Allgemeinen und des Besonderen Teils des StGB findet die Rechtsfigur jedenfalls bei redlichem Handeln und ihrer extensiven Anwendung keine Stütze und entspricht daher auch nicht einer an Rechtsvorschriften interessierten Überzeugung der Bevölkerung. Die omissio libera in causa ist eine rechtliche Übung vornehmlich der Rechtsprechung, die mangels Widerhall im Gesetz bei Redlichkeit des Normadressaten verbotenes Gewohnheitsrecht („nulla poena sine lege scripta") darstellt.

574 Sch-Sch-*Hecker*, § 1 Rn. 14 zur actio libera in causa; *Fischer*, § 1 Rn. 3 und 20 ebenfalls zur actio libera in causa, deren Anwendung Teil des gesetzlichen materiellen Strafrechts sein soll.

575 *Hirsch*, FS Lüderssen, S. 263.

576 *Tiedemann*, S. 36.

IV. Analogieverbot

Die Analogie dehnt eine Rechtsvorschrift auf eine Fallkonstellation aus, die gesetzlich nicht geregelt ist oder vom Gesetzeswortlaut nicht mehr erfasst wird.[577] Das Analogieverbot („nulla poena sine lege stricta") erstreckt sich auf alle Merkmale einer Norm, die für die Strafbarkeit maßgeblich sind, und die Rechtsfolgen.[578] Rechtsnormen, die für den Täter günstig sind, wie z.B. Rechtfertigungsgründe, dürfen wegen des Analogieverbots nicht zu Lasten des Täters beschränkt werden, wobei auch diesbezüglich der Wortlaut als Grenze zu beachten ist.[579]

Das Analogieverbot ist eine Handlungsbegrenzung für den Richter, nicht eine Strafbarkeit über den Gesetzeswortlaut hinaus zu konstruieren.[580] Die Rechtsanwendung darf daher nicht den Inhalt einer gesetzlichen Sanktionsnorm überschreiten.[581] Ob eine planwidrige Regelungslücke, die als solche erkennbar ist, vorliegt, darf der Richter überhaupt erst dann untersuchen, wenn die Auslegung einer Norm für ihre Anwendung nicht ausreicht.[582] Es ist die Aufgabe des Gesetzgebers und nicht die der Gerichte, Lücken der Strafbarkeit zu schließen.[583] Deswegen ist es erforderlich, zwischen verbotener Analogie und noch zulässiger extensiver Auslegung zu unterscheiden. Die durch den Gesetzgeber verwendeten Begriffe dürfen nicht so ausgelegt werden, dass eine Aufhebung der durch sie bewirkten Begrenzung der Strafbarkeit aufgrund tatbestandsausweitender Interpretation oder Tatbestandsergänzung erfolgt.[584] Es ist den Gerichten versagt, den Anwendungsbereich einer Strafnorm auf Fälle zu erstrecken, die ihnen ebenso strafwürdig erscheinen wie das nach der Vorschrift strafbarkeitsbegründende Verhalten, wenn dies eine den Wortsinn missachtende Deutung erfordert.[585] Vielmehr müssen die Gerichte in solchen Fällen freisprechen.[586]

---

577 BVerfGE 82, 6, 12.

578 BGHSt 18, 136, 139 f.

579 Wessels/*Beulke*/*Satzger*, AT, Rn. 81.

580 Maunz/Dürig-*Remmert*, Art. 103 Abs. 2 Rn. 82 und 84; Maunz/Dürig-*Schmidt-Aßmann*, Vorkommentierung Art. 103 Abs. II Rn. 225.

581 BVerfGE 92, 1, 12; BVerfGE 87, 399, 411; BVerfGE 82, 236, 269; BVerfGE 71, 108, 114 f.; BVerfGE 47, 109, 120.

582 BVerfGE 128, 193, 209 f.; BVerfGE 118, 212, 243; *Knospe*, S. 364.

583 BVerfGE 126, 170, 197; BVerfGE 92, 1, 13.

584 BVerfGE 92, 1, 16.

585 BVerfGE 92, 1, 13.

586 BVerfGE 92, 1, 13; BVerfGE 71, 108, 116; BVerfGE 47, 109, 124.

Denn für das Strafrecht folgt aus Art. 103 Abs. 2 GG im Vergleich mit den anderen Rechtsgebieten ein „reduzierter Konkretisierungsauftrag“ der Judikative, weil diese Kompetenz vornehmlich bei der Legislative liegt.[587] Das Analogieverbot geht mit einer Pflicht zur Positivierung strafrechtlicher Regeln einher, die auch die Strafrechtsdogmatik zu berücksichtigen hat.[588]

Da auch Strafnormen der Auslegung bedürfen, ist auf dem Gebiet des Strafrechts die Abgrenzung zwischen Analogie und Auslegung besonders bedeutsam. Die Auslegung stellt „nur“ den Bedeutungsgehalt der Vorschrift heraus, während die Analogie Gesetzeslücken ausfüllen soll.[589] Die Rechtsergänzung oder Rechtsfortbildung bzw. Rechtsschöpfung, die die Wortlautgrenze missachtet, ist eine unzulässige Analogie.[590] Dementsprechend erfasst das Analogieverbot auch die Bestrafung eines Verhaltens, das Ähnlichkeit mit dem tatbestandlich beschriebenen Verhalten hat, so dass das bloß ähnliche Handeln nicht bestraft werden darf.[591]

Das Bestimmtheitsgebot bedingt das Verbot des Gewohnheitsrechts und das Analogieverbot.[592] Wie das Verbot des Gewohnheitsrechts umfasst auch das Analogieverbot gleichermaßen den Allgemeinen und den Besonderen Teil des StGB.[593] Das Analogieverbot muss sich auf den Allgemeinen Teil und allgemeine strafrechtliche Lehren erstrecken, weil die Gewährleistungen des Art. 103 Abs. 2 GG sonst leerlaufen würden.[594]

Die Vorrangrechtsprechung des BGH, die unter Anwendung der omissio libera in causa die Erfüllung der Obliegenheiten postuliert, erstreckt die Reichweite des § 266a Abs. 1 StGB auf Sachverhalte, die weder gesetzlich geregelt sind noch durch den Wortlaut der Strafvorschrift erfasst werden. Die Obliegenheiten finden sich nicht in der Strafnorm und z.B. kongruente Forderungen nicht zu begleichen oder die Löhne der Arbeitnehmer zu kürzen, liefe zivilrechtlichen Pflichten des Unternehmers zuwider. Zudem ist die Erfüllung der Obliegenheiten nicht durch den Wortlaut der Tathandlung des Vorenthaltens erfasst.[595]

---

587 Maunz/Dürig-*Schmidt-Aßmann*, Vorkommentierung Art. 103 Abs. II Rn. 225.

588 *Jerouschek*, JuS 1997, 385, 386 bezogen auf die actio libera in causa.

589 Wessels/*Beulke*/*Satzger*, AT, Rn. 83.

590 Siehe dazu oben 3. Teil. A.

591 *Naucke*, Strafrecht, § 2 Rn. 23.

592 BVerfGE 92, 1, 12.

593 BGHSt 42, 158, 161; Maunz/Dürig-*Schmidt-Aßmann*, Vorkommentierung Art. 103 Abs. II Rn. 231; Sch-Sch-*Hecker*, § 1 Rn. 27; *Jescheck*/*Weigend*, AT, § 15 III. 2.

594 Siehe dazu oben 3. Teil. C. III.

595 Siehe dazu oben 3. Teil. B. I.

Die fehlende gesetzliche Regelung und die Missachtung der Wortlautgrenze betrifft sowohl das Vorverlagerungsmodell als auch das Obliegenheitsmodell zur Begründung der omissio libera in causa, durch die die Strafbarkeit bei § 266a Abs. 1 StGB ausgedehnt wird, gleichermaßen. Es wird eine Strafbarkeit konstruiert, die über den Inhalt des § 266a Abs. 1 StGB hinausgeht, der als echtes Unterlassungsdelikt das bloße Vorenthalten der Arbeitnehmerbeiträge zum Zeitpunkt ihrer Fälligkeit erfasst. Sofern die Auffassung vertreten wird, die extensive Anwendung des § 266a Abs. 1 StGB verstoße nicht gegen das Analogieverbot, weil der Wortlaut nur auf das bloße Vorenthalten der Arbeitnehmeranteile abstelle,[596] wird schlichtweg verkannt, dass gerade der Wortlaut die äußerste Grenze für die Anwendbarkeit eines Straftatbestandes ist und deren Missachtung das Analogieverbot verletzt. Denn auf welche Art und Weise der Normadressat untätig bleibt, wird durch den Wortlaut der Vorschrift bestimmt.[597] Ob ein Verhalten normwidrig ist, kann sich wegen des Analogieverbots nicht nach der vermeintlichen Umgehung der Norm richten, indem die omissio libera in causa den Verlust der Handlungsfähigkeit durch vorverlagertes Verhalten als Normverstoß erfassen soll.[598] Der redliche Unternehmer, der in der Krise eines Unternehmens sich um dessen Rettung bemüht, umgeht dadurch nicht den Straftatbestand des § 266a Abs. 1 StGB, zumal sein Handeln lediglich dazu führen kann, dass im Fälligkeitszeitpunkt das Abführen der Arbeitnehmersozialversicherungsbeiträge unmöglich wird und der Eintritt der Unmöglichkeit keineswegs gewiss ist.

Die Tathandlung des Vorenthaltens bildet bei § 266a Abs. 1 StGB eine so klare Wortlautgrenze, dass sie die Freiheit des redlichen Unternehmers hinsichtlich vorverlagerten Handelns nicht ihrerseits zu begrenzen vermag. Die Bedeutung des Begriffs des Vorenthaltens schließt eine Pönalisierung durch Anwendung der omissio libera in causa nicht nur für vorverlagertes Unterlassen, sondern erst recht auch für vorverlagertes Tun aus, weil der Wortsinn des Vorenthaltens als Tathandlung weder Unterlassen noch Tun im Vorfeld der Tatbegehung erfasst. Demzufolge ist das Analogieverbot besonders strikt zu beachten.

Die Vorrangrechtsprechung des BGH zu § 266a Abs. 1 StGB unter Anwendung der omissio libera in causa ist eine tatbestandserweiternde Rechtsschöpfung. Diese Rechtsprechung praeter legem liegt außerhalb des Anwendungsbereichs der Norm. Folglich handelt es sich nicht um eine (gerade noch extensive) Auslegung der Vorschrift. Durch die Vorrangrechtsprechung schließt der BGH

596 *Brückl/Kersten*, NJW 2003, 272, 273.
597 *Dehne-Niemann*, GA 2009, 150, 158.
598 *Vogel*, S. 123.

nicht einmal eine planwidrige Regelungslücke. Weder liegt eine Regelungslücke vor, noch ist diese planwidrig. Der Gesetzgeber hat den Straftatbestand des § 266a Abs. 1 StGB bewusst als echtes Unterlassungsdelikt gestaltet und wusste, dass die Unmöglichkeit der Beitragszahlung die Tatbestandsmäßigkeit entfallen lässt. Worin der BGH eine Regelungslücke zu erkennen glaubt, ist nicht ersichtlich. Es kann dem Gesetzgeber nicht unterstellt werden, ihm sei nicht bekannt gewesen, dass unternehmerisches Handeln gerade in finanziellen Krisen eines Unternehmens nicht zur Folge haben kann, dass ein Abführen der Arbeitnehmerbeiträge unmöglich werden kann. Dies ergibt sich nicht zuletzt daraus, dass der Gesetzgeber in § 266a Abs. 6 StGB bewusst das Absehen von Strafe geregelt hat. Schon deshalb fehlt es der vermeintlichen Regelungslücke an ihrer Planwidrigkeit. Der BGH missachtet schlichtweg den Willen des Gesetzgebers. Die Richter waren gar nicht befugt, die Frage rechtsschöpfender Anwendung zu untersuchen, denn § 266a Abs. 1 StGB ist ein Straftatbestand, so dass jede Rechtsschöpfung zu Lasten des Täters ausgeschlossen ist, und sein restriktiver Anwendungsbereich lässt sich durch Auslegung ermitteln. Vielmehr waren die Richter bestrebt, in der Krisensituation eines Unternehmens auch den redlich handelnden und sich um Rettung bemühenden Unternehmer zu kriminalisieren, um ihn zugunsten der Einzugsstellen der Krankenversicherung persönlich haftend zum Schuldner der Arbeitnehmeranteile zu machen.

Die Vorrangrechtsprechung des BGH hebt aus rechtspolitischen Erwägungen die gesetzgeberische Begrenzung des Straftatbestandes des § 266a Abs. 1 StGB wieder auf und lässt den fragmentarischen Charakter des Strafrechts, der besagt, dass Rechtsgüter nicht umfassend geschützt werden können[599] und sich ihr Schutz auf massive Verletzungen beschränkt,[600] unberücksichtigt, so dass sie gegen das Analogieverbot verstößt.

D. Zwischenergebnis und Stellungnahme

Die Vorrangrechtsprechung des BGH zu § 266a Abs. 1 StGB unter Anwendung der omissio libera in causa verletzt umfassend das Gesetzlichkeitsprinzip des Art. 103 Abs. 2 GG hinsichtlich seiner Gewährleistungen des Bestimmtheitsgebots, des Verbots des Gewohnheitsrechts und des Analogieverbots und missachtet somit sowohl die freiheitsgewährleistende als auch die kompetenzwahrende Funktion.

---

599 *Felix*, S. 215 f. m.w.N.
600 *Felix*, S. 297 m.w.N.

Eine Auseinandersetzung hinsichtlich der verfassungsrechtlichen Tragweite durch die extensive Anwendung des § 266a Abs. 1 StGB findet in der Rechtsprechung des BGH nicht statt. Entweder besteht seitens des BGH kein Problembewusstsein, wie weitgehend die Vorrangrechtsprechung grundgesetzlich verbürgte Freiheitsrechte unterminiert, oder der BGH erachtet es (zumindest inzwischen) als nicht mehr notwendig, die strengen Anforderungen des Gesetzlichkeitsprinzips beachten zu müssen. Sofern letzteres der Fall sein sollte, muss sehr deutlich herausgestellt werden, dass sich die Rechtsanwendung strikt an den Strafrechtsprinzipien zu orientieren und damit deren die Freiheit sichernde Funktion zu wahren hat.[601] Im stetigen Spannungsfeld zwischen Freiheit einerseits und Sicherheit andererseits müssen Gesetzgeber und Gesetzesanwender die Freiheitsgewährleistungen des Grundgesetzes respektieren und dürfen sie nicht einem von Teilen der Gesellschaft begehrten Sicherheitsbedürfnis opfern. Daran ändert auch der Wandel der Lebensverhältnisse nichts, ganz gleich ob er stärker durch gesellschaftliche, wirtschaftliche oder technologische Veränderungen bedingt ist. Das Grundgesetz bleibt selbst in globalen Krisen die Leitlinie, die staatliche (Straf-)Gewalt begrenzt und dadurch einer nicht mehr kontrollierbaren Machtausübung entgegenwirkt. Dies gilt nicht zuletzt für die Zuschreibung strafrechtlicher Verantwortung. Die Vorrangrechtsprechung des BGH zu § 266a Abs. 1 StGB hat zur Folge, dass dessen Anwendung nicht mehr kompatibel ist mit der wirtschaftlichen Praxis und schon gar nicht mit den komplexen Zusammenhängen einer globalisierten Wirtschaft.[602]

Die Vorverlagerung der Strafbarkeit durch die omissio libera in causa, die als angeblich pflichtwidriges Vorverhalten eine actio oder omissio praecedens erfassen soll, konstruiert dadurch gleichsam strafbarkeitsbegründende ungeschriebene Tatbestandsmerkmale. Doch es obliegt allein dem Gesetzgeber, vermeintliche Pflichtverletzungen, die schon begrifflich nicht der Tathandlung des Vorenthaltens unterfallen, zu positivieren, sofern sie denn überhaupt pönalisiert werden sollen. Die Beachtung des Parlamentsvorbehalts hat im Strafrecht ohnehin prinzipielle Bedeutung, ihre zwingende Notwendigkeit würde allerdings noch umso deutlicher, wäre die Vorrangrechtsprechung von einem mangelnden Problembewusstsein bis hin zur Gleichgültigkeit des BGH hinsichtlich des Schutzes durch Art. 103 Abs. 2 GG geprägt. Eine solche Haltung wäre Ausdruck einer Missachtung der Gewaltenteilung gegenüber dem Gesetzgeber, der als

601 *Albrecht*, Kriminologie, S. 113 f.

602 Vgl. *Albrecht*, FS Hamm, S. 7 zu § 266 StGB.

einziger im Gegensatz zu Gerichten und Verwaltung durch das (wahlberechtigte) Bundesvolk als Souverän unmittelbar demokratisch legitimiert ist.

Wollte die Legislative den Anwendungsbereich des § 266a Abs. 1 StGB extensiv ausgestalten, wäre dies nur durch eine Änderung des Wortlauts der Norm möglich.

Zum einen könnte der Gesetzgeber eine Veränderung der Deliktsnatur der Vorschrift vornehmen, wie sie auch durch die Vorrangrechtsprechung des BGH erfolgt. Das vorsätzliche echte Unterlassungsdelikt des § 266a Abs. 1 StGB könnte dafür als Fahrlässigkeitsstraftatbestand ausgestaltet werden, indem als Tatbestandsmerkmal die Leichtfertigkeit ergänzt würde. Leichtfertigkeit bei der Verwirklichung von Straftaten erfasst grobe Fahrlässigkeit,[603] insb. „Berufsfahrlässigkeit".[604] Leichtfertiges Unterlassen bedeutet fahrlässiges Unterlassen in einer schweren Form, wie die Nichtanzeige geplanter Straftaten gem. § 138 Abs. 3 StGB gerade auch im Vergleich mit § 138 Abs. 1 StGB, der einen höheren Strafrahmen hat, verdeutlicht.[605] Das Begehungsdelikt des Subventionsbetrugs nach § 264 Abs. 5 StGB inkriminiert ein leichtfertiges Handeln und die Geldwäsche bzw. Verschleierung unrechtmäßig erlangter Vermögenswerte nach § 261 Abs. 5 StGB stellt unter Strafe, wenn der Täter leichtfertig nicht erkennt, dass ein Gegenstand aus einer rechtswidrigen Tat herrührt. Die Leichtfertigkeit ist eine qualifizierte Form der einfachen Fahrlässigkeit.[606]

Bei einer entsprechenden Änderung würde § 266a Abs. 1 StGB dann lauten: „Wer als Arbeitgeber der Einzugsstelle Beiträge des Arbeitnehmers zur Sozialversicherung einschließlich der Arbeitsförderung, unabhängig davon, ob Arbeitsentgelt gezahlt wird, *leichtfertig* vorenthält, wird mit Freiheitsstrafe bis zu *drei* Jahren oder mit Geldstrafe bestraft." Diese Änderung der Deliktsnatur zu einer Fahrlässigkeitsstrafbarkeit hätte zur Folge, dass Verletzungen der Sorgfaltspflicht(en), derentwegen die Arbeitnehmersozialversicherungsbeiträge im Fälligkeitszeitpunkt nicht abgeführt werden können und die zeitlich vor der Tathandlung liegen, dann als strafbar erfasst würden. Gleichwohl müsste der Strafrahmen für ein solches Fahrlässigkeitsdelikt niedriger sein als der des existierenden § 266a Abs. 1 StGB. Es wäre sogar möglich, den Straftatbestand als Begehungsdelikt bzw. unechtes Unterlassungsdelikt, dessen Garantenstellung aus dem Gesetz folgt, zu positivieren: „Wer als Arbeitgeber *pflichtwidrig*

---

603 *Tiedemann*, AT, Rn. 185.
604 *Tiedemann*, AT, Rn. 186.
605 *Kaufmann*, S. 178.
606 *Roxin/Greco*, AT I, § 24 A Rn. 81.

vereitelt, dass an die Einzugsstelle Beiträge des Arbeitnehmers zur Sozialversicherung einschließlich der Arbeitsförderung, unabhängig davon, ob Arbeitsentgelt gezahlt wird, abgeführt werden, wird mit Freiheitsstrafe bis zu *drei* Jahren oder mit Geldstrafe bestraft." Der neue Wortlaut „leichtfertig" bzw. „pflichtwidrig vereiteln" und die dadurch bedingte Änderung der Deliktsnatur hätten zur Folge, dass die Anwendung eines entsprechend neu gefassten § 266a Abs. 1 StGB ein pflichtwidriges Vorverhalten einschließen könnte.

Zum anderen hätte der Gesetzgeber auch die Möglichkeit, die Deliktsnatur selbst nicht zu verändern, allerdings die Anforderungen an den Vorsatz zu erhöhen. Für den subjektiven Tatbestand des § 266a Abs. 1 StGB ist dolus eventualis (Eventualvorsatz) ausreichend. Es handelt sich um die schwächste Form des Vorsatzes. Würde als Vorsatz lediglich dolus directus 2. Grades (Wissentlichkeit) oder dolus directs 1. Grades (Absicht) vorausgesetzt, bliebe ein Täter, der nur mit Eventualvorsatz handelt, straffrei. Dennoch würden die Täter, deren Handeln durch § 266a Abs. 1 StGB erfasst werden soll, weiterhin kriminalisiert. Bei dem sehr hypothetischen Fall, dass ein Unternehmer aus bloßer Beliebigkeit die Arbeitnehmeranteile bei Fälligkeit nicht abführen würde, obwohl ihm dies möglich wäre, läge spätestens in diesem Zeitpunkt Wissentlichkeit oder Absicht vor, so dass der subjektive Tatbestand erfüllt wäre. Da das Wollenselement (voluntativ) beim dolus directus 1. Grades im Vordergrund steht, würden Täter nicht bestraft werden, deren Verhalten gleichwohl strafwürdig ist, weil sich nur diejenigen strafbar machen würden, denen es gerade darauf ankommt, den Tatbestand zu verwirklichen. Demgegenüber hat das Wissenselement (kognitiv) beim dolus directus 2. Grades eine starke Ausprägung, so dass zumindest auch das Handeln vor Fälligkeit der Arbeitnehmerbeiträge erfasst würde, wenn der Täter sicher weiß, dass er dadurch den Straftatbestand erfüllen wird, weil die finanziellen Mittel aufgebraucht werden und Liquidität unter keinen Umständen mehr erlangt werden kann. Bei der Strafvereitelung gem. § 258 Abs. 1 und Abs. 2 StGB hat der Gesetzgeber sowohl Absicht als auch Wissentlichkeit unter Strafe gestellt. Vergleichbar könnte § 266a Abs. 1 StGB formuliert werden: „Wer als Arbeitgeber der Einzugsstelle Beiträge des Arbeitnehmers zur Sozialversicherung einschließlich der Arbeitsförderung, unabhängig davon, ob Arbeitsentgelt gezahlt wird, vorenthält *oder vor Fälligkeit der Beiträge absichtlich oder wissentlich vereitelt, dass diese im Zeitpunkt ihrer Fälligkeit abgeführt werden*, wird mit Freiheitsstrafe bis zu fünf Jahren oder mit Geldstrafe bestraft." Danach wäre auch das strafwürdige Vorverhalten durch den Wortlaut erfasst.

In Bezug auf die vorstehend beschriebenen beiden Möglichkeiten soll allerdings betont werden, dass sie nicht dem Willen des Gesetzgebers entsprechen und dieser § 266a Abs. 1 StGB demzufolge auch nicht entsprechend ausgestaltet hat. Es besteht auch gar keine Notwendigkeit, die Norm zu ändern, weil der redliche Unternehmer, der als Leitbild dieser Untersuchung zugrunde liegt, nicht über den Anwendungsbereich der Vorschrift der Strafbarkeit unterworfen werden soll. § 266a Abs. 1 StGB in der vorliegenden Fassung reicht aus, um im Interesse der Solidargemeinschaft das Aufkommen der Mittel für die Sozialversicherung sicherzustellen.

In diesem Zusammenhang soll gleichwohl kurz betrachtet werden, ob für die Begründung der Strafbarkeit nach § 266a Abs. 1 StGB auf die omissio libera in causa zurückgegriffen werden muss. Folgendes prägnantes Fallbeispiel soll der Veranschaulichung dienen: Der (unredliche) Unternehmer ist sich der finanziellen Krise seines Unternehmens bewusst. Die noch vorhandenen finanziellen Mittel würden dennoch ausreichen, um zum Zeitpunkt ihrer Fälligkeit die Arbeitnehmersozialversicherungsbeiträge zu zahlen. Dennoch entschließt sich der Unternehmer vor Fälligkeit die finanziellen Ressourcen für den Kauf eines neuen Dienstfahrzeugs aufzubrauchen, weil er als Geschäftsführer darauf Wert legt, aus repräsentativen Gründen stets das neueste Modell eines von ihm präferierten Automobilherstellers zu fahren.

Für die Beurteilung dieses Fallbeispiels ist der Grad des Vorsatzes, mit dem der unredliche Unternehmer handelt, maßgeblich. Kommt es dem Täter gerade darauf an oder weiß er sicher, dass Ausgaben die Liquidität des Unternehmens vollständig oder zumindest nahezu vollständig erschöpfen, obwohl sie insb. mit Sanierungsbemühungen des Unternehmens in einer finanziellen Krise nicht im Zusammenhang stehen bzw. diesen sogar abträglich sind, und nicht zu erwarten ist, dass vor Fälligkeit der Arbeitnehmerbeiträge Einnahmen in notwendiger Höhe erzielt werden, ist es die zwingende Folge dieses Handelns, dass die Arbeitnehmeranteile nicht abgeführt werden können. Sind diese noch nicht fällig und geht das Vorverhalten des unredlichen Unternehmers gleichwohl mit dolus directus 1. oder 2. Grades einher, hat der Täter die Absicht oder Wissentlichkeit, dadurch die Arbeitnehmersozialversicherungsbeiträge vorzuenthalten. Dies gilt in besonderem Maße, wenn er Gelder beiseite schafft. In solchen Fallkonstellationen handelt es sich bei der Beitragsvorenthaltung um *eine* Tat, bei der das Vorenthalten als Tathandlung nämlich bereits durch die actio oder omissio praecedens verwirklicht wird, so dass für den Täter voraussehbar ist, dass das an sich in seinem Wortlaut eng gefasste Vorenthalten das vorverlagerte unredliche Handeln ebenfalls umfasst. Nur in solchen Fällen kann auf den der omissio libera in causa zugrundeliegenden Rechtsgedanken zurückgegriffen werden, um dem Täter zu verwehren sich rechtsmissbräuchlich darauf zu berufen, ihm sei die Gebotserfüllung des § 266a Abs. 1 StGB unmöglich geworden, weshalb die Strafbarkeit entfalle.

Das Vorverhalten eines unredlichen Unternehmers ist demnach strikt von den Dispositionen eines Unternehmers zu unterscheiden, der zwar den in der Vorrangrechtsprechung des BGH postulierten Obliegenheiten nicht nachkommt, aber redlich handelt und sein Bemühen auf die Rettung des Unternehmens ausgerichtet ist. In diesem Zusammenhang fällt darunter auch die Befriedigung einer inkongruenten Forderung, wenn z.B. ein Lieferant, der Kenntnis von der Krise des Unternehmens hat, nur gegen Zahlung eines (Teil-)Vorschusses Waren zu liefern bereit ist, die das Unternehmen seinerseits benötigt, um einen Auftrag zu erfüllen, durch den die Liquidität wieder erhöht wird. Diese unternehmerischen Dispositionen beruhen zum einen überwiegend auf zivilrechtlichen Verpflichtungen und entsprechen der Sorgfalt eines ordentlichen Geschäftsmanns, zum anderen liegt ihnen ein unbeachtlicher dolus antecedens zugrunde. Eine Anwendung der omissio libera in causa, um auch den redlichen Unternehmer der Strafbarkeit des § 266a Abs. 1 StGB zu unterwerfen, ist verfassungsrechtlich ausgeschlossen.

Auch ist die Intention der Rechtsprechung, das Beitragsaufkommen der Sozialversicherung quasi um jeden Preis sichern zu wollen, vollkommen verfehlt, wenn die Vorrangrechtsprechung des BGH unter Anwendung der omissio libera in causa zur Folge hat, dass Unternehmen Insolvenz anmelden müssen, in der Insolvenz das Abführen der Beiträge erfolgreich angefochten werden kann und es zu einem Verlust der Arbeitsplätze kommt. Dass eine derart verfehlte Rechtsprechung mit der Begründung von Strafbarkeit einhergehen soll, manifestiert nicht nur die nicht berücksichtigten gravierenden folgenreichen Widersprüchlichkeiten, in die sich der BGH selbst begeben hat, um nicht den fragmentarischen Charakter des Strafrechts zu akzeptieren, und das mangelnde Verständnis komplexer wirtschaftlicher Zusammenhänge sowie daraus folgenden unternehmerischen Handelns, sondern in besonderem Maße auch, dass strenge verfassungsrechtliche Grenzen der Begründung von Strafbarkeit keine (hinreichende) Beachtung gefunden haben.

In der Praxis wirtschaftlichen Handelns lassen sich systemimmanente Problemlagen oftmals nicht strafrechtlich sanktionieren, wodurch allerdings keine Abkehr von dem Bestimmtheitsgebot legitimiert wird.[607] Unbestimmtheit bzw. mangelnde Begrenzung des Strafrechts stellen seinen fragmentarischen

---

607 *Prittwitz*, Begrenzung des Wirtschaftsstrafrechts, S. 60.

Charakter in Abrede, wenn (vermeintliche) Strafbarkeitslücken zu einer immer umfassenderen Ausdehnung von Strafbarkeit führen.[608] Einer immer extensiveren Begründung von Strafbarkeit, wie sie sich in Gesetzgebung und Rechtsprechung abzeichnet, muss Art. 103 Abs. 2 GG vehement entgegengesetzt werden, soll diese verfassungsrechtliche Gewährleistung nicht weitgehend leerlaufen.[609] Vermeintlich notwendige Abweichungen von den Strafrechtsprinzipien lassen sich nicht als wissenschaftliche Aussagen deklarieren, weil die Strafrechtsprinzipien grundgesetzlich verbrieft sind und nicht zur Disposition stehen.[610] Durch die Vorverlagerung von Strafbarkeit bei der Anwendung von Strafgesetzen soll ein Verhalten verhindert werden, das potentiell einen Schaden nach sich ziehen könnte.[611] Bei § 266a Abs. 1 StGB wird entgegen dem Gesetzeswortlaut durch die Vorrangrechtsprechung des BGH unter Anwendung der omissio libera in causa ein Präventionsstrafrecht etabliert, obwohl der Gewährleistungsumfang des Gesetzlichkeitsprinzips (verfassungsrechtlich) nicht relativiert werden darf.

608 *Eschelbach/Krehl*, FS Kargl, S. 82.
609 *Naucke*, KritV Sonderheft 2000, 132, 137.
610 *Hirsch*, FS Lüderssen, S. 267.
611 *Süß*, Frankfurter kriminalwissenschaftliche Studien, Bd. 50, 207, 221.

4. Teil: Das Schuldprinzip nach Art. 1 Abs. 1, Art. 2 Abs. 1 i.V.m Art. 20 Abs. 3 GG als Grenze

A. Bedeutung, Gewährleistungsumfang und normativer Schuldbegriff

Das Schuldprinzip („nulla poena sine culpa"), das das gesamte Strafen durch den Staat umfasst, ist in Art. 1 Abs. 1, Art. 2 Abs. 1 GG und im Rechtsstaatsprinzip gem. Art. 20 Abs. 3 GG verankert.[612] Es hat Verfassungsrang.[613]

Schuld bedeutet (individuelle) Vorwerfbarkeit und Strafe setzt stets das Vorliegen von Schuld voraus.[614] Der strafrechtliche Vorwurf stützt sich darauf, dass der Täter sich für ein rechtswidriges Verhalten entschieden hat, obwohl er anders, d.h. rechtmäßig, hätte handeln können, und dieses Unwerturteil begründet den normativen Schuldbegriff.[615] Der normative Schuldbegriff stellt hinsichtlich der Vorwerfbarkeit mithin auf die autonome Bildung und Betätigung des Willens ab.[616]

Wegen des Schuldprinzips kommt strafrechtliche Missbilligung überhaupt nur in Betracht, wenn sie wirklich Verantwortliche trifft.[617] Strafe dient nicht ausschließlich der Resozialisierung des Täters, sondern auch der Vergeltung für dessen verbotenes Handeln.[618] Der Strafvorwurf liegt dabei in einem sozialethischen Fehlverhalten des Normadressaten.[619] Aus dem Rechtsstaatsprinzip ergibt sich die Notwendigkeit materieller Gerechtigkeit, so dass die Strafe selbst

---

612 BVerfGE 133, 168, 197 = BVerfG NJW 2013, 1058, 1059; BVerfGE 120, 224, 253 = BVerfG NJW 2008, 1137, 1142; BVerfGE 20, 323, 331; Maunz/Dürig-*Schmidt-Aßmann*, Vorkommentierung Art. 103 Abs. II Rn. 170.

613 BVerfGE 133, 168, 197 = BVerfG NJW 2013, 1058, 1059; BVerfGE 120, 224, 253 = BVerfG NJW 2008, 1137, 1142; BVerfGE 45, 187, 228; BVerfGE 20, 323, 331; *Papathanasiou*, FS Roxin Bd. 1, S. 479.

614 BVerfGE 20, 323, 331; BGHSt GrS 2, 194, 200.

615 BVerfGE 123, 267, 413; BGHSt GrS 2, 194, 200.

616 BVerfGE 123, 267, 413; BGHSt GrS 2, 194, 200; Wessels/*Beulke/Satzger*, AT, Rn. 626.

617 *Prittwitz*, Begrenzung des Wirtschaftsstrafrechts, S. 60.

618 BVerfGE 133, 168, 198 = BVerfG NJW 2013, 1058, 1059; BVerfGE 20, 323, 331.

619 BVerfGE 133, 168, 198 = BVerfG NJW 2013, 1058, 1059; BVerfGE 95, 96, 140; BVerfGE 20, 323, 331.

tat- und schuldangemessen sein muss.[620] Sie soll zumindest auch ein gerechter Schuldausgleich sein.[621] Gem. § 46 Abs. 1 S. 1 StGB ist die Schuld des Täters die Grundlage für die Zumessung der Strafe.

Aus Art. 1 Abs. 1 GG ergibt sich nicht nur das Wesen der Strafe, sondern auch das Verhältnis, in dem Schuld und Sühne zueinander stehen.[622] Während Schuld eine eigenverantwortliche Willensentscheidung unter Missachtung des erkannten pflichtgemäßen Verhaltens ist,[623] bedeutet Sühne die selbstverantwortliche Übernahme der Schuld, durch die sich der Sühnende wieder von dem ihm zu Last gelegten Vorwurf befreit.[624]

Voraussetzung für den Vorwurf der Schuld ist straftatbestandliches Unrecht.[625] Sofern Schuld Grundlage für Strafe ist, ist sie strafbegründend, und umgekehrt ist das Schuldprinzip im Sinne des „nulla poena sine culpa" strafbegrenzend.[626] Nach dem normativen Schuldbegriff besteht der Unterschied zwischen Unrecht und Schuld in der Wertung betreffend das Handeln des Täters.[627] Die Verwirklichung des Unrechts allein reicht wegen des Schuldprinzips nicht aus, um den Täter zu bestrafen. Vielmehr bedarf es auch der Schuld des Täters zur Zuschreibung von (individueller) Verantwortlichkeit,[628] um Strafbarkeit zu begründen. Der normative Schuldbegriff setzt die Willensfreiheit des Normadressaten in der Annahme voraus, dass dieser über Alternativen seines Handelns verfügt.[629] Denn die Freiheit des Willens ist weder verifizierbar noch falsifizierbar.[630] Die (individuelle) Vorwerfbarkeit kann zudem damit begründet werden, dass der Normadressat zugleich die Möglichkeit hat, sich mit einer Norm kritisch auseinanderzusetzen und als Bürger zumindest durch Meinungsäußerungen und Wahlentscheidungen auf die Normsetzung Einfluss zu nehmen.[631]

---

620 BVerfGE 133, 168, 198 = BVerfG NJW 2013, 1058, 1060; BVerfGE 20, 323, 331.

621 BVerfGE 133, 168, 198 = BVerfG NJW 2013, 1058, 1060; BVerfGE 120, 224, 254 = BVerfG NJW 2008, 1137, 1142.

622 BVerfGE 133, 168, 198 = BVerfG NJW 2013, 1058, 1059; BVerfGE 95, 96, 140.

623 *Kaufmann*, Schuldprinzip, S. 129.

624 *Kaufmann*, Schuldprinzip, S. 272.

625 *Hirsch*, ZStW 1994, 746, 747.

626 *Hirsch*, ZStW 1994, 746, 748.

627 *Roxin*, FS Henkel, S. 171.

628 Matt/Renzikowski-*Renzikowski*, Einl. Rn. 24.

629 Matt/Renzikowski-*Renzikowski*, Einl. Rn. 25.

630 Matt/Renzikowski-*Renzikowski*, Einl. Rn. 25.

631 *Kindhäuser*, FS Hassemer, S. 773.

Dabei ist der Rechtsgüterschutz mittels Strafrecht eine Verfassungsaufgabe.[632] Das Schuldprinzip ist für den Gesetzgeber bei Wahrnehmung dieser Aufgabe nicht dispositiv.[633] Es ist durch die Ewigkeitsgarantie des Art. 79 Abs. 3 GG geschützt, da das Schuldprinzip auch aus Art. 1 Abs. 1 GG folgt.[634] Wegen der Verankerung des Schuldprinzips in Art. 1 Abs. 1 GG ist eine Abwägung betreffend dessen Geltung ausgeschlossen.[635]

Neben einer Rechtsgutsverletzung oder -gefährdung liegt das Wesen einer Straftat auch in einer Pflichtverletzung.[636] Während sich aus Verletzung oder Gefährdung der Erfolgsunwert einer Straftat ergibt, sind die Modalitäten der Handlung für den Handlungsunwert maßgeblich, so dass Erfolgs- und Handlungsunwert (zusammen mit der Rechtswidrigkeit) den Unrechtsgehalt der Tat bestimmen und demgegenüber ihr Schuldgehalt aus dem sich in der Straftat manifestierenden Gesinnungsunwert folgt.[637] Durch den normativen Schuldbegriff wird mithin der Fokus von der Tat auf den Täter in seiner individuellen Situation und persönlichen Motivation gelenkt.[638]

Um eine Zuschreibung von Verantwortung im Sinne der Vorrangrechtsprechung des BGH vorzunehmen, müsste dem Unternehmer schuldhaftes Handeln individuell vorgeworfen werden können. Ob es für diesen Vorwurf überhaupt eine Grundlage gibt, die überdies dem Schuldprinzip genügt, soll im Folgenden untersucht werden.

B. Individuelle Vorwerfbarkeit gegenüber dem Unternehmer

In seiner Vorrangrechtsprechung gründet der BGH den strafrechtlichen Vorwurf gegenüber dem Unternehmer darauf, dass bei Beachtung der aus § 266a Abs. 1 StGB wegen des angenommenen Vorrangs folgenden Obliegenheiten, wie z.B. kongruente Forderungen nicht zu begleichen, das Abführen der Arbeitnehmersozialversicherungsbeiträge im Rechtssinne möglich sei.[639] Die Unmöglichkeit des Unternehmers, die ihm obliegende Pflicht zu

632 BVerfGE 133, 168, 199 = BVerfG NJW 2013, 1058, 1060.
633 BVerfGE 133, 168, 226 = BVerfG NJW 2013, 1058, 1067.
634 BVerfGE 123, 267, 413; *Neumann*, FS BGH, S. 83.
635 *Lagodny*, S. 390.
636 BGHSt 2, 364, 368.
637 Wessels/*Beulke*/*Satzger*, AT, Rn. 29.
638 *Naucke*, Strafrecht, § 7 Rn. 27.
639 BGHZ 134, 304, 308 = BGH NJW 1997, 1237.

erfüllen, soll rechtlich irrelevant sein, so dass weder der Tatbestand entfiele noch die Rechtswidrigkeit zu verneinen sei.[640] Da die Schuldfähigkeit des Unternehmers nicht in Frage steht, ein Entschuldigungsgrund nicht vorliegt und ein unvermeidbaren Verbotsirrtums gem. § 17 S. 1 StGB nicht angenommen wird, bejaht der BGH unter Anwendung der omissio libera in causa in den Fallkonstellationen der Vorrangrechtsprechung die Strafbarkeit des Unternehmers.

Die Frage der Schuld selbst als individuelle Vorwerfbarkeit erörtert der BGH nicht. Um dies zu klären, ist es allerdings unabdingbar, zunächst zu berücksichtigen, ob bei dem (vermeintlichen) Täter die Betätigung seines Willens durch eine mangelhafte Rechtsgesinnung bedingt ist.[641] Dabei wird die mangelnde Rechtstreue als Grundlage einer außerordentlichen Zurechnung von Verantwortlichkeit angesehen.[642] Die außerordentliche Zurechnung nimmt an, dass ein Verhalten die Schuld betrifft und sich daraus die Zurechnung ergibt.[643]

In dem durch den BGH vertretenen Vorverlagerungsmodell kommt der Rechtsmissbrauchsgedanke deutlich zum Ausdruck, da es dem Unternehmer verwehrt wird, sich auf die Unmöglichkeit der Erfüllung der Handlungspflicht, nämlich die Arbeitnehmerbeiträge zum Fälligkeitszeitpunkt zu bezahlen, zu berufen. Der Ausschluss, sich auf die Unmöglichkeit zu berufen, wird dadurch herbeigeführt, dass die actio oder omissio praecedens als tatbestandlich angesehen wird, obwohl sie nicht dem Tatbestand unterfällt.[644] Das Obliegenheitsmodell, das ebenfalls auf den Rechtsmissbrauchsgedanken abstellt, versucht gleichfalls eine außerordentliche Zurechnung zu konstruieren, indem das Vorverhalten als Surrogat für das Untätigbleiben, die fälligen Arbeitnehmeranteile zu begleichen, dient, obgleich beide Handlungen höchst unterschiedlich sind.[645]

Beide Begründungsmodelle suchen die außerordentliche Zurechnung durch die Anwendung der omissio libera in causa vorzunehmen. Die faktische Unmöglichkeit der Beitragszahlung wird dadurch zur Möglichkeit im Rechtssinne, weil die vermeintlichen Obliegenheiten des Unternehmers als Alternative zu dessen

---

640 BGHZ 134, 304, 313 = BGH NJW 1997, 1237, 1238 f.
641 *Tag*, S. 140.
642 *Vogel*, S. 77.
643 *Neumann*, GA 1985, 389, 397.
644 Siehe dazu oben 2. Teil C. III. 1. b).
645 Siehe dazu oben 2. Teil C. III. 2. b).

Verhalten postuliert werden. Der BGH übersieht gänzlich, dass eigentlich nicht begründet werden muss, weshalb die omissio libera in causa als Zurechnungsregel das Schuldprinzip missachtet, sondern vielmehr, warum die omissio libera in causa als außerordentliche Zurechnung das Schuldprinzip (vermeintlich) nicht verletzt.

Wenn ein Unternehmer redlich gem. § 43 GmbHG mit der Sorgfalt eines ordentlichen Geschäftsmannes handelt, d.h. nicht aus sachwidrigen Erwägungen, und sich in der Krise eines Unternehmens um dessen Rettung und den Erhalt der Arbeitsplätze bemüht mit der Folge, dass er die Obliegenheiten nach der Vorrangrechtsprechung des BGH nicht beachtet bzw. beachten kann, ist diesem Verhalten kein Handlungsunwert beizumessen. Wird dadurch das Rechtsgut des § 266a Abs. 1 StGB, nämlich das Aufkommens der Mittel für die Sozialversicherung, verletzt oder gefährdet, kann darin ein Erfolgsunwert gesehen werden. Dieser Erfolgsunwert ist allerdings keine Folge eines rechtsmissbräuchlichen Handelns, wie sowohl an dem sich nach außen manifestierenden Handeln als auch am Konvolut von Motiven des Unternehmers deutlich wird. Auch kann ein fehlender Handlungsunwert nicht zum Teil des Tatbestandserfolges umdeklariert werden,[646] so dass der Unrechtsgehalt insgesamt zu verneinen ist.

Bei echten Unterlassungsdelikten ist hinsichtlich der Frage der Schuld zu beachten, ob die Wortlautgrenze des Tatbestandes das Vorverhalten überhaupt erfasst,[647] was bei der Vorrangrechtsprechung des BGH zu § 266a Abs. 1 StGB nicht der Fall ist.[648]

Maßgeblich für den Vorwurf strafrechtlicher Schuld ist vor allem die nicht sozialethische Einstellung des Täters, die durch eine Tatbegehung im Widerspruch zu dem von der Rechtsordnung geforderten Verhalten ihren Ausdruck findet.[649] Denn Strafnormen sind Sollenssätze, weshalb ihre Missachtung eine defizitäre rechtstreue Motivation offenbart.[650] Bei der Bestimmung der strafrechtlichen Schuld ist daher auch die dem Normadressaten zustehende Autonomie zu berücksichtigen.[651]

---

646 *Dehne-Niemann*, GA 2009, 150, 169.
647 SK-*Stein*, vor § 13 Rn. 49.
648 Siehe dazu oben 3. Teil B. I.
649 Wessels/*Beulke/Satzger*, AT, Rn. 640.
650 *Kindhäuser*, FS Hassemer, S. 766.
651 *Kindhäuser*, FS Hassemer, S. 774.

Die Handlungsfreiheit des Unternehmers wird durch die Vorrangrechtsprechung des BGH, die zur Vermeidung von Risiken darauf zielt, das Beitragsaufkommen in der Sozialversicherung entweder durch die Ausdehnung der Strafbarkeit sicherzustellen oder stattdessen Schuldner für die Haftung auf Schadensersatz aus § 823 Abs. 2 BGB i.V.m. § 266a Abs. 1 StGB zu generieren, erheblich eingeschränkt. Im Risikostrafrecht wird ein risikominimierendes Handeln erwartet, um Straffälligkeit zu vermeiden.[652]

Bemüht sich der Unternehmer um die Sanierung des Unternehmens und den damit einhergehenden Erhalt der Arbeitsplätze, ist dies ein Alternativverhalten im Vergleich zur Erfüllung der Obliegenheiten, wie sie in der Vorrangrechtsprechung des BGH postuliert werden. Dieses alternative Verhalten ist nicht nur rechtmäßig, sondern lässt zugleich hinsichtlich der Motivation des Unternehmers keinen Gesinnungsunwert erkennen. Gleiches gilt für die Zahlung der Löhne der Arbeitnehmer oder das Begleichen kongruenter Forderungen, zumal diese Rechtspflichten durch den vermeintlichen Vorrang der Beitragszahlungen an die Einzugsstellen der Krankenversicherungen keineswegs suspendiert werden. Ein Schuldgehalt ist demzufolge zu negieren. Dem normativen Schuldbegriff folgend kann gegen den Unternehmer kein Schuldvorwurf erhoben werden.

Da die Voraussetzung für individuelle Schuld eine Wertung erfordert, durch die ein bestimmtes Verhalten, dem die autonome Willensbetätigung des Normadressaten zuwider läuft, überhaupt erst als strafwürdig klassifiziert wird, soll die Strafwürdigkeit der Vorrangrechtsprechung des BGH unter Anwendung der omissio libera in causa einer näheren Betrachtung unterzogen werden.

C. Strafwürdigkeit des Verhaltens

Die Entscheidung über die Strafwürdigkeit strafrechtlicher Verhaltensnormen erfolgt durch den Gesetzgeber.[653] Die Kriterien der Strafwürdigkeit ergeben sich dementsprechend allein aus der gesetzgeberischen Regelung.[654] Maßgeblich für die Anwendung des Rechts und die sich daraus ergebende Begründung der Strafbarkeit sind nicht der kriminalpolitische Sinn einer Norm, auch nicht aus der Sicht der Rechtsprechung, sondern ihre Fassung als Straftatbestand durch den Gesetzgeber.[655] Denn aus der bloßen Strafwürdigkeit folgt noch keine

---

652 *Günther*, Frankfurter kriminalwissenschaftliche Studien, Bd. 50, S. 459.

653 *Vogel*, S. 39 f. Fn. 73.

654 BGHSt 27, 160, 164 f.; BGHSt 11, 199, 205; BGHSt 1, 293, 297.

655 *Simon*, S. 525 f.

Strafbarkeit, sondern sie muss de lege lata gegeben sein und darf nicht konstruiert werden.[656]

Die Strafwürdigkeit umschließt alle Deliktsmerkmale, sie ist für sich genommen nicht eigenständig.[657] Dabei handelt es sich um eine normative Eigenschaft.[658] Da auch dem Schuldvorwurf der Gedanke des Rechtsmissbrauchsverbots innewohnt,[659] darf die Handlungsfreiheit des Normadressaten im Hinblick auf die Strafwürdigkeit seines Verhaltens nicht unberücksichtigt bleiben.

Einer Marktwirtschaft ist die an der Zukunft orientierte Erwartungshaltung von Unternehmern, die auf den Zufluss finanzieller Mittel gerichtet ist, immanent und findet ihren Niederschlag in den zu treffenden Entscheidungen in der aktuellen Situation.[660] Dementsprechend werden Dispositionen getroffen, die naturgemäß mit einem gewissen Risiko behaftet, dabei gleichwohl vertretbar sind. Die Unternehmer bedürften eines Freiraums, in dem sich die unternehmerische Tätigkeit entfalten kann und in dem Risiken bewusst eingegangen werden dürfen sowie die Gefahr von Fehleinschätzungen gestattet ist.[661] Das Wirtschaftsleben ist von dynamischen Vorgängen und zahlreichen nicht bekannten Parametern geprägt, die seine Komplexität ausmachen und dem Unternehmer eine nur sehr bedingte Einflussnahme ermöglichen.[662] Das Strafrecht vermag nur diejenigen Fälle zu erfassen, in denen unternehmerisches Handeln nicht mehr vertretbar ist,[663] so dass sich vorher die Frage der Strafwürdigkeit erst gar nicht stellt. Sofern die Strafwürdigkeit eines Verhaltens fraglich ist oder nicht einmal besteht, ist ein Schuldvorwurf als Grundlage einer Verurteilung nicht statthaft, weil das Schuldstrafrecht Freiheit gewährleistet und mithin aus der Staatsraison folgende Zweckstrafen verbietet.[664] Insofern dient das Schuldprinzip ebenso wie das Gesetzlichkeitsprinzip vornehmlich der Freiheit.

Allerdings hat das Schuldprinzip einen ambivalenten Charakter, denn es wirkt sowohl legitimierend hinsichtlich der Begründung der Schuld als auch

---

656 *Wüchner*, S. 48.
657 AK-StGB-*Hassemer*, vor § 1 Rn. 190.
658 AK-StGB-*Hassemer*, vor § 1 Rn. 185.
659 *Jerouschek/Kölbel*, JuS 2001, 417, 421.
660 *Isfen*, FS Roxin Bd. 2, S. 989 f.
661 BGHZ 135, 244, 253.
662 *Isfen*, FS Roxin Bd. 2, S. 989, 1001.
663 *Isfen*, FS Roxin Bd. 2, S. 989, 999.
664 *Kaufmann*, Schuldprinzip, S. 279.

limitierend, weil Schuld als individuelle Vorwerfbarkeit Voraussetzung für Strafbarkeit ist und diese im konkreten Einzelfall ebenso daraus erwachsen wie ausgeschlossen werden kann.[665] Insofern bildet das Schuldprinzip eine eigenständige rechtsstaatliche Barriere gegen Bestrafungen, wenn dem Normadressaten sein Verhalten eben nicht individuell vorgeworfen werden kann.[666] Das Schuldprinzip als solches soll gerechte Zurechnung ermöglichen.[667]

Ein Vorverhalten, das dem Normadressaten zugerechnet werden soll, muss in jedem Fall rechtswidrig sein, weil nur rechtswidriges Verhalten auch als schuldhaft bewertet werden kann.[668] Dass das Vorverhalten auch tatbestandsmäßig ist, ist ein Erfordernis des Koinzidenz- oder Simultanitätsprinzips, damit die materielle Gleichzeitigkeit aller Merkmale der Strafbarkeit gegeben ist.[669]

Das Koinzidenz- und Simultanitätsprinzip ist ein Element des Schuldprinzips, das zu dem intellektuellen und voluntativen hinzutritt.[670]

I. Koinzidenz- oder Simultanitätsprinzip hinsichtlich der Schuld

Nach § 20 StGB muss die Schuld „bei Begehung der Tat" vorliegen[671] und § 8 StGB, der den Tatzeitraum regelt, ist auch bei § 20 StGB anzuwenden.[672]

Die omissio libera in causa soll beim (echten) Unterlassungsdelikt erfassen, dass der Täter die Erfüllbarkeit der Handlungspflicht durch vorwerfbares Vorverhalten vereitelt und dadurch seine Strafbarkeit begründet. Der Unternehmer, der den durch die Vorrangrechtsprechung des BGH postulierten Obliegenheiten nicht nachkommt, müsste aufgrund seines Verhaltens nicht nur die tatbestandliche Voraussetzung des Vorenthaltens verwirklichen, sondern bereits zu diesem Zeitpunkt vorwerfbar rechtswidrig und schuldhaft handeln. Eine Strafbarkeit unter Anwendung der omissio libera in causa erfordert eine Vorhandlung und ein Vorverschulden.

Es kann dahinstehen, ob zur Begründung der omissio libera in causa das Vorverlagerungsmodell oder das Obliegenheitsmodell herangezogen wird.

665 *Schünemann*, S. 174 ff.
666 *Schünemann*, S. 177 f.
667 *Neumann*, S. 23.
668 *Neumann*, S. 20.
669 Siehe dazu oben 3. Teil B. III.
670 *Krümpelmann*, ZStW 1976, 6, 13; *Neumann*, S. 14 f.
671 Siehe dazu oben 3. Teil B. III. zu weiteren Gründen, weshalb das Koinzidenz- oder Simultanitätsprinzip im Schuldprinzip verankert ist.
672 Matt/Renzikowski-*Basak*, § 8 Rn. 1; *Baier*, GA 1999, 272, 280 f.

Nach keinem der beiden Erklärungsmodelle begründet die actio oder omissio praecedens eine culpa praecedens, die für die Wahrung des Koinzidenz- oder Simultanitätsprinzips notwendig wäre, damit sich der Normadressat überhaupt strafbar machen könnte. Das Vorverhalten ist, wovon das Vorverlagerungsmodell ausgeht, eben kein Teil des gesetzlichen Tatbestandes,[673] und es ist, wie das Obliegenheitsmodell annimmt, auch kein Surrogat für das Untätigbleiben aufgrund eingetretener Unmöglichkeit der Handlungspflicht.[674]

Das unternehmerische Handeln liegt weder im Tatzeitraum noch ist es schuldhaft bei Begehung der vermeintlichen Tat des § 266a Abs. 1 StGB. Der redliche Unternehmer, dessen Verhalten sich in der Krise des Unternehmens in Rettungsbemühungen und dem Erhalt der Arbeitsplätze zeigt, handelt gerade nicht rechtswidrig, sondern zivilrechtlich rechtmäßig, was z.B. auch für das Begleichen kongruenter Forderungen oder die Zahlung der Löhne an die Arbeitnehmer gilt. Mangels Rechtswidrigkeit scheidet eine Schuldhaftigkeit bereits aus. Ein zivilrechtlich erlaubtes und gebotenes Verhalten hätte sonst einen strafrechtlichen Schuldvorwurf zur Folge. Der Versuch, die Handlungsfähigkeit zu bewahren, hat ohnehin nicht zwingend zur Folge, dass die spätere (vermeintliche) Handlungspflicht auch tatsächlich befolgt wird.[675] Ein Normverstoß gegen positives Recht liegt nicht vor, wenn die Obliegenheiten nicht beachtet werden, so dass die Vorrangrechtsprechung des BGH lediglich ein schuldhaftes Handeln konstruiert und dafür das Koinzidenz- oder Simultanitätsprinzip wie auch beim Vorliegen des Vorsatzes missachten muss.[676]

Der BGH konstituiert mit der Vorrangrechtsprechung eine Strafbarkeit, deren Tatbestandsmäßigkeit und Schuldvorwurf von den in § 266a Abs. 1 StGB normierten Voraussetzungen gelöst sind. Indem das Koinzidenz- oder Simultanitätsprinzip in der Vorrangrechtsprechung keine Beachtung findet, wird auch dadurch das Schuldprinzip verletzt.

Aufgrund des normativen Schuldbegriffs und der extensiven Strafbarkeit durch die Vorrangrechtsprechung des BGH wird das Prinzip des ultra posse nemo obligatur nunmehr näher betrachtet.

---

673 Siehe dazu oben 2. Teil C. III. 1. b).

674 Siehe dazu oben 2. Teil C. III. 2. b).

675 *Baier*, GA 1999, 272, 275.

676 Siehe dazu oben 3. Teil B. III.

II. Prinzip des ultra posse nemo obligatur

Das Prinzip des ultra posse nemo obligatur bedeutet „Unmögliches zu leisten, kann niemand verpflichtet werden" bzw. „Niemand wird über sein Können hinaus verpflichtet". In demselben Sinn wird auch die Formulierung impossibilium nulla (est) obligatio („Unmögliches ist nicht zu leisten" bzw. „Zu Unmöglichem gibt es keine Verpflichtung") verwendet.[677] Dieses Prinzip stellt mithin auf die Möglichkeit der Handlungspflicht ab. Deren Möglichkeit ist bei echten Unterlassungsdelikten ungeschriebenes Tatbestandsmerkmal.[678]

Hinsichtlich des ultra posse nemo obligatur wird vereinzelt eingewandt, dieses Prinzip präzisiere nicht die Bedeutung des posse („Könnens").[679] Doch geht dieses Prinzip in seinem Aussagegehalt viel weiter. Bezogen auf das Schuldprinzip, das u.a. in Art. 1 Abs. 1 GG verankert ist, wird verdeutlicht, dass der Normadressat nicht zum Objekt staatlichen Handelns degradiert werden darf. Daraus resultiert, niemanden über sein Können hinaus zu verpflichten und dass sein Unvermögen nicht schuldhaft ist, sofern keine Zuschreibung von Verantwortung erfolgt bzw. erfolgen darf. Die Annahme einer Alternative des Handelns ist normativ und in dem Sollen des Normadressaten liegt die Implikation seines Könnens.[680] Aufgrund des normativen Charakters folgt aus einem Sollen allerdings nicht per se ein Können. Dies gilt sowohl in tatsächlicher als auch in rechtlicher Hinsicht.

Trotzdem wird nach dem Schuldbegriff des BGH fehlendes Können zumindest teilweise durch gegenwärtiges oder vergangenes Sollen ausgeglichen.[681] Demnach wird das Können durch das Sollen substituiert, so dass es nicht darauf ankäme, was dem Täter möglich, sondern was ihm zumutbar ist.[682] Aus einem Können wird zunächst ein Sollen und sodann dessen Zumutbarkeit konstruiert. Dabei wird gänzlich übersehen, dass das Schuldprinzip keine Einschränkungen kennt und demzufolge strafrechtliche Regelungen entweder mit dem Schuldprinzip vereinbar sind oder nicht.[683] Da niemand Unmögliches zu leisten vermag, kann das Unterlassen der Leistung auch keinen Strafvorwurf begründen.[684]

677 *Hillenkamp*, FS Tiedemann, S. 949 Fn.*.
678 Siehe dazu oben 2. Teil A. V. 3. a) aa).
679 *Struensee*, FS Stree/Wessels, S. 133, 148.
680 Matt/Renzikowski-*Renzikowski*, Einl. Rn. 24 und 25.
681 *Neumann*, FS BGH, S. 84.
682 *Neumann*, FS BGH, S. 84 f.
683 *Neumann*, FS BGH, S. 83.
684 *Wegner*, wistra 1998, 283, 288.

Dennoch verneint der BGH in seiner Vorrangrechtsprechung die Tatbestandsmäßigkeit des § 266a Abs. 1 StGB nicht, wenn der redliche Unternehmer die Obliegenheiten nicht erfüllt, weil diese sein Bemühen um Rettung des Unternehmens in der Krise und den Erhalt der Arbeitsplätze konterkarieren oder gar vereiteln würden.

Das Prinzip des ultra posse nemo obligatur findet beim echten Unterlassungsdelikt zunächst innerhalb des Tatbestandes Anwendung und ist sodann auch bei der Frage der Schuld zu berücksichtigen. Gründet sich der Schuldvorwurf nämlich darauf, dass der Täter hätte anders handeln können, kommt diesem Prinzip besondere Bedeutung zu. Wenn die Unmöglichkeit die Sozialversicherungsbeiträge der Arbeitnehmer abzuführen, in einer krisenhaften Situation des Unternehmens bereits den Tatbestandsausschluss zur Folge haben müsste, auch wenn der Unternehmer die in der Vorrangrechtsprechung des BGH postulierten Obliegenheiten nicht erfüllen kann, dann ist erst recht der Schuldvorwurf ausgeschlossen. Fehlende Tatbestandsmäßigkeit und / oder Rechtswidrigkeit kann niemals Schuld begründen. Folglich verletzt die Vorrangrechtsprechung des BGH hinsichtlich des Prinzips des ultra posse nemo obligatur ebenfalls das Schuldprinzip.

Da der BGH gleichsam eine normative Kette, die beginnend beim Können über das Sollen bis hin zur Zumutbarkeit führt, konstruiert, soll auch die Frage der Unzumutbarkeit normgemäßen Verhaltens genauer erörtert werden.

III. Unzumutbarkeit normgemäßen Verhaltens

Wie die Möglichkeit ist auch die Zumutbarkeit der Handlungspflicht bei echten Unterlassungsdelikten ungeschriebenes Tatbestandsmerkmal.[685] Da nach der Vorrangrechtsprechung des BGH die Erfüllung der Obliegenheiten Vorrang vor den zivilrechtlichen Pflichten des Unternehmers genießen soll, wären die Obliegenheiten die höherrangige Pflicht und es könnte sich die Frage der rechtfertigenden Pflichtenkollision stellen. Die Problematik der rechtfertigenden Pflichtenkollision ist allerdings keine, die der Zumutbarkeit unterfällt,[686] und es besteht ohnehin weder ein Vorrang noch eine Gleichwertigkeit der Obliegenheiten mit den zivilrechtlichen Verpflichtungen. Vielmehr müssen die gesellschaftsrechtlichen Pflichten bei der Zumutbarkeit ebenso Berücksichtigung finden[687] wie die Befriedung derjenigen Gläubiger, die gerade in einer

---

685 Siehe dazu oben 2. Teil A. V. 3. a) aa).

686 *Jescheck/Weigend*, AT, § 59 VIII. 1.

687 *Lüke/Mulansky*, ZIP 1998, 673, 676.

für das Unternehmen finanziell schwierigen Situation für das Aufrechterhalten des Geschäftsbetriebs bedeutsam sind, insb. wichtige Lieferanten und natürlich dessen Arbeitnehmer. Die Zumutbarkeitsgrenze ist bei § 266a Abs. 1 StGB dann überschritten, wenn der Unternehmer für vertretbare Entscheidungen strafrechtlich verantwortlich sein soll, obwohl die Vorschrift keine strafrechtliche Haftung für zu vertretende Risiken begründet.[688]

Zudem liegt kein Fall einer rechtfertigenden Pflichtenkollision vor, wenn eine Handlungs- und eine Unterlassungspflicht oder mehrere Unterlassungspflichten zusammentreffen.[689] Die im Rahmen der Vorrangrechtsprechung des BGH postulierten Obliegenheiten verlangen vor allem das Unterlassen zivilrechtlich gebotener Pflichten und zugleich als vermeintliche Handlungspflicht das vorrangige Abführen der Sozialversicherungsbeiträge.

Unmöglichkeit und Unzumutbarkeit sind der gleichen Wertungsebene zuzuordnen,[690] denn sowohl die Annahme einer Handlungsalternative, die maßgeblich für die Möglichkeit ist, als auch die Frage, welches Verhalten normgemäß ist, sind normative Beurteilungen. Möglichkeit und Zumutbarkeit dienen beim echten Unterlassungsdelikt als ungeschriebene Tatbestandsmerkmale der Begrenzung der Strafbarkeit und gebieten daher eine restriktive Anwendung des Straftatbestandes. Die Zurechnung vorverlagerten Verhaltens durch die omissio libera in causa läuft eben dieser Strafbarkeitsbegrenzung zuwider.[691]

Erfüllte der Unternehmer die Obliegenheiten der Vorrangrechtsprechung des BGH, käme er nicht nur billigenswerten, sondern sogar zivilrechtlich gebotenen Pflichten nicht nach, so dass ein normgemäßes Verhalten im Sinne dieser Rechtsprechung unzumutbar und der Schuldgehalt aufgehoben wäre, weil es bereits an der Tatbestandsmäßigkeit seines Handelns mangeln würde. Die Missachtung des Schuldprinzips liegt darin, dass dem redlichen Unternehmer trotzdem die Zumutbarkeit seines Verhaltens unterstellt wird. Diese Missachtung wiegt umso schwerer, als dass bereits die Tatbestandsmäßigkeit ausgeschlossen ist, die überhaupt nur unter Anwendung der omissio libera in causa durch eine Vorverlagerung der Tatbestandsverwirklichung oder des Vorverhaltens als Surrogat für das Untätigbleiben konstruiert wird.

Unmöglichkeit und Unzumutbarkeit lassen bei einem echten Unterlassungsdelikt wie § 266a Abs. 1 StGB bereits die Verwirklichung des Tatbestands

---

688 *Fischer*, § 266a Rn. 17a.

689 Baumann/Weber/Mitsch-*Mitsch*, Vorkommentierung, AT, § 17 Rn. 133.

690 Sch-Sch-*Bosch*, Vorbem. §§ 13 ff. Rn. 155.

691 Matt/Renzikowski-*Matt*, § 266a Rn. 54.

entfallen, so dass die Bedeutung des § 266a Abs. 6 StGB, der ein Absehen von Strafe ermöglicht, gerade auch im Hinblick auf den darin zum Ausdruck kommenden Willen des Gesetzgebers im Folgenden untersucht wird.

IV. Absehen von Strafe gem. § 266a Abs. 6 StGB

Der BGH begründet seine Vorrangrechtsprechung auch damit, dass § 266a Abs. 6 StGB überflüssig sei, wenn unter Anwendung der omissio libera in causa bei Missachtung der postulierten Obliegenheiten bei Zahlungsunfähigkeit die Unmöglichkeit des Abführens der Arbeitnehmersozialversicherungsbeiträge angenommen würde und somit bereits die Tatbestandsmäßigkeit zu verneinen sei.[692] Dieses Argument des BGH steht nicht im Einklang mit dem Willen des Gesetzgebers und der Funktion des § 266a Abs. 6 StGB.

Durch § 266a Abs. 6 StGB (früher: § 266a Abs. 5 StGB) soll der Unternehmer eine „goldene Brücke" erhalten, wenn sich das Unternehmen in einer schwierigen finanziellen Situation befindet und die Situation erwarten lässt, dass der Liquiditätsengpass behoben werden kann.[693] § 266a Abs. 6 S. 1 StGB ermöglicht es dem Gericht, von Strafe abzusehen, wenn der Unternehmer bei Fälligkeit der Beiträge oder unverzüglich danach der Einzugsstelle deren Höhe mitteilt und begründet, weshalb er diese trotz ernsthaften Bemühens nicht fristgemäß zahlen kann. Entrichtet der Unternehmer die Beiträge nachträglich innerhalb einer Frist, die die Einzugsstelle festlegt, bleibt er gem. § 266a Abs. 6 S. 2 StGB straffrei, sofern die Voraussetzungen nach § 266a Abs. 6 S. 1 StGB vorliegen. Der Gesetzgeber hat mit § 266a Abs. 6 S. 1 und S. 2 StGB für die Fälle des § 266a Abs. 1 StGB eine „goldene Brücke" in die Straffreiheit geschaffen. Dabei hatte der Gesetzgeber gerade kleine und mittelständische Betriebe im Blick, in denen einerseits die Zahlung der Löhne an die Arbeitnehmer und anderseits der Sozialbeiträge an die Einzugsstellen nicht möglich ist, ohne deshalb Insolvenz anmelden zu müssen, was vermieden werden soll.[694] Mithin hat der Gesetzgeber den Fall der Unmöglichkeit, beide Zahlungspflichten zu erfüllen, hinsichtlich der Funktion des § 266a Abs. 6 StGB berücksichtigt und bei seiner Willensbildung den Erhalt des Unternehmens und der Arbeitsplätze als vorzugswürdig erachtet.

Hinsichtlich der Unmöglichkeit ist § 266a Abs. 6 StGB insofern problematisch, als dass diese bereits den Tatbestand ausschließt und der Anwendungsbereich des § 266a Abs. 6 StGB auf die Fälle der durch die Vorrangrechtsprechung

692 Siehe dazu oben 2. Teil B. I.

693 BT-Drs. 9/2008, S. 26.

694 BT-Drs. 9/2008, S. 26.

des BGH unter Anwendung der omissio libera in causa vorverlagerten Strafbarkeit beschränkt wäre, bei denen der vermeintliche Täter die Voraussetzungen für das Absehen von Strafe oftmals gerade nicht erfüllt.[695] Während § 266a Abs. 6 S. 1 StGB fakultativ das Absehen von Strafe ermöglicht, enthält § 266a Abs. 6 S. 2 StGB einen obligatorischen Strafaufhebungsgrund, und diese Regelungen sind mit der Selbstanzeige im Steuerstrafrecht vergleichbar.[696] Wegen der Problematik des Anwendungsbereichs des § 266a Abs. 6 StGB wird vereinzelt vorgeschlagen, diesen weit auszulegen.[697] Zu dem Verhältnis der Unmöglichkeit (und weitergehend auch der Zumutbarkeit) und § 266a Abs. 6 StGB könnte der Wille des Gesetzgebers daher zunächst unklar erscheinen. Ist die Zahlung der Sozialversicherungsbeiträge nicht möglich, weil finanzielle Mittel zwingend erforderlich sind, um den Betrieb des Unternehmers aufrecht zu erhalten, und die Nachentrichtung der Beiträge begründet zu erwarten sei, sei eine entsprechende Klarstellung in § 266a Abs. 1 StGB nicht notwendig.[698] Für diesen Fall, dass einerseits die Rettung des Unternehmens und andererseits zugleich die nachträgliche Zahlung zu erwarten ist, soll dem redlichen Unternehmer über § 266a Abs. 6 StGB die „goldene Brücke" zur Straffreiheit errichtet werden. Zweck der Regelung ist es auch, einen Anreiz zu setzen, die gestundeten Arbeitnehmeranteile innerhalb der von der Einzugsstelle festgelegten Frist noch zu entrichten, wodurch der Schaden wiedergutgemacht wird und das Strafbedürfnis zu verneinen ist.[699] Wird dem Unternehmer die Nachentrichtung der Arbeitnehmerbeiträge innerhalb eines ihm möglichen und zumutbaren Zeitraums gewährt, sollen beschränkt auf diese Fallkonstellation die Beiträge an die Sozialversicherungen unter Berücksichtigung der Einnahmen des Unternehmens und der zivilrechtlich zu leistenden Zahlungen einen Vorrang genießen.[700] Demzufolge hat der Gesetzgeber den Anwendungsbereich des § 266a Abs. 6 StGB ziemlich eng gefasst, zumal die beiden Voraussetzungen einer Sanierung des Unternehmens und nachträglichen Zahlung der Beiträge als realistische Perspektive vorliegen müssen. § 266a Abs. 6 StGB (früher: § 266a Abs. 5 StGB) enthält eine Tatfolgen-Ausnahmeregelung,[701] die

695 MK-StGB/*Radke*, § 266a Rn. 119.
696 MK-StGB/*Radke*, § 266a Rn. 118.
697 MK-StGB/*Radke*, § 266a Rn. 119.
698 BT-Drs. 9/2008, S. 31.
699 BT-Drs. 9/2008, S. 26.
700 BT-Drs. 9/2008, S. 31.
701 *Tag*, BB 1997, 1115, 1117; *Fritz*, S. 23.

bei tätiger Reue die fakultative oder obligatorische Strafaufhebung zur Folge hat.[702]

Sofern § 266a Abs. 6 StGB Ungenauigkeit vorgeworfen wird, weil die Norm die Unmöglichkeit der Beitragszahlung einschließt, die Unmöglichkeit allerdings zugleich tatbestandsausschließend ist, weil es sich bei § 266a Abs. 1 StGB um ein echtes Unterlassungsdelikt handelt,[703] ist zu differenzieren: § 266a Abs. 6 StGB kann nur in seinem ziemlich engen Anwendungsbereich strafbefreiend wirken. Straffreiheit wegen tatbestandsausschließender Unmöglichkeit erlangt der redliche Unternehmer in den Fällen, in denen er den in der Vorrangrechtsprechung des BGH postulierten Obliegenheiten nicht nachgekommen ist und ihm eine actio oder omissio praecedens nicht vorgeworfen werden kann, weil seine unternehmerische Entscheidung zu vertreten war. Denn in diesen Fällen ist es angemessen, wenn der Unternehmer nicht auf die Tatfolgen-Ausnahmeregelung des § 266a Abs. 6 StGB angewiesen ist. Gleiches gilt z.B. bei Erkrankung oder Unfall.[704]

Da der BGH in seiner Vorrangrechtsprechung den Willen des Gesetzgebers zu § 266a Abs. 6 StGB missachtet und dessen Funktion in das Gegenteil zu verkehren sucht, indem die Norm als Argument für die Ausweitung der Strafbarkeit unter Anwendung der omissio libera in causa dienen soll, um durch die postulierten Obliegenheiten wegen des angeblichen Vorrangs der Arbeitnehmersozialversicherungsbeiträge deren Abführen sicherstellen zu wollen, wird ein Verhalten des Unternehmers als schuldhaft beurteilt, ohne dass hierfür aufgrund des Tatbestandsausschlusses eine rechtliche Grundlage bestünde. Nimmt man in diesen Fällen keine tatbestandsausschließende Unmöglichkeit an, muss zumindest § 266a Abs. 6 StGB zur Anwendung kommen, sofern dessen Voraussetzungen erfüllt sind. Daher liegt ein Verstoß gegen das Schuldprinzip vor.

Damit im Zusammenhang steht, dass das Pönalisieren eines Verhaltens stets die ultima ratio ist.

D. ultima ratio-Prinzip

Das ultima ratio-Prinzip bringt zum Ausdruck, dass in einem Staat Strafe die ultima ratio sein muss, sie mithin nur im äußersten Fall als äußerstes Mittel

702 *Tag*, BB 1997, 1115, 1117.

703 *Tag*, JR 2002, 518, 522 f.

704 Siehe dazu oben 2. Teil A. V. 3. a) bb).

als Sanktion eingesetzt werden darf.[705] Diese Sanktion ist die schwerste eines Staates und ist dementsprechend auf besonders schwerwiegende Verletzungen beschränkt und setzt das Versagen anderer Mittel voraus.[706] Das Strafrecht ist also nur legitimiert, wenn das Zivilrecht und das Öffentliche Recht nicht genügen.[707] Dabei dient das Strafrecht dem Rechtsgüterschutz und ist als ultima ratio im Verhältnismäßigkeitsprinzip verankert.[708] Deswegen muss das inkriminierte Verhalten nicht nur verboten sein, sondern zugleich in einem besonderen Maß sozialschädlich und einem geordneten Zusammenleben abträglich, so dass eine hohe Dringlichkeit besteht, dieses Verhalten durch die Strafdrohung zu verhindern.[709] Die Strafe selbst bedeutet ein sozialethisches Unwerturteil gegenüber dem Täter und ist aufgrund seiner sehr weitreichenden Sanktionen das „schärfste Schwert“ des Staates.[710] Zugleich gebietet der fragmentarische Charakter des Strafrechts, dass sich der Gesetzgeber bei der Rechtssetzung von Strafvorschriften zurückhält.[711] Der Gesetzgeber entscheidet, ob und in welchem Umfang ein Rechtsgut durch das Strafrecht geschützt wird, und eine Korrektur dieser Entscheidung steht den Gerichten nicht zu.[712] Zwar dürfen die Gerichte überprüfen, ob der Gesetzgeber ein Rechtsgut nur durch das Strafrecht hinreichend schützen kann, aber die Einzelheiten der näheren Umstände der Strafbarkeit sind dieser Prüfung entzogen.[713] Strafvorschriften als ultima ratio gehören mithin zum Instrumentarium der Legislative.[714] Demnach kann es für den Gesetzgeber geboten sein, Strafrecht zum Schutz von Rechtsgütern zu gebrauchen, gleichwohl ist das ultima ratio-Prinzip in starkem Maß strafrechtsbegrenzend. Denn der Gesetzgeber darf wegen des Verhältnismäßigkeitsprinzips das Strafrecht nur sehr zurückhaltend einsetzen,[715] die Gerichte als Rechtsanwender haben die

---

705 *Naucke*, Strafrecht, § 1 Rn. 166; *Prittwitz*, Frankfurter kriminalwissenschaftliche Studien, Bd. 50, S. 391.

706 *Naucke*, Strafrecht, § 1 Rn. 165.

707 Wessels/*Beulke/Satzger*, AT, Rn. 15.

708 BVerfGE 120, 224, 239 f. = BVerfG NJW 2008, 1137, 1138; *Prittwitz*, FS Roxin Bd. 1, S. 36.

709 BVerfGE 120, 224, 240 = BVerfG NJW 2008, 1137, 1138.

710 BVerfGE 120, 224, 240 = BVerfG NJW 2008, 1137, 1138; *Prittwitz*, Begrenzung des Wirtschaftsstrafrechts, S. 59.

711 *Naucke*, Strafrecht, § 2 Rn. 13.

712 BVerfGE 92, 1, 13.

713 BVerfGE 39, 1, 51.

714 BVerfGE 39, 1, 47.

715 BVerfGE 39, 1, 47.

Beschränkungen des Strafrechts, insb. dessen fragmentarischen Charakter, strikt zu berücksichtigen.[716]

Die Charakteristik des Strafrechts als ultima ratio resultiert daraus, dass Freiheitsstrafen angedroht und verhängt werden, mithin in einen Kernbereich der Freiheit eingegriffen werden kann.[717] Der strafrechtliche Vorwurf als ultima ratio erfordert die Schuld des Täters.[718] Wegen der Freiheitsverbürgung durch das Strafrecht als ultima ratio muss zudem festgelegt sein, welches Verhalten strafbar ist.[719] Die Begrenzungsfunktion des ultima ratio-Prinzips erfolgt nicht nur hinsichtlich des Einsatzes des Strafrechts als Mittel, sondern auch bezogen auf seinen Zweck.[720]

Die Rettungsbemühungen des redlichen Unternehmers in einer finanziellen Krise des Unternehmens sind darauf ausgerichtet, das Unternehmen vor einer Insolvenz zu bewahren und somit die Arbeitsplätze zu erhalten. Dieses Verhalten ist in keiner Weise sozialschädlich und stört nicht die Ordnung gesellschaftlichen Zusammenlebens. Vielmehr dient ein solches Handeln gerade dem Wohl der Gesellschaft und der wirtschaftliche Leistungsfähigkeit. Ein sozialethisches Unwerturteil ist nicht zu konstatieren.

Die Vorrangrechtsprechung des BGH unterstellt dem Unternehmer implizit, durch sein Verhalten ein Risiko einzugehen, das sie ihm versagen möchte, indem sie als „schärfstes Schwert" die Strafbarkeit gem. § 266a Abs. 1 StGB durch die Anwendung der omissio libera in causa bezogen auf die postulierten Obliegenheiten extensiv gestaltet. Im Gegensatz zur Auffassung des BGH liegt eine schwerwiegende Verletzung der Rechtsordnung nicht vor. Denn der Unternehmer kommt seinen zivilrechtlichen Pflichten nach und sein Verhalten ist mithin nicht verboten und aufgrund der Intention des Unternehmers auch nicht gegen das zu schützende Rechtsgut des Beitragsaufkommens der Sozialversicherungen gerichtet.

Die Vorrangrechtsprechung des BGH ist von dem Zweck geprägt, den Unternehmer aus § 823 Abs. 2 BGB i.V.m. § 266a Abs. 1 StGB auf Schadensersatz wegen vorenthaltener Arbeitnehmerbeiträge in Haftung nehmen zu können. Der BGH bürdet dem Unternehmer das Risiko der Haftung auf, falls die Sanierung des Unternehmens trotz vertretbaren und pflichtgemäßen Handelns fehlschlägt.

---

716 *Prittwitz*, Frankfurter kriminalwissenschaftliche Studien, Bd. 50, S. 393.

717 *Prittwitz*, FS Roxin Bd. 1, S. 28.

718 *Yoon*, S. 30 f.

719 *Eschelbach/Krehl*, FS Kargl, S. 82.

720 *Prittwitz*, FS Roxin Bd. 1, S. 37.

Ein Risikostrafrecht hat keinen fragmentarischen Charakter mehr, sondern ist in seiner Anwendung gerade extensiv.[721] Die Wirkungen des Strafrechts als Instrumentarium werden oft nicht beachtet, während sein Einsatz gleichwohl ausgeweitet wird.[722] Dementsprechend wird die Strafvorschrift des § 266a Abs. 1 StGB durch die Vorrangrechtsprechung des BGH funktionalisiert. Eine solche Funktionalisierung liegt insb. dann vor, wenn nicht erst die Verletzung eines Rechtsguts, sondern bereits dessen Gefährdung strafrechtlich geahndet wird.[723] Durch die Vorverlagerung der Strafbarkeit will der BGH den Normadressaten dazu veranlassen, die Obliegenheiten zu erfüllen, weil aufgrund einer verfehlten Annahme durch den BGH von der dadurch erstrebten Steuerung des Verhaltens ausgegangen wird. Die zweifelhafte Funktionalisierung von Strafrecht korreliert mit dessen fraglicher und zumindest beschränkter Steuerungseignung.[724] Letztere ist auch bei der extensiven Anwendung des § 266a Abs. 1 StGB, wie sie durch den BGH erfolgt, bedeutsam. Denn das Bemühen um die Rettung des Unternehmens in einer Liquiditätskrise und den Erhalt der Arbeitsplätze ist aus Sicht des Unternehmers, der Arbeitnehmer und der Gesellschaft notwendig und sozial nützlich. Die Gesellschaft akzeptiert Strafrecht als ultima ratio und damit die Pönalisierung eines bestimmten Verhaltens vor allem, wenn die Strafvorschriften einen sozialen Nutzen haben.[725]

Obwohl der redliche Unternehmer in sozialer Verantwortung handelt, erfolgt durch die Vorrangrechtsprechung des BGH gerade hinsichtlich dieses Verhaltens normativ die Zuschreibung strafrechtlicher Verantwortlichkeit, obwohl ein sozialethisches Fehlverhalten nicht vorliegt. Zugleich missachtet der BGH auch die Beschränkung der Strafbarkeit, die der Gesetzgeber vorgenommen hat, und verletzt damit inhaltlich bezogen auf das Konstruieren eines nicht bestehenden strafrechtlichen Vorwurfs und betreffend die nur der Legislative zustehende Kompetenz zur Rechtssetzung von Strafrecht in doppelter Hinsicht das ultima ratio-Prinzip.

Das ultima ratio-Prinzip ist strafrechtsbegrenzend und enthält seinerseits die Anforderungen, dass das strafbare Verhalten festgelegt ist und schuldhaft sein muss. Diese Anforderungen sind nicht nur dem Gesetzlichkeitsprinzip und dem Schuldprinzip immanent, sondern auch diese beiden Prinzipien begrenzen das

---

721 *Prittwitz*, Frankfurter kriminalwissenschaftliche Studien, Bd. 88, S. 135.

722 *Prittwitz*, Frankfurter kriminalwissenschaftliche Studien, Bd. 88, S. 159.

723 *Prittwitz*, StV 1991, 435, 438 f.

724 *Prittwitz*, StV 1991, 435, 437.

725 *Prittwitz*, StV 1991, 435, 437.

Strafrecht. Insofern verbindet das ultima ratio-Prinzip Gesetzlichkeitsprinzip und Schuldprinzip miteinander.

E. Zwischenergebnis und Stellungnahme

Die unter Anwendung der omissio libera in causa durch den BGH etablierte Vorrangrechtsprechung zu § 266a Abs. 1 StGB ist weder mit dem aus Art. 1 Abs. 1, Art. 2 Abs. 1 GG i.V.m. Art. 20 Abs. 3 GG folgenden Schuldprinzip noch mit dem ultima ratio-Prinzip, das sich aus dem dem Rechtsstaatsprinzip gem. Art. 20 Abs. 3 GG abgeleiteten Verhältnismäßigkeitsprinzip ergibt, zu vereinbaren.

Die Rechtsanwendung muss die Strafrechtsprinzipien streng beachten und damit die Freiheit sichern. Über die grundgesetzlich verbürgten Strafrechtsprinzipien darf sich auch die Rechtsprechung nicht hinwegsetzen.

Der Gesetzgeber hat den Rechtsgüterschutz bei § 266a Abs. 1 StGB in dem Umfang ausgestaltet, in dem er es notwendig hielt und dies ist ihm auch hinreichend gelungen. Dennoch ist die Vorrangrechtsprechung des BGH zu § 266a Abs. 1 StGB extensiv und es ist ihr nicht zu entnehmen, dass sich der BGH diesbezüglich mit der Beachtung des Schuldprinzips auseinandergesetzt hätte. Werden die durch den BGH postulierten Obliegenheiten nicht beachtet, unterstellt der BGH schlichtweg die Schuldhaftigkeit eines solchen Handelns. Dass der Gesetzgeber bei Liquiditätsengpässen vor allem kleine und mittelständische Betriebe vor der Insolvenz bewahren sowie den Erhalt der Arbeitsplätze sicherstellen und in diesen Fallkonstellationen gerade Straffreiheit ermöglichen wollte, wird durch den BGH entweder missachtet oder gar verkannt. Ebenso unbeachtet bleibt, dass das ultima ratio-Prinzip bereits für den Gesetzgeber erheblich strafrechtsbegrenzend wirkt, allerdings die Gerichte strikt an die Entscheidung des Gesetzgebers über den Umfang der Strafbarkeit gebunden sind. Mag das Strafrecht auch zum Instrumentarium des Gesetzgebers gehören, ist und bleibt sein Einsatz die ultima ratio. Damit verbunden ist keineswegs eine völlige Abkehr vom Strafrecht, das in einem Rechtsstaat auch unverzichtbar ist, gleichwohl gebietet eben diese Rechtsstaatlichkeit der Legislative und erst recht der Judikative Zurückhaltung. Die Steuerungseignung von Strafvorschriften wird oftmals erheblich überschätzt.

Ein Strafrecht mit dem Charakter der Großsteuerung versucht die potentielle Verletzung von Rechtsgütern bereits im Vorfeld zu verhindern und diese dadurch zu schützen.[726] Allerdings ist zu konstatieren, dass es die erstrebten

726 *Prittwitz*, S. 245.

Ziele zumeist nicht erreicht.[727] Bei nüchterner Betrachtung gilt dies auch für die Vorrangrechtsprechung des BGH zu § 266a Abs. 1 StGB.

Eine Haftung für vertretbare Risiken, die aus einer actio oder omissio praecedens resultieren soll, lässt sich aus § 266a Abs. 1 StGB nicht herleiten und ist angesichts der Komplexität unternehmerischen Handelns in einer globalisierten Wirtschaft auch kaum praktikabel. Der Einzelne haftet nicht für Risiken, die die Rechtsordnung erlaubt und die zudem gesellschaftlich akzeptiert sind.[728] Rechtskonformes Verhalten ist als erlaubtes Risiko zu bewerten.[729] Das Risikostrafrecht ist davon geprägt, strafrechtliche Verantwortung in besonderem Maß dem Individuum zuzuschreiben.[730] Diese Tendenz übersieht, dass in komplexen Systemen individuelle Verantwortung eher geringer als intensiver ist. Da Strafe auch der Vergeltung für verbotenes Handeln dient,[731] durch die Vorrangrechtsprechung des BGH allerdings rechtskonformes und auch zivilrechtlich verpflichtendes Handeln unter Strafe gestellt wird, ist die Verletzung des Schuldprinzips und des ultima ratio-Prinzips besonders evident. Ein Risikostrafrecht mit harten Sanktionen vermag die Risiken nicht zu regulieren und ist in dieser Hinsicht als Instrument nicht geeignet.[732] Diese Risiken liegen bei § 266a Abs. 1 StGB in dem Vorverhalten, das in einer finanziellen Krise eines Unternehmens naturgemäß mit größeren Risiken einhergeht. Für eine Anwendung der omissio libera in causa lassen das Schuldprinzip und das ultima ratio-Prinzip keinen Raum.

Vertretbare unternehmerische Entscheidungen zum Zweck, die krisenhafte Situation eines Unternehmens abzuwenden, so dass zum Zeitpunkt ihrer Fälligkeit die Sozialversicherungsbeiträge gezahlt werden könnten, können demzufolge dem Unternehmer nicht als pflichtwidriges Vorverhalten über die omissio libera in causa zugerechnet werden, wenn sie sich als untauglich erweisen und letztlich die Zahlung der Beitrage doch unmöglich ist. Dieses Handeln eines redlichen Unternehmers begründet schlichtweg keine strafrechtliche Schuld. Da durch den normativen Schuldbegriff die individuelle Situation und persönliche Motivation des Täters in den Vordergrund gerückt wird, ermangelt es der Vorrangrechtsprechung des BGH zu § 266a Abs. 1 StGB an jedweder tragfähigen Begründung, worin eine individuelle Vorwerfbarkeit, aus der sich Schuld als

727 *Prittwitz*, S. 247.
728 *Prittwitz*, S. 318 f.
729 *Günther/Prittwitz*, FS Hassemer, S. 347 f.
730 *Günther/Prittwitz*, FS Hassemer, S. 333.
731 Siehe dazu oben 4. Teil A.
732 *Günther/Prittwitz*, FS Hassemer, S. 343.

Voraussetzung für Strafe ergibt, resultieren soll. Denn die maßgebliche autonome Willensbildung und -betätigung des redlichen Unternehmers steht nicht nur im Einklang mit der Rechtsordnung, sondern ist zivilrechtlich sogar geboten. Verantwortung besteht innerhalb des eigenen Handlungsspielraums, der desto geringer ist, je mehr er sich in einem komplexen dynamischen System befindet. Auch die Eigendynamik einer Situation kann den Handlungsspielraum einschränken.

Das Grundgesetz gewährt dem Einzelnen die Freiheit, verantwortlich für sich und andere zu handeln. Die Freiheitssicherung erfolgt auf dem Gebiet des Strafrechts und dessen Rechtsanwendung durch die Strafrechtsprinzipien.[733] Freiheitsrechte als Abwehrrechte gegenüber dem Staat werden vor allem durch die Begrenzung der Gesetze und nicht so sehr durch deren Positivität gewährleistet.[734] Diese Funktion erfüllen vor allem das Gesetzlichkeitsprinzip, das Schuldprinzip und das Verhältnismäßigkeitsprinzip als wesentliche Strafrechtsprinzipien.

Dem BGH ist es in seiner Vorrangrechtsprechung zu § 266a Abs. 1 StGB unter Anwendung der omissio libera in causa nicht gelungen, im Hinblick auf die Strafrechtsprinzipien das stets vorhandene Spannungsverhältnis zwischen Freiheit und Sicherheit verfassungsgemäß auszutarieren.

---

733 *Albrecht*, Kriminologie, S. 113 f.

734 *Albrecht*, FS Hassemer, S. 15.

5. Teil: Die Grundrechte des Unternehmers als Grenze

A. „Unternehmerfreiheit“

Die unternehmerische Freiheit wird vornehmlich durch die Berufsfreiheit gem. Art. 12 Abs. 1 GG und die Eigentumsfreiheit gem. Art. 14 Abs. 1 GG geschützt.[735] Die allgemeine Handlungsfreiheit nach Art. 2 Abs. 1 GG bietet nur subsidiären Schutz und dient als Auffanggrundrecht gegenüber den beiden vorgenannten Grundrechten.[736] Diese grundrechtlichen Verbürgungen können als „Wirtschaftsverfassung“ des Grundgesetzes angesehen werden.[737]

Wie die vorliegende Arbeit zeigt, verstößt die Vorrangrechtsprechung des BGH zu § 266a Abs. 1 StGB unter Anwendung der omissio libera in causa gegen das Gesetzlichkeitsprinzip, das Schuldprinzip und das ultima ratio-Prinzip.

Sofern die verfassungswidrige Vorrangrechtsprechung des BGH in die Schutzbereiche des Art. 12 Abs. 1 GG und Art. 14 Abs. 1 GG eingreift, stellt sich die Frage, ob aufgrund einer verfassungswidrigen Rechtsprechung ein solcher Eingriff überhaupt zulässig sein kann. Mithin ist abschließend zu untersuchen, wie bei Vorliegen eines Eingriffs in die Schutzbereiche von Grundrechten, der nicht durch den Gesetzgeber, sondern Gerichte erfolgt, ein solcher Eingriff selbst verfassungsrechtlich zu bewerten ist.

B. Schutzbereich des Art. 12 Abs. 1 GG

I. Sachlicher Schutzbereich

Der sachliche Schutzbereich der Berufsfreiheit beinhaltet einheitlich die Freiheiten der Berufsausübung, der Berufswahl und der Ausbildung.[738] Beruf i.S.d. Art. 12 Abs. 1 GG wird definiert als jede hinsichtlich der einzelnen Handlungen erlaubte und auf Dauer angelegte Tätigkeit, die der Schaffung und Erhaltung

---

735 Maunz/Dürig-*Di Fabio*, Art. 2 Abs. 1 Rn. 76.

736 Maunz/Dürig-*Di Fabio*, Art. 2 Abs. 1 Rn. 77.

737 Maunz/Dürig-*Di Fabio*, Art. 2 Abs. 1 Rn. 76.

738 von Mangoldt/Klein/Starck-*Manssen*, Art. 12 Rn. 2; *Kingreen/Poscher*, Rn. 933.

einer Lebensgrundlage dient.[739] Erfasst wird jede Betätigung, die auf Erwerb abzielt, sofern es sich nicht um einen nur einmaligen Akt handelt.[740]

Eine unternehmerische Tätigkeit, deren Zweck die dauerhafte Erzielung von Gewinnen ist, unterfällt mithin dem sachlichen Schutzbereich.

II. Persönlicher Schutzbereich

Sowohl natürliche Personen deutscher Staatsangehörigkeit[741] als auch gem. Art. 19 Abs. 3 GG juristische inländische Personen, sofern die zu Erwerbszwecken ausgeübte Tätigkeit gleichermaßen durch natürliche wie juristische Personen erfolgen kann,[742] sind Träger des Grundrechts.

Übt ein Unternehmer seinen Beruf z.B. in einer (mittelständischen) GmbH als juristischer Person aus, sind beide von dem persönlichen Schutzbereich erfasst.

C. Schutzbereich des Art. 14 Abs. 1 GG

I. Sachlicher Schutzbereich

Besitz, Nutzung, Verwaltung und Verfügung über Sach- und Geldeigentum als ökomische Grundlage individueller Freiheit werden durch den sachlichen Schutzbereich der Eigentumsfreiheit gewährleistet.[743] Das Sacheigentum umfasst Fahrniseigentum und Immobilien.[744] Dadurch soll dem Grundrechtsträger vermögensrechtlich ein Freiraum geschaffen werden, so dass ihm eine eigenverantwortliche Lebensgestaltung ermöglicht wird.[745] Daher schützt Art. 14 Abs. 1 GG neben Sachen auch geldwerte Forderungen, sofern sie auf der Eigenleistung ihres Inhabers beruhen und diesem durch die Rechtsordnung zivilrechtlich individuell zugeordnet sind, um nicht zuletzt einen Austausch von Geld und Sachgütern zu garantieren.[746] Dementsprechend ist z.B. der Kaufpreisanspruch als schuldrechtliche Forderung durch die Eigentumsfreiheit geschützt,[747] ebenso

739 BVerfGE 126, 112, 136; BVerfGE 115, 276, 300 f.; BVerfGE 105, 252, 265; BVerfGE 81, 70, 85; BVerfGE 7, 377, 397.
740 BVerfGE 97, 228, 253.
741 von Mangoldt/Klein/Starck-*Manssen*, Art. 12 Rn. 266.
742 von Mangoldt/Klein/Starck-*Manssen*, Art. 12 Rn. 268 und 272.
743 BVerfGE 102, 1, 15; BVerfGE 97, 350, 370.
744 BVerfGE 98, 17, 35.
745 BVerfGE 102, 1, 15; BVerfGE 97, 350, 370 f.; BVerfGE 89, 1, 6; BVerfGE 83, 201, 208.
746 BVerfGE 97, 350, 371; BVerfGE 83, 201, 208.
747 BVerfGE 45, 142, 179; BVerfGE 68, 193, 222.

wie die Befugnis, über Ansprüche privatautonom zu verfügen.[748] Der Schutz vermögenswerter Rechte ist immer dann gegeben, wenn gerade im Hinblick auf die Existenzsicherung ihre Funktion der des Sacheigentums vergleichbar ist.[749] Auch öffentlich-rechtliche Ansprüche und Anwartschaften sind eingeschlossen, wenn sie Äquivalent eigener Leistung sind und zugleich die Existenz sichern.[750]

Keinen Schutz hingegen genießt das Vermögen als solches, also die Summe sämtlicher geldwerten Güter.[751] Dies gilt auch bei Verminderungen des liquiden Betriebsvermögens durch Zahlungspflichten.[752]

Ob das Recht am eingerichteten und ausgeübten Gewerbebetrieb durch die Eigentumsfreiheit geschützt ist, hat das Bundesverfassungsgericht in seiner Rechtsprechung bislang offen gelassen. Es betont zwar, dass Sachen und Rechte eine tatsächliche Zusammenfassung des Vermögens des Unternehmens darstellen und somit dem Schutz des Art. 14 Abs. 1 GG unterfallen, darin aber keine rechtliche Zusammenfassung besteht.[753] Einerseits hält es das Bundesverfassungsgericht für fraglich, ob ein Gewerbebetrieb die konstituierenden Merkmale des Eigentumsbegriffs erfülle,[754] andererseits betont das Bundesverfassungsgericht die Bestandsgarantie der Vermögensgüter, die aufgrund Arbeit und Leistung erworben wurden.[755]

Von den Vermögensgütern eines Gewerbetriebs sind die bloßen Erwerbschancen und Gegebenheiten, wie z.B. ein fester Kundenstamm und Geschäftsbeziehungen, zu unterscheiden, die nicht zu dem geschützten Bestand gehören und der Schutz der Eigentumsfreiheit sie mithin nicht erfasst.[756]

Nach zutreffender Auffassung der höchstrichterlichen Rechtsprechung umfasst der Schutz des Art. 14 Abs. 1 GG auch den eingerichteten und ausgeübten Gewerbebetrieb, dessen Substanz neben seinem Bestand auch die Rechts- und Sachgesamtheit umfasst und sein bestimmungsgemäßer Gebrauch gewährleistet sein muss.[757] Denn der Wert des Unternehmens besteht nicht nur

---

748 BVerfGE 42, 263, 294.
749 *Kingreen/Poscher*, Rn. 1036.
750 BVerfGE 97, 271, 283 f.
751 BVerfGE 96, 375, 397; BVerfGE 95, 267, 300; BVerfGE 4, 7, 17.
752 BVerfGE 4, 7, 17.
753 BVerfGE 51, 193, 221 f.
754 BVerfGE 51, 193, 221.
755 BVerfGE 126, 112, 135 f.; BVerfGE 31, 229, 239.
756 BVerfGE 105, 252, 277; BVerfGE 78, 205, 211; BVerfGE 51, 193, 222.
757 BGHZ 111, 349, 356 = BGH NJW 1990, 3260, 3262; BVerwGE 81, 49, 54 = BVerwG NVwZ-RR 1989, 470, 471; BVerwGE 67, 93, 96 = BVerwG NJW 1985, 41.

in der Summe seiner Einzelrechte, sondern als organische Betriebseinheit hat es aufgrund der unternehmerischen Leistung einen spezifischen Mehrwert, der maßgeblich für den Marktwert ist und als sonstiges Recht i.S.d. § 823 Abs. 1 BGB Schutz genießt.[758] Im Gegensatz zur Rechtsauffassung des Bundesverfassungsgerichts besteht das Betriebseigentum nicht nur aus der tatsächlichen, sondern auch aus der rechtlichen Zusammenfassung seiner Einzelrechte, die ökonomisch in das Unternehmen integriert sind.[759] Die eigentumsrechtliche Zuordnung als sonstiges Recht i.S.d. § 823 Abs. 1 BGB und die damit einhergehende rechtliche Anerkennung durch den Gesetzgeber, der Aufbau und die Entwicklung des Unternehmens als Äquivalent eigener Leistung sowie die Verfügungsbefugnis über die Gesamtheit des Unternehmens sind konstituierende Merkmale des Eigentumsbegriffs.[760] Da dem Schutz der Eigentumsfreiheit auch das gesellschaftsrechtliche Anteilseigentum unterfällt,[761] wäre es zudem widersprüchlich, nicht das Recht am eingerichteten und ausgeübten Gewerbetrieb durch Art. 14 Abs. 1 GG zu schützen. Denn andernfalls wären z.B. die Anteile eines geschäftsführenden Gesellschafters durch dessen sachlichen Schutzbereich umfasst, allerdings nicht das (mittelständische) Unternehmen selbst.

Während Art. 12 Abs. 1 GG den Erwerb schützt, wird das Erworbene durch Art. 14 Abs. 1 GG geschützt.[762] Mithin dient der Schutz der Berufsfreiheit der Betätigung und der Schutz der Eigentumsfreiheit deren Ergebnis.[763] Sind beide Schutzbereiche durch staatliche Maßnahmen betroffen, können auch beide Grundrechte schützend sein.[764]

Das Unternehmen als eingerichteter und ausgeübter Gewerbebetrieb fällt in den sachlichen Schutzbereich. Sowohl dessen Nutzung als auch sein Bestand sind geschützt, ebenso die Verfügungsbefugnis.

---

758 von Mangoldt/Klein/Starck-*Depenheuer/Froese*, Art. 14 Rn. 133.

759 von Mangoldt/Klein/Starck-*Depenheuer/Froese*, Art. 14 Rn. 134.

760 von Mangoldt/Klein/Starck-*Depenheuer/Froese*, Art. 14 Rn. 133.

761 BVerfGE 50, 290, 341; von Mangoldt/Klein/Starck-*Depenheuer/Froese*, Art. 14 Rn. 143 m.w.N. bezüglich Aktien.

762 BVerfGE 126, 112, 135; BVerfGE 88, 366, 377.

763 BVerfGE 126, 112, 135; BVerfGE 121, 317, 344 f.; BVerfGE 88, 366, 377; BVerfGE 84, 133, 157.

764 von Mangoldt/Klein/Starck-*Depenheuer/Froese*, Art. 14 Rn. 101.

II. Persönlicher Schutzbereich

Der persönliche Schutzbereich erstreckt sich auf inländische und ausländische natürliche Personen sowie nach Art. 19 Abs. 3 GG auf inländische juristische Personen, die ebenfalls Grundrechtsträger sind.[765]

Ein Unternehmer als (geschäftsführender) Gesellschafter und z.B. eine (mittelständische) GmbH unterfallen beide dem persönlichen Schutzbereich.

D. Eingriff

I. Definition

Der klassische Eingriffsbegriff verlangte, dass die hoheitliche Maßnahme unmittelbar mit dem Ziel erfolgt, ein staatliches Gebot oder Verbot mit rechtlicher Wirkung befehlend bzw. imperativ durchzusetzen, und dadurch grundrechtlich geschützte Freiheiten verkürzt.[766]

Der klassische Eingriffsbegriff wird als zu eng abgelehnt.[767] Deshalb weitet der moderne Eingriffsbegriff die Kriterien des klassischen.[768]

Nach dem modernen Eingriffsbegriff liegt ein Eingriff bei jedem staatlichen Handeln vor, das dem Einzelnen ein Verhalten innerhalb eines grundrechtlichen Schutzbereichs ganz oder teilweise verwehrt, ohne dass die hoheitliche Maßnahme in ihrer Wirkung unmittelbar, final, rechtlich und imperativ sein muss.[769] Dazu gehören somit auch mittelbar-faktische Beeinträchtigungen durch hoheitliche Gewalt.[770]

Vorzugswürdig ist der moderne Eingriffsbegriff, der eine umfassende Grundrechtsausübung ermöglicht und zugleich der heutigen Lebenswirklichkeit gerecht wird. Beeinträchtigungen von Grundrechten sind auch grundrechtsrelevant.

Für einen generellen Eingriff ist die Grundlage ein Gesetz, eine Rechtsverordnung oder eine Satzung und für einen individuellen Eingriff ein Gerichtsurteil oder ein Verwaltungsakt.[771]

---

765 von Mangoldt/Klein/Starck-*Depenheuer/Froese*, Art. 14 Rn. 189.
766 BVerfGE 105, 279, 300; von Mangoldt/Klein/Starck-*Starck*, Art. 1 Rn. 265.
767 *Kingreen/Poscher*, Rn. 293.
768 *Kingreen/Poscher*, Rn. 294.
769 BVerfG NVwZ 2018, 1224; *Kingreen/Poscher*, Rn. 264 und 294.
770 BVerfGE 105, 279, 303; Sachs-*Sachs*, Vor. zu Abschnitt I Rn. 83; *Degenhart*, Rn. 319; *Kingreen/Poscher*, Rn. 294.
771 *Kingreen/Poscher*, Rn. 264.

Vorliegend kann dahinstehen, ob der klassische oder moderne Eingriffsbegriff Anwendung findet, da nach beiden Eingriffe festzustellen sind.

II. Eingriff in den Schutzbereich des Art. 12 Abs. 1 GG

In einer finanziell schwierigen Situation eines Unternehmens wird erheblich in die Berufsausübungsfreiheit eingegriffen, da die Unternehmensführung nur noch innerhalb der Grenzen erfolgen kann, die die Vorrangrechtsprechung des BGH vorgibt. Der Unternehmer ist insb. verpflichtet, die Arbeitnehmerbeiträge vorrangig vor allen anderen Forderungen zu begleichen und dafür auf jede Betätigung zu verzichten, die auf Erwerb gerichtet ist, z.B. in Produktionsmittel zu investieren. Sofern der Unternehmer die Arbeitnehmeranteile zum Zeitpunkt deren Fälligkeit nicht vorrangig an die Einzugsstellen der Krankenversicherungen abführt, ist er strafrechtlich gem. § 266a Abs. 1 StGB verantwortlich und haftet zugleich zivilrechtlich. Die Vorrangrechtsprechung des BGH ist ebenso ein Akt der Judikative wie eine etwaige Verurteilung.

III. Eingriff in den Schutzbereich des Art. 14 Abs. 1 GG

Die Pflicht, die Arbeitnehmersozialversicherungsbeiträge vorrangig zu zahlen, die als Verminderungen des liquiden Betriebsvermögens als solche nicht geschützt sind, greift gleichwohl umfassend in das durch die Eigentumsfreiheit geschützte Recht am eingerichteten und ausgeübten Gewerbebetrieb ein. Besonders schwer wiegt der Eingriff, wenn die Vorrangrechtsprechung zur Folge hat, dass der Unternehmer Insolvenzantrag stellen muss, weil in der finanziellen Krise des Unternehmens auch kongruente Forderungen, z.B. von Lieferanten, nicht mehr bedient und den Arbeitnehmern vertragswidrig keine Löhne gezahlt werden dürfen, so dass in einer Vielzahl von Fällen auch Aufträge, durch die das Unternehmen Liquidität erlangen würde, nicht erfüllt werden können. Diese massiven Beschränkungen greifen in die autonome Verfügungsbefugnis und die Privatnützigkeit des Unternehmers bzw. Unternehmens ein, z.B. notwendige Investitionen vorzunehmen und in den Bestand der Produktionsmittel als vermögenswerter Güter. Gerät das Unternehmen infolge der Beachtung der Vorrangrechtsprechung gar in Insolvenz, ist sein (Fort-)Bestand ganz erheblich gefährdet. Der Eingriff durch die Vorrangrechtsprechung vermag durchaus sowohl die Existenz des Unternehmens als auch die eigenverantwortliche Lebensgestaltung und existentielle Lebensgrundlage des Unternehmers zu beseitigen und damit deren tatsächlichen und rechtlichen Gehalt zu negieren. Sowohl die Eingriffe durch die Vorrangrechtsprechung des BGH als auch die mögliche Verurteilung sind wiederum Akte der Judikative.

Da sich die gefestigte Vorrangrechtsprechung des BGH unter Anwendung der omissio libera in causa auf § 266a Abs. 1 StGB als Gesetz stützt, stellt sie hinsichtlich Berufs- und Eigentumsfreiheit einen generellen Eingriff dar, während es sich bei einer strafrechtlichen Verurteilung des Unternehmers um einen individuellen Eingriff handelt.

E. Verbot des Eingriffs durch eine verfassungswidrige Rechtsprechung

Die Staatsstrukturprinzipien des Art. 20 GG haben die Funktion, die materiellen Verfassungsziele des Art. 1 GG und der Grundrechte zu ermöglichen.[772] Die staatsorganisatorischen Leitlinien des Art. 20 GG haben einen normativen Gehalt und beinhalten Maßstäbe zur Auslegung der gesamten Rechtsordnung.[773] In Art. 20 Abs. 3 GG ist das Rechtsstaatsprinzip verankert,[774] das die Legislative an die verfassungsmäßige Ordnung sowie die Exekutive und die Judikative an Gesetz und Recht bindet. Diese drei Staatsgewalten sind durch Art. 1 Abs. 3 GG an die Grundrechte als unmittelbar geltendes Recht gebunden. Der gemeinsame Kern des Grundgesetzes besteht in Art. 1 und Art. 20 GG, die durch die Ewigkeitsgarantie des Art. 79 Abs. 3 GG verfassungssystematisch eng miteinander verbunden sind.[775] Dadurch wird der Charakter der Bundesrepublik Deutschland als freiheitlicher Rechtsstaat maßgeblich geprägt.[776] Sofern Art. 20 Abs. 3 GG die Bezeichnung „Gesetz" enthält, bezieht sich diese auf die Parlamentsgesetze, während die Bezeichnung „Recht" die gesamte Rechtsordnung einschließlich der einfachgesetzlichen Normen meint.[777]

Rechtsstaatlichkeit erfordert hoheitliches Handeln, das innerhalb der Rechtsordnung erfolgt und deren Bestand und ihre Gewährleistungen wahrt.[778] Dabei ist zwischen materieller und formeller Rechtsstaatlichkeit zu unterscheiden. Die unmittelbare Geltung der Grundrechte gem. Art. 1 Abs. 3 GG begründet die materielle Rechtsstaatlichkeit und die Gewaltenteilung nach Art. 20 Abs. 2 S. 2 GG verwirklicht die formelle Rechtsstaatlichkeit.[779] Die Gewaltenteilung als

772 von Mangoldt/Klein/Starck-*Sommermann*, Art. 20 Rn. 2.
773 von Mangoldt/Klein/Starck-*Sommermann*, Art. 20 Rn. 4.
774 BVerfGE 39, 128, 143; BVerfGE 35, 41, 47; *Degenhart*, Rn. 13.
775 von Mangoldt/Klein/Starck-*Sommermann*, Art. 20 Rn. 3.
776 *Degenhart*, Rn. 14.
777 *Degenhart*, Rn. 142.
778 *Degenhart*, Rn. 141.
779 *Degenhart*, Rn. 144.

Staatsorganisationsprinzip ist integraler Bestandteil des freiheitlichen Rechtsstaats und hat die Funktion, staatliche Macht zu begrenzen, indem die drei Teilgewalten sich wechselseitig kontrollieren, hemmen und mäßigen.[780]

Neben der vertikalen Gewaltenteilung, die die Kompetenzen auf den Bund und die Bundesländer verteilt, besteht die horizontale Gewaltenteilung, die die Staatsfunktionen aufteilt.[781] Hinsichtlich der Teilung der Staatsgewalten bezieht sich die Bindung an Gesetz und Recht in Art. 20 Abs. 3 GG im Verhältnis zwischen Gesetzgebung und Rechtsprechung auch darauf, dass Recht auch der Verwirklichung von Gerechtigkeit dienen soll.[782] Daraus folgt auch das Gebot der verfassungskonformen Gesetzesauslegung einfachgesetzlicher Normen[783] und die Notwendigkeit der verfassungskonformen Auslegung des Grundgesetzes.[784] Die freiheitlich-demokratische Grundordnung beinhaltet verschiedene Elemente, darunter die Rechtsstaatlichkeit[785] und auch die Gewaltenteilung. Gerade an letztere ist der Maßstab der funktionellen Richtigkeit anzulegen, der für alle Garantien des Art. 20 GG gilt und verlangt, deren eigenständige Bedeutung zu wahren.[786]

Die organisatorische Unterscheidung und Funktionengliederung der drei Teilgewalten dient der funktionellen Richtigkeit und der Gewährleistung einer gewaltenteilenden Demokratie.[787] Gem. Art. 92 GG ist den Richtern die rechtsprechende Gewalt anvertraut und damit das Monopol der Rechtsprechung zugewiesen. Sofern Art. 20 Abs. 3 GG die Gesetzgebung an die verfassungsmäßige Ordnung bindet, hat dieser Terminus im Grundgesetz unterschiedliche Bedeutung und bringt in Art. 20 Abs. 3 GG den Vorrang der Verfassung als Garantie aller Normen des Grundgesetzes zum Ausdruck.[788] Alle Gerichte haben bei ihren Entscheidungen die grundgesetzlichen Normen zu beachten.[789]

Der Rechtsstaat im formellen Sinn bedeutet sowohl Gewaltenteilung als auch die Entstehung von Normen als Ergebnis gesetz- bzw. verfassungsgemäßer

---

780 BVerfGE 137, 185, 231; *Degenhart*, Rn. 297.
781 von Mangoldt/Klein/Starck-*Sommermann*, Art. 20 Rn. 21.
782 *Degenhart*, Rn. 301.
783 BVerfGE 2, 266, 282.
784 von Münch/Kunig-*Kotzur*, Art. 20 Rn. 25.
785 von Münch/Kunig-*Kotzur*, Art. 20 Rn. 46.
786 von Münch/Kunig-*Kotzur*, Art. 20 Rn. 25.
787 BVerfGE 68, 1, 86 f.; von Münch/Kunig-*Kotzur*, Art. 20 Rn. 133.
788 von Münch/Kunig-*Kotzur*, Art. 20 Rn. 137.
789 von Mangoldt/Klein/Starck-*Sommermann*, Art. 20 Rn. 285.

Verfahren, so dass auch die Verantwortung für deren Richtigkeit zurechenbar ist.[790] Daneben erfasst der Rechtsstaat im materiellen Sinn, dass sich die Entscheidungsträger an Gerechtigkeit orientieren und die drei Teilgewalten durch ihre Grundrechtsbindung einen Grundrechtsstaat gewährleisten, der die Menschenwürde und Freiheitsrechte schützt.[791] Sofern der Vorrang der Verfassung nicht nur als im Rang den einfachen Gesetzen übergeordnet angesehen wird,[792] gehört er demzufolge zur materiellen Rechtsstaatlichkeit.

Menschenwürde und Freiheitsrechte sind entscheidend für die Auslegung des Art. 20 GG.[793] Bleiben Gerichte nicht in ihrer Funktion als Normanwender, sondern gerieren sich als normsetzende Instanz, verletzten sie dadurch Art. 20 Abs. 3 GG.[794] Der zentrale Begriff der Rechtsstaatlichkeit betont, dass hoheitliches Handeln stets gesetzesgebunden sein muss.[795] Indem die Verfassung zugleich Menschenwürde und Freiheitsrechte hervorhebt, verdeutlicht sie das Leitbild der freiheitlich-demokratischen Grundordnung.[796]

Demnach ist Rechtsstaatlichkeit einerseits Voraussetzung für die Verwirklichung der Grundrechte und andererseits implizieren dieselben den Rechtsstaat. Die nach Art. 97 Abs. 1 GG bestehende Gesetzesbindung der Richter verpflichtet diese zur Gesetzestreue.[797] Dabei erfordert Gesetzestreue stets auch Verfassungstreue.[798] Obwohl das Rechtsstaatsprinzip in Art. 20 Abs. 3 GG verankert ist, beinhaltet diese Norm des Grundgesetzes allein kein rügefähiges Recht.[799] Gleichwohl kann Art. 20 GG zutreffend als „Verfassung der Verfassung“ bezeichnet werden, da sich darin Demokratie, Rechtsstaat und Menschenrechte als die wesentlichen Elemente des Verfassungsstaats bündeln und im materiellen Rechtsstaat die Menschenrechte wegen Art. 1 Abs. 3 GG mit Art. 20 Abs. 3 GG korrespondieren.[800] Demzufolge muss die Anwendung einer Strafnorm zur

---

790 von Mangoldt/Klein/Starck-*Sommermann*, Art. 20 Rn. 207; von Münch/Kunig-*Kotzur*, Art. 20 Rn. 141.

791 von Mangoldt/Klein/Starck-*Sommermann*, Art. 20 Rn. 207 und 238; von Münch/Kunig-*Kotzur*, Art. 20 Rn. 142.

792 von Mangoldt/Klein/Starck-*Sommermann*, Art. 20 Rn. 239 und 253.

793 von Mangoldt/Klein/Starck-*Sommermann*, Art. 20 Rn. 269.

794 BVerfGE 87, 273, 280.

795 von Münch/Kunig-*Kotzur*, Art. 20 Rn. 143.

796 von Mangoldt/Klein/Starck-*Sommermann*, Art. 20 Rn. 87.

797 von Münch/Kunig-*Meyer*, Art. 97 Rn. 71.

798 von Münch/Kunig-*Kotzur*, Art. 20 Rn. 165.

799 BVerfGE 114, 371, 383; BVerfGE 112, 93, 106.

800 von Münch/Kunig-*Kotzur*, Art. 20 Rn. 195.

Durchsetzung eines Verbots oder Gebots mit den objektiven rechtsstaatlichen Prinzipien des Grundgesetzes zu vereinbaren sein.[801] Diese unabdingbare Voraussetzung hat besondere Bedeutung bei der Verurteilung zu einer Kriminalstrafe. Denn der Anspruch, entgegen der verfassungsmäßigen Ordnung nicht mit einem Nachteil, insb. durch hoheitliche Eingriffe, belastet zu werden, ist grundgesetzlich verbürgt und eine Verurteilung verstärkt die Verletzung anderer Grundrechte.[802]

Der BGH normiert in seiner Vorrangrechtsprechung unter Anwendung der omissio libera in causa die Reichweite und den normativen Gehalt des § 266a Abs. 1 StGB neu, obwohl diese Befugnis allein dem Gesetzgeber zustünde. Dadurch missachtet der BGH die Gewaltenteilung nach Art. 20 Abs. 2 S. 2 GG als wesentlichen Bestandteil der formellen Rechtsstaatlichkeit und unterminiert so erheblich die Mäßigung der Ausübung staatlicher Gewalt, die auch für die Judikative gilt. Als Folge ist die funktionelle Richtigkeit nicht mehr gegeben, weil die Eigenständigkeit des Parlaments nicht hinreichend gewahrt wird.

Die Rechtsprechung des BGH läuft auch dem Rechtsstaatsprinzip gem. Art. 20 Abs. 3 GG zuwider. Sie steht in einem diametralen Gegensatz zum Vorrang der Verfassung, der der Judikative auch wegen Art. 97 Abs. 1 GG gebietet, dass bei allen Entscheidungen grundgesetzliche Normen nicht verletzt werden dürfen. Verurteilt ein Gericht einen Unternehmer aufgrund der Vorrangrechtsprechung des BGH zu einer Kriminalstrafe, erfolgt diese Verurteilung unter Bruch mit der Verfassungstreue durch die rechtsprechende Gewalt. Eine solche Verurteilung missbraucht das Monopol der Rechtsprechung, das die Richter aufgrund Art. 92 GG innehaben. Die Verurteilung eines Instanzgerichts auf der Grundlage der verfassungswidrigen Vorrangrechtsprechung des BGH führt mit höchster Wahrscheinlichkeit zur Rechtskraft der Kriminalstrafe. Dessen muss sich jedes Gericht bewusst sein.

Durch die Grundrechtsbindung der drei Teilgewalten sollen Menschenwürde und Freiheitsrechte geschützt werden. Die (drohende) Verurteilung zu einer Kriminalstrafe sowie die Eingriffe in die Berufs- und Eigentumsfreiheit sind mit den durch die Ewigkeitsgarantie des Art. 79 Abs. 3 GG verfassungssystematisch eng verbundenen Art. 1 und Art. 20 GG, die als wesentlicher Kern des Grundgesetzes diese verbürgten Gewährleistungen des Grundgesetzes garantieren sollen, nicht zu vereinbaren. Der freiheitliche Rechtsstaat wird dadurch geradezu negiert. Durch eine Verurteilung oder die Eingriffe in die unternehmerischen

---

801 BVerfGE 9, 83, 88.

802 BVerfGE 9, 83, 88 f.

Freiheitsrechte werden die ohnehin schon umfassenden und gravierenden Verletzungen der Verfassung verstärkt, sofern sich die Verhängung der Kriminalstrafe auf die Vorrangrechtsprechung des BGH stützt oder der Unternehmer diese Rechtsprechung angesichts der möglichen Folgen beachtet. Die Verfassungswidrigkeit dieser Rechtsprechung zieht somit zwangsläufig weitere Grundrechtsverletzungen nach sich.

Da im Verhältnis zwischen Legislative und Judikative das Recht wegen der Gewaltenteilung nach Art. 20 Abs. 2 S. 2 GG und dem Rechtsstaatsprinzip gem. Art. 20 Abs. 3 GG nicht zuletzt der Verwirklichung der Gerechtigkeit dienen soll, wird überaus deutlich, dass ein Eingriff in Grundrechte, der überhaupt nur auf der Grundlage einer verfassungswidrigen Rechtsprechung erfolgt, seinerseits als grundrechtswidriger Akt der Judikative die Verwirklichung der Gerechtigkeit schon im Ansatz vereitelt.

Wenn der Vorrang der Verfassung Geltung haben soll, kann ein Eingriff in die Grundrechte des Art. 12 Abs. 1 GG und Art. 14 Abs. 1 GG, der auf der verfassungswidrigen Vorrangrechtsprechung des BGH beruht, seinerseits nur Grundrechtswidrigkeit implizieren. Dass dem Unternehmer, der diese Rechtsprechung nicht beachtet, die Verhängung einer Kriminalstrafe droht, ist für die Beurteilung eines solchen Eingriffs hinsichtlich der unternehmerischen Freiheitsrechte gar nicht maßgeblich. Denn die Verpflichtung, dass durch die Staatsgewalten alle Normen des Grundgesetzes bei Entscheidungen berücksichtigt werden und damit garantiert sind, ist unabdingbar. In diesem Zusammenhang ist von entscheidender Bedeutung, dass die Verfassungswidrigkeit der Vorrangrechtsprechung nicht aufzulösen und mithin nicht zu „heilen" ist, es sei denn, das Parlament ändert die Strafvorschrift des § 266a Abs. 1 StGB.

F. Zwischenergebnis

Aufgrund der Verfassungswidrigkeit der extensiven Rechtsprechung des BGH sind bereits die daraus resultierenden Eingriffe grundgesetzwidrig und folglich verfassungsrechtlich nicht zu rechtfertigen.

6. Teil: Schlussbetrachtung

Als Ergebnis dieser Untersuchung ist festzustellen, dass die Vorrangrechtsprechung des BGH zu § 266a Abs. 1 StGB unter Anwendung der omissio libera in causa das durch das Gesetzlichkeitsprinzip des Art. 103 Abs. 2 GG gewährleistete Bestimmtheitsgebot, Verbot des Gewohnheitsrechts und Analogieverbot, das in Art. 1 Abs. 1, Art. 2 Abs. 1 GG i.V.m. Art. 20 Abs. 3 GG verankerte Schuldprinzip und das ultima ratio-Prinzip, das aus dem Verhältnismäßigkeitsprinzip des Rechtsstaatsprinzips nach Art. 20 Abs. 3 GG abgeleitet wird, verletzt.

Diese Rechtsprechung des BGH, die mit dem Grundgesetz nicht zu vereinbaren ist, hat, sofern sie durch den Unternehmer beachtet wird, Eingriffe in die Berufsfreiheit gem. Art. 12 Abs. 1 GG und die Eigentumsfreiheit nach Art. 14 Abs. 1 GG hinsichtlich des Rechts am eingerichteten und ausgeübten Gewerbebetrieb zum Nachteil des Unternehmers und des Unternehmens zur Folge. Da die Eingriffe auf einer verfassungswidrigen Rechtsprechung beruhen, sind bereits die Eingriffe selbst weder mit der Gewaltenteilung gem. Art. 20 Abs. 2 S. 2 GG noch mit dem Rechtsstaatsprinzip nach Art. 20 Abs. 3 GG zu vereinbaren, so dass eine verfassungsrechtliche Rechtfertigung ausscheidet bzw. gar nicht erst in Betracht kommt.

Der Umfang und die Intensität dieser Verletzungen des Grundgesetzes sind ein fundamentaler Verstoß gegen die Verfassung der Bundesrepublik Deutschland.

Der Verstoß wiegt aus drei Gründen besonders schwer. Erstens erfolgt er durch den BGH als ein Bundesgericht, zweitens hat der BGH ausweislich seiner Rechtsprechung die Verletzungen des Grundgesetzes offenbar nicht einmal in Betracht gezogen und drittens war das ursprüngliche Motiv des BGH, diese Rechtsprechung zu etablieren, um den Unternehmer als einen Schuldner für die Arbeitnehmersozialversicherungsbeiträge zu generieren. Dass der BGH durch diese Rechtsprechung Unternehmen in finanziellen Krisen nicht rettet, sondern Insolvenzen und damit den Verlust der Arbeitsplätze geradezu provoziert, ist dem BGH offenbar entgangen oder diese Konsequenzen wurden schlichtweg als unbeachtlich eingestuft. Dass der BGH dem Rechtsstaat damit erheblich geschadet hat, ist evident. Zugleich sind allerdings auch die Nachteile für den Wirtschaftsstandort Deutschland, dessen mittelständische Unternehmen sich neben den Großkonzernen in einer globalisierten Wirtschaft behaupten müssen und durch die Steuern, die sie selbst und ihre Arbeitnehmer zahlen, die den Wohlstand dieses Landes und seiner Bevölkerung sicherstellen, bedeutsam.

Die erhebliche Bedeutung der Sozialversicherungen in Deutschland wird in keiner Weise in Abrede gestellt. Sie sind wesentliche Errungenschaften sowie gleichzeitig Teil des Wohlstandes und der sozialen Sicherung. Allerdings führt die Rechtsprechung des BGH zu einem Paradoxon. Solange sie verfassungsrechtlich Bestand hat, vermag sie zu bewirken, dass der ein oder andere Unternehmer mit seinem Privatvermögen für Beiträge zur Sozialversicherung in Haftung genommen werden kann, während gleichzeitig der mittel- und langfristige Schaden durch Insolvenzen und den Verlust von Arbeitsplätzen höher liegen dürfte als die aufgrund deliktischer Anspruchsgrundlage erzielten Einnahmen. Für dieses fragwürdige Ziel verlagert der BGH die Strafbarkeit sehr weit vor und verkennt dabei schlichtweg, dass die dogmatische Begründung einer gewohnheitsrechtlichen Rechtsfigur, die diese Vorverlagerung ermöglichen soll, im Lichte der Verfassung weder relevant noch mit den grundgesetzlichen Verbürgungen zu vereinbaren ist.

Die Rechtsprechung des BGH ist offensichtlich fokussiert auf Unternehmer, denen überwiegend Unredlichkeit in ihrem Handeln unterstellt wird. Hingegen ist das Leitbild dieser Untersuchung der redliche Unternehmer, der als Geschäftsführer und u.U. auch Gesellschafter zum Wohl des Unternehmens und dessen Belegschaft handelt. Weshalb der BGH anzunehmen scheint, der Mehrzahl der Unternehmer sei im Gegensatz zur gesamten Bevölkerung dieses Landes Unredlichkeit zu unterstellen, ist nicht ersichtlich. Möglicherweise erklärt sich diese Haltung durch eine frühere Formulierung des BGH, dass in Geschäftsleitern Gutsverwalter und nicht Gutsherren zu sehen seien. Es mag dahinstehen, ob Unternehmer nicht beides zugleich sind. Jedenfalls darf davon ausgegangen werden, dass die weitaus größte Mehrzahl von ihnen auch in einer finanziell schwierigen Situation nicht eigennützig handelt, sondern ihrer Verantwortung für das Unternehmen sowie seine Mitarbeiter gerecht wird und dabei rechtskonform handelt, wenn die alleine entscheidenden verfassungsrechtlichen Maßstäbe an die Rechtsprechung des BGH angelegt werden. Dass Unternehmer weniger rechtskonform seien als die übrige Bevölkerung, deren weitaus größter Teil sich rechttreu verhält, ist in keiner Weise belegbar. Strafrechtliche Verantwortlichkeit wird stetig zunehmender begründet, indem Verhalten immer umfassender kriminalisiert wird. Der Glaube, dadurch Risiken zu minimieren, ist nicht nur trügerisch, sondern auch unzutreffend. In Legislative und Judikative gibt es durchaus Parlamentarier und Richter, die dieser vermeintlichen Gewissheit erliegen, zugleich ein im Wesen des Menschen verwurzeltes Bedürfnis bedienen, das durchaus verständlich ist, dem sie allerdings nicht durch den Ruf nach vermeintlicher Sicherheit gerade auch im eigenen Interesse nachgeben dürfen. Legislative, Exekutive, Judikative und die Bevölkerung dieses

Landes sind gleichermaßen dazu angehalten, zu reflektieren und die vielfältigen Gewährleistungen unserer Freiheiten in diesem Land zu schätzen, zu bewahren und niemals als Selbstverständlichkeit zu erachten.

Dass sich der BGH nicht mit den verfassungsrechtlichen Grenzen seiner Rechtsprechung auseinandersetzt, mag Ausdruck der grundgesetzlich verbürgten richterlichen Unabhängigkeit sein. Gegenüber den Richtern als Adressaten soll gleichwohl angemerkt werden, dass auch für sie mehr Demut vor der Verfassung dieses Landes und der eigenen Fehlbarkeit angezeigt ist.

Da nicht zu erwarten ist, dass der BGH seine längst gefestigte Rechtsprechung ändert bzw. aufgibt, bleibt nur die Hoffnung, gleichsam schon „Rettung" durch das Bundesverfassungsgericht. Ein auf der Grundlage der Rechtsprechung des BGH zu einer Kriminalstrafe verurteilter Unternehmer kann gem. Art. 93 Abs. 1 Nr. 4a GG i.V.m. § 90 BVerfGG Verfassungsbeschwerde erheben, weil er durch ein solches Urteil in seinen Grundrechten und grundrechtsgleichen Rechten verletzt ist. Nach § 31 Abs. 1 BVerfGG binden die Entscheidungen des Bundesverfassungsgerichts die Verfassungsorgane des Bundes und der Länder sowie alle Gerichte und Behörden. Voraussetzung für die Verfassungsbeschwerde ist eine Erschöpfung des Rechtswegs und im Fall einer fachgerichtlichen Entscheidung gem. § 33a S. 1 StPO und bei einer Revisionsentscheidung nach § 356a S. 1 StPO Anhörungsrüge einzulegen, sofern der Anspruch auf rechtliches Gehör verletzt wurde. Ist der Beschwerdeführer strafrechtlich verurteilt worden, betrifft ihn das existentiell i.S.d. § 93a Abs. 2 lit. b BVerfGG.[803] Grundsätzlich muss das Bundesverfassungsgericht eine Entscheidung, gegen die erfolgreich Verfassungsbeschwerde erhoben wurde, aufheben[804] und die Sache zurückverweisen.[805] Ausnahmsweise kann das Bundesverfassungsgericht selbst abschließend in der Sache entscheiden, wenn das Gericht, an das zurückverwiesen würde, keinen eigenen Entscheidungsspielraum mehr hätte,[806] wie bei einer Verurteilung aufgrund verfassungswidriger Rechtsprechung.

Risiken in allen Lebensbereichen und damit auch bei unternehmerischen Entscheidungen sollen durch das Herstellen vermeintlicher Sicherheit minimiert werden. Oftmals soll im „ewigen" Spannungsfeld die Freiheit zurückstehen, um die erhoffte Sicherheit zu gewährleisten. Diese Haltung prägt auch die Rechtsprechung des BGH. Doch sind Freiheit und Sicherheit keineswegs

803 BVerfGE 96, 245, 248 f.

804 Maunz/Schmidt-Bleibtreu/Klein/Bethge-*Hömig*, § 95 Rn. 21.

805 Maunz/Schmidt-Bleibtreu/Klein/Bethge-*Hömig*, § 95 Rn. 28.

806 BVerfGE 79, 69, 79; BVerfGE 35, 202, 244.

per se kontradiktorisch. Denn häufig kann Sicherheit nicht um den Preis verringerter Freiheit erkauft werden. Vielmehr schafft Freiheit nicht nur für den Einzelnen, sondern auch für die Gesellschaft insgesamt Handlungsspielräume, in denen Verantwortung wahrgenommen wird. Orientiert sich diese Freiheit am Gemeinwohl, kann durch Freiheit durchaus Sicherheit gewonnen werden. In den komplexen Systemen, die heute die Lebenswirklichkeit prägen, werden einzelne Maßnahmen ohnehin meistens keine Sicherheit für die Mehrheit der Bevölkerung herbeiführen können. Solange Freiheit und Sicherheit (zur Risikovermeidung) als unvereinbare Gegensätze wahrgenommen werden, wird der Kampf um das Recht unablässig pro libertate weitergeführt werden müssen. Wird der Begriff der Freiheit so verstanden, dass Freiheit auch immer Teilhabe bedeutet, weitet er sich erheblich und aufgrund der Akzeptanz und Eigenverantwortung wird das Bedürfnis nach vermeintlicher Sicherheit, die meist andere schaffen sollen, ein Stück weit zurückgedrängt und werden Möglichkeiten des Handelns eröffnet.

Literaturverzeichnis

Achenbach, Hans; Ransiek, Andreas; Rönnau, Thomas (Hrsg.): Handbuch Wirtschaftsstrafrecht 5. Auflage Heidelberg 2019 zit.: Achenbach/Ransiek/Rönnau-*Bearbeiter*, Teil Kap. Rn.

Albrecht, Peter-Alexis: In Treue gegen die Untreue – Rainer Hamm und sein steter Versuch, die Rechtsprechung zur verfassungsrechtlichen Präzisierung des § 266 StGB anzuhalten – in: Festschrift für Rainer Hamm zum 65. Geburtstag am 24.02.2008 Berlin 2008, S. 1–19 zit.: Albrecht, FS Hamm, S.

Albrecht, Peter-Alexis: Kriminologie. Eine Grundlegung zum Strafrecht München 2010 zit.: Albrecht, Kriminologie, S.

Albrecht, Peter-Alexis: Vom Präventionsstaat zur Sicherheitsgesellschaft – Wege kontinuierlicher Erosion des Rechts – in: Festschrift für Winfried Hassemer Heidelberg 2010, S. 3–18 zit.: Albrecht, FS Hassemer, S.

Altmeppen, Holger: Anm. zum Urt. des BGH vom 14.05.2007, NJW 2007, 2118–2121

Andres, Dirk; Leithaus, Rolf; Dahl, Michael: Insolvenzordnung. Kommentar 4. Auflage München 2018 zit.: Andres/Leithaus/Dahl-*Bearbeiter*, § Rn.

Androulakis, Nikolaos K.: Studien zur Problematik der unechten Unterlassungsdelikte München u.a. 1963 zit.: Androulakis, S.

Arzt, Gunther; Weber, Ulrich; Heinrich, Bernd; Hilgendorf, Eric: Strafrecht Besonderer Teil 3. Auflage Bielefeld 2015 zit.: Arzt/Weber/*Heinrich/Hilgendorf*, BT, § Rn.

Baier, Helmut: Unterlassungsstrafbarkeit trotz fehlender Handlungs- oder Schuldfähigkeit Zugleich ein Beitrag zur Rechtsfigur der omissio libera in causa GA 1999, S. 272–284

Baumann, Jürgen; Weber, Ulrich; Mitsch, Wolfgang: Strafrecht Allgemeiner Teil 11. Auflage Bielefeld 2003 zit.: Baumann/Weber/Mitsch-*Bearbeiter*, Vorkommentierung, AT, § Rn.

Baumbach, Adolf; Hueck, Alfred (Begr.): GmbHG. Kommentar 22. Auflage München 2019 zit.: Baumbach/Hueck-*Bearbeiter*, § Rn.

Bente, Ulrich: Die Strafbarkeit des Arbeitgebers wegen Beitragsvorenthaltung und Veruntreuung von Arbeitsentgelt (§ 266a StGB) (Diss.) Frankfurt am Main 1992 zit.: Bente, S.

Bertel, Christian: Begehungs- oder Unterlassungsdelikt? Zu der Lehre von der actio libera in causa JZ 1965, S. 53–55

Bittmann, Folker: Beitragsvorenthaltung, Geschäftsführerhaftung und Einheit der Rechtsordnung wistra 2007, S. 406–407

Blank, Michael J. W.: Vorenthalten von Arbeitnehmeranteilen zur Sozialversicherung bei Insolvenzreife der GmbH – Zum Verhältnis von Zahlungsverbot (§ 64 Satz 1 GmbHG) und Zahlungsgebot (§ 266a Abs. 1 StGB) ZInsO 2013, S. 461–470

Bollacher, Florian: Das Vorenthalten von Sozialversicherungsbeiträgen. Eine Untersuchung aktueller Fragen zu § 266a Abs. 1 StGB, insbesondere zur Problematik unterlassener Beitragszahlungen in der Unternehmenskrise (Diss.) Baden-Baden 2006 zit.: Bollacher, S.

Brand, Christian: „Weißt du wie das wird?" – Zum Verhältnis von § 266a StGB und § 64 S. 1 GmbHG GmbHR 2010, S. 237–244

Branz, Anja: Das Vorenthalten von Arbeitnehmerbeiträgen zur Sozialversicherung (§ 266a Abs. 1 StGB) in der Unternehmenskrise (Diss.) Tübingen 2002 zit.: Branz, S.

Brückl, Daniel; Kersten Markus: Unmöglichkeit der Beitragszahlung bei vorenthaltenen Sozialversicherungsbeiträgen NJW 2003, 272–273

Brüssow, Rainer; Petri, Dirk: Arbeitsstrafrecht 2. Auflage München 2016 zit.: Brüssow/Petri, § Rn.

Degenhart, Christoph (Hrsg.): Staatsrecht I. Staatsorganisationsrecht – Mit Bezügen zum Europarecht. Lehrbuch, Entscheidungen, Gesetzestexte 36. Auflage Heidelberg 2020 zit.: Degenhart, Rn.

Dehne-Niemann, Jan: Omissio libera in causa bei „echten" Unterlassungsdelikten? Zur Verhaltensgebundenheit „echten" Unterlassens am Beispiel der §§ 266a I, 323c StGB GA 2009, S. 150–171

Enderle, Bettina: Blankettstrafgesetze. Verfassungs- und strafrechtliche Probleme von Wirtschaftsstraftatbeständen (Diss.) Frankfurt am Main u.a. 2000 zit.: Enderle, S.

Engisch, Karl: Die Einheit der Rechtsordnung – Unveränd. reprograf. Nachdr. d. 1935 bei Winter, Heidelberg, erschienenen Ausg. / mit e. Geleitw. zum Neudr. von Arthur Kaufmann Darmstadt 1987 zit.: Engisch, S.

Eschelbach, Ralf; Krehl, Christoph: Art. 103 Abs. 2 GG und Rechtsanwendung in: Festschrift für Walter Kargl zum 70. Geburtstag Berlin 2015, S. 81–90 zit.: Eschelbach/Krehl, FS Kargl, S.

Felix, Dagmar: Einheit der Rechtsordnung. Zur verfassungsrechtlichen Relevanz einer juristischen Argumentationsfigur (Habil.) Tübingen 1998 zit.: Felix, S.

Fischer, Thomas: Strafgesetzbuch mit Nebengesetzen. Kommentar 68. Auflage München 2021 zit.: Fischer, § Rn.

Fritz, Hans-Joachim: Die Selbstanzeige im Beitragsstrafrecht gemäß § 266a Abs. 5 StGB. Untersuchung zur Einordnung der Vorschrift als materiell-rechtliche Wiedergutmachung im Strafrecht (Diss.) Regensburg 1997 zit.: Fritz, S.

Gosch, Wolfgang Sebastian: Strafbarkeit trotz finanziellen Unvermögens. Eine Untersuchung zu den §§ 266a Abs. 1, 283 Abs. 1 Nr. 5, 7 lit. b, 170 StGB und zugleich ein Beitrag zur Rechtsfigur der omissio libera in causa (Diss.) Hamburg 2013 zit.: Gosch, S.

Graf, Jürgen Peter; Jäger, Markus; Wittig, Petra (Hrsg.): Wirtschafts- und Steuerstrafrecht. Kommentar 2. Auflage München 2017 zit.: Graf/Jäger/Wittig-*Bearbeiter*, § Rn.

Günther, Klaus: Von der Rechts- zur Pflichtverletzung. Ein „Paradigmenwechsel" im Strafrecht? in: Vom unmöglichen Zustand des Strafrechts / Institut für Kriminalwissenschaften Frankfurt am Main (Hrsg.) Frankfurter kriminalwissenschaftliche Studien, Bd. 50 Frankfurt u.a. 1995, S. 445–459 zit.: Günther, Frankfurter kriminalwissenschaftliche Studien, Bd., S.

Günther, Klaus; Prittwitz, Cornelius: Individuelle und kollektive Verantwortung im Strafrecht in: Festschrift für Winfried Hassemer Heidelberg 2010, S. 331–354 zit.: Günther/Prittwitz, FS Hassemer, S.

Hellmann, Uwe: Anm. zum Urt. des BGH vom 21.01.1997, JZ 1997, S. 1005–1007

Hillenkamp, Thomas: Impossibilium nulla obligatio – oder doch? – Anmerkungen zu § 283 Abs. 1 Nrn. 5 und 7 StGB in: Festschrift für Klaus Tiedemann zum 70. Geburtstag Köln u.a. 2008, S. 949–968 zit.: Hillenkamp, FS Tiedemann, S.

Hirsch, Hans Joachim: Das Schuldprinzip und seine Funktion im Strafrecht ZStW 1994, S. 746–765

Hirsch, Hans Joachim: Tatstrafrecht – ein hinreichend beachtetes Grundprinzip? in: Festschrift für Klaus Lüderssen zum 70. Geburtstag am 02.05.2002 Baden-Baden 2002, S. 253–267 zit.: Hirsch, FS Lüderssen, S.

Horn, Eckard: Verbotsirrtum und Vorwerfbarkeit – Eine systematische Grundlagenanalyse der Schuldtheorie (Diss.) Berlin 1969 zit.: Horn, S.

Hrschuka, Joachim: Das Strafrecht neu durchdenken! – Überlegungen aus Anlass des Buches von George P. Flechter, Rethinking Criminal Law GA 1981, 237–250

Hruschka, Joachim: Über Tun und Unterlassen und über Fahrlässigkeit in: Festschrift für Paul Bockelmann zum 70. Geburtstag München 1979, S. 421–436 zit.: Hrschuka, FS Bockelmann, S.

Ignor, Alexander; Mosbacher, Andreas (Hrsg.): Handbuch Arbeitsstrafrecht. Personalverantwortung als Strafbarkeitsrisiko 3. Auflage Stuttgart u.a. 2016 zit.: Ignor/Mosbacher-*Bearbeiter*, § Rn.

Ischebeck, Lars: Vorenthalten von Sozialversicherungsbeiträgen i.S.v. § 266a Abs. 1 StGB während der materiellen Insolvenz der GmbH. Eine Untersuchung zum Konkurrenzverhältnis von § 266a Abs. 1 StGB zu § 64 Abs. 2 GmbHG (Diss.) Baden-Baden 2009 zit.: Ischebeck, S.

Isfen, Osman: „Das Leben ist wie ein Schneeball" oder Strafrechtliche Relevanz von enttäuschten Zukunftserwartungen im Wirtschaftsverkehr in: Strafrecht als Scientia Universalis – Festschrift für Claus Roxin zum 80. Geburtstag am 15.05.2011 Band 2 Berlin u.a. 2011, S. 989–1003 zit.: Isfen, FS Roxin Bd. 2, S.

Jaeger, Gerd: Die Möglichkeit der Gebotserfüllung als Voraussetzung strafbaren Unterlassens. Tatsächliche und rechtliche Grenzen normgemäßen Handelns (Diss.) Tübingen 2006 zit.: Jaeger, S.

Jänig, Ronny: Anm. zum Urt. des BGH vom 25.01.2011, BB 2011, S. 784

Jerouschek, Günter: Die Rechtsfigur der actio libera in causa: Allgemeines Zurechnungsprinzip oder verfassungswidrige Strafbarkeitskonstruktion? JuS 1997, 385–389

Jerouschek, Günter; Kölbel, Ralf: Zur Bedeutung des so genannten Koinzidenzprinzips im Strafrecht JuS 2001, S. 417–424

Jescheck, Hans-Heinrich; Weigend, Thomas: Lehrbuch des Strafrechts Allgemeiner Teil 5. Auflage Berlin 1996 zit.: Jescheck/Weigend, AT, §

Joecks, Wolfgang; Miebach, Klaus (Hrsg.): Münchener Kommentar zum Strafgesetzbuch Band 1 §§ 1 – 37 StGB 4. Auflage München 2020 zit.: MK-StGB/*Bearbeiter*, § Rn.

Joecks, Wolfgang; Miebach, Klaus (Hrsg.): Münchener Kommentar zum Strafgesetzbuch Band 5 §§ 263 – 358 StGB 3. Auflage München 2019 zit.: MK-StGB/*Bearbeiter*, § Rn.

Joerden, Jan C.: Strukturen des strafrechtlichen Verantwortlichkeitsbegriffs: Relationen und ihre Verkettungen (Habil.) Berlin 1988 zit.: Joerden, S.

Kahl, Wolfgang; Waldhoff, Christian; Walter, Christian (Hrsg.): Bonner Kommentar zum Grundgesetz (Loseblattsammlung) Band 13 Art. 89 – 104 Heidelberg 1950 ff. Stand: 60. Ergänzungslieferung zuzüglich 115. Ergänzungslieferung (Mai 1990 und Dezember 2004) zit.: BK-*Bearbeiter*, Art. Abs. Rn. und BK-*Bearbeiter*, Erg. zu Art. Abs. zu Rn.

Kaufmann, Armin: Die Dogmatik der Unterlassungsdelikte (Habil.) Göttingen 1959 zit.: Kaufmann, S.

Kaufmann, Arthur: Das Schuldprinzip – Eine strafrechtlich-rechtsphilosophische Untersuchung (Habil.) Heidelberg 1976 zit.: Kaufmann, Schuldprinzip, S.

Kaufmann, Arthur: Die Parallelwertung in der Laiensphäre. Ein sprachphilosophischer Beitrag zur allgemeinen Verbrechenslehre München 1982 zit.: Kaufmann, Parallelwertung, S.

Kindhäuser, Urs: Strafrechtliche Schuld im demokratischen Rechtsstaat in: Festschrift für Winfried Hassemer Heidelberg 2010, S. 761–774 zit.: Kindhäuser, FS Hassemer, S.

Kindhäuser, Urs; Neumann, Ulfrid; Paeffgen, Hans-Ullrich (Hrsg.): Nomos Kommentar. Strafgesetzbuch Band 3 Besonderer Teil §§ 232 – 358 5. Auflage Baden-Baden 2017 zit.: NK-StGB/*Bearbeiter*, § Rn.

Kingreen, Thorsten; Poscher, Ralf (Hrsg.): Staatsrecht II. Grundrechte – Lehrbuch, Entscheidungen, Gesetzestexte 36. Auflage Heidelberg 2020 zit.: Kingreen/Poscher, Rn.

Knospe, Armin: Die Insolvenzanfechtung von Sozialversicherungsbeiträgen im Spannungsfeld zwischen öffentlichem und Privatrecht (Diss.) Berlin 2014 zit.: Knospe, S.

Körner, Anne; Leitherer, Stephan; Mutschler, Bernd; Rolfs, Christian (Hrsg.): Kasseler Kommentar Sozialversicherungsrecht (Loseblattsammlung) Band 1 – SGB I, IV u. V München 2020 Stand: 112. Ergänzungslieferung (Dezember 2020) zit.: KassKomm-*Bearbeiter*, § SGB Rn.

Krahl, Matthias: Die Rechtsprechung des Bundesverfassungsgerichts und des Bundesgerichtshofs zum Bestimmtheitsgrundsatz im Strafrecht (Art. 103 Abs. 2 GG) (Diss.) Frankfurt am Main u.a. 1986 zit.: Krahl, S.

Krümpelmann, Justus: Die Neugestaltung der Vorschriften über die Schuldfähigkeit durch das Zweite Strafrechtsreformgesetz vom 04.07.1969 ZStW 1976, S. 6–39

Lackner, Karl; Kühl, Kristian: Strafgesetzbuch. Kommentar 29. Auflage München 2018 zit.: Lackner/Kühl-*Bearbeiter*, § Rn.

Lagodny, Otto: Strafrecht vor den Schranken der Grundrechte – Die Ermächtigung zum strafrechtlichen Vorwurf im Lichte der Grundrechtsdogmatik dargestellt am Beispiel der Vorfeldkriminalisierung (Habil.) Tübingen 1996 zit.: Lagodny, S.

Laufhütte, Heinrich Wilhelm; Rissing-van Saan, Ruth; Tiedemann, Klaus (Hrsg.): Strafgesetzbuch. Leipziger Kommentar Erster Band Einleitung; §§ 1 bis 31 12. Auflage Berlin u.a. 2007 zit.: LK-StGB/*Bearbeiter*, § Rn.

Laufhütte, Heinrich Wilhelm; Rissing-van Saan, Ruth; Tiedemann, Klaus (Hrsg.): Strafgesetzbuch. Leipziger Kommentar Neunter Band §§ 263 bis 283d 1. Teilband §§ 263 bis 266b 12. Auflage Berlin u.a. 2012 zit.: LK-StGB/*Bearbeiter*, § Rn.

Leupold, Henning: Die Tathandlung der reinen Erfolgsdelikte und das Tatbestandsmodell der „actio libera in causa“ im Lichte verfassungsrechtlicher Schranken (Diss.) Berlin 2005 zit.: Leupold, S.

Lindemann, Michael: Voraussetzungen und Grenzen legitimen Wirtschaftsstrafrechts. Eine Untersuchung zu den materiell- und prozessrechtlichen Problemen der strafrechtlichen Aufarbeitung von Wirtschaftskriminalität (Habil.) Tübingen 2012 zit.: Lindemann, S.

Lüke, Wolfgang; Mulansky, Thomas: Sozialversicherungsbeiträge im Insolvenz- und Strafrecht ZIP 1998, S. 673–677

Lutter, Marcus; Hommelhoff, Peter (Hrsg.): GmbH-Gesetz. Kommentar 20. Auflage Köln 2020 zit.: Lutter/Hommelhoff-*Bearbeiter*, § Rn.

Matt, Holger; Renzikowski, Joachim (Hrsg.): Strafgesetzbuch. Kommentar 2. Auflage München 2020 zit.: Matt/Renzikowski-*Bearbeiter*, § Rn.

Maunz, Theodor; Schmidt-Bleibtreu, Bruno; Klein, Franz; Bethge, Herbert (Begr.): Bundesverfassungsgerichtsgesetz. Kommentar (Loseblattsammlung) Band 2 §§ 1 – 107 München 1964 ff. Stand: 60. Ergänzungslieferung (Juli 2020) zit.: Maunz/Schmidt-Bleibtreu/Klein/Bethge-*Bearbeiter*, § Rn.

Maunz, Theodor; Dürig, Günter (Begr.): Grundgesetz. Kommentar (Loseblattsammlung) Band I Texte, Art. 1 – 5 München 1958 ff. Stand: 39. Ergänzungslieferung (Juli 2001) zit.: Maunz/Dürig-*Bearbeiter*, Art. Abs. Rn.

Maunz, Theodor; Dürig, Günter (Begr.): Grundgesetz. Kommentar (Loseblattsammlung) Band VI Art. 86 – 106b München 1958 ff. Stand: 30. Ergänzungslieferung (Dezember 1992) zit.: Maunz/Dürig-*Bearbeiter*, Vorkommentierung Art. Abs. Rn.

Maunz, Theodor; Dürig, Günter (Begr.): Grundgesetz. Kommentar (Loseblattsammlung) Band VI Art. 87a – 106b München 1958 ff. Stand: 80. Ergänzungslieferung (Juni 2017) zit.: Maunz/Dürig-*Bearbeiter*, Art. Abs. Rn. (*Rn. 137 – 256 zu Art. 103 Abs. 2 derzeit nicht belegt*)

Maurach, Reinhart; Schroeder, Friedrich-Christian; Maiwald, Manfred; Hoyer, Andreas; Momsen, Carsten: Strafrecht Besonderer Teil. Teilband 1. Straftaten gegen Persönlichkeits- und Vermögenswerte 11. Auflage Heidelberg u.a. 2019 zit.: Maurach/*Schroeder/Maiwald/Hoyer/ Momsen*, BT 1, § Rn.

Mikus, Rudolf Alexander: Die Verhaltensnorm des fahrlässigen Erfolgsdelikts (Diss.) Berlin 2002 zit.: Mikus, S.

Müller, Wolfgang (Hrsg. und Bearbeiter): Duden. Sinn- und sachverwandte Wörter. Synonymwörterbuch der deutschen Sprache 2. Auflage Mannheim u.a. 1997 zit.: Duden, Sinn- und sachverwandte Wörter, Stichwort:

Müller-Gugenberger, Christian (Hrsg.): Wirtschaftsstrafrecht. Handbuch des Wirtschaftsstraf- und -ordnungs- widrigkeitenrechts 7. Auflage Köln 2021 zit.: Müller-Gugenberger/*Bearbeiter*, § Rn.

Naucke, Wolfgang: Eine leblose Vorschrift: Art. 103 II GG. KritV Sonderheft 2000, Winfried Hassemer zum sechzigsten Geburtstag, S. 132–138

Naucke, Wolfgang: Strafrecht. Eine Einführung 10. Auflage Neuwied u.a. 2002 zit.: *Naucke*, Strafrecht, § Rn.

Neumann, Ulfried: Die Schuldlehre des Bundesgerichtshofs – Grundlagen, Schuldfähigkeit, Verbotsirrtum in: 50 Jahre Bundesgerichtshof – Festgabe aus der Wissenschaft – Band IV. Strafrecht, Strafprozessrecht München 2000, S. 83–109 zit.: Neumann, FS BGH, S.

Neumann, Ulfried: Normtheorie und strafrechtliche Zurechnung GA 1985, S. 389–401

Neumann, Ulfried: Zurechnung und „Vorverschulden". Vorstudien zu einem dialogischen Modell strafrechtlicher Zurechnung (Habil.) Berlin 1985 zit.: Neumann, S.

Neumann, Ulfried; Prittwitz, Cornelius (Hrsg.): Risikogesellschaft und Strafrecht in: Kritik und Rechtfertigung des Strafrechts / Ulfried Neumann, Cornelius Prittwitz (Hrsg.) Frankfurter kriminalwissenschaftliche Studien, Bd. 88 Frankfurt u.a. 2005, S. 131–174 zit.: Prittwitz, Frankfurter kriminalwissenschaftliche Studien, Bd., S.

Overbeck, Alfred von: Unterlassung durch Begehung Der Gerichtssaal Bd. 88 1922, S. 319–337

Papathanasiou, Konstantina: Die Widerspiegelung der gesetzgeberischen Grundentscheidung im Verständnishorizont des Täters – Vorschlag eines verfassungsbezogenen Kriteriums als Alternative zur Parallelwertung in der Laiensphäre in: Strafrecht als Scientia Universalis – Festschrift für Claus Roxin zum 80. Geburtstag am 15.05.2011 Band 1 Berlin u.a. 2011, S. 467–486 zit.: Papathanasiou, FS Roxin Bd. 1, S.

Plagemann, Hermann: Die Beitragshaftung des Geschäftsführers im Lichte der neuen InsO NZS 2000, S. 8–14

Prittwitz, Cornelius: Begrenzung des Wirtschaftsstrafrechts durch die Rechtsgutslehre, sowie die Grundsätze der ultima ratio, der Bestimmtheit der Tatbestände, des Schuldgrundsatzes, der Akzessorietät und der Subsidiarität in: Die Handlungsfreiheit des Unternehmers – Wirtschaftliche Perspektiven, strafrechtliche und ethische Schranken Berlin 2009, S. 53–60 zit.: Prittwitz, Begrenzung des Wirtschaftsstrafrechts, S.

Prittwitz, Cornelius: Das deutsche Strafrecht: Fragmentarisch? Subsidiär? Ultima ratio? in: Vom unmöglichen Zustand des Strafrechts / Institut für

Kriminalwissenschaften Frankfurt am Main (Hrsg.) Frankfurter kriminalwissenschaftliche Studien, Bd. 50 Frankfurt u.a. 1995, S. 387–405 zit.: Prittwitz, Frankfurter kriminalwissenschaftliche Studien, Bd., S.

Prittwitz, Cornelius: Funktionalisierung des Strafrechts StV 1991, S. 435–441

Prittwitz, Cornelius: Risikovorsatz und Vorsatzgefahr – Zum Verständnis und zur strafrechtlichen Relevanz des Verdrängens in: Festschrift für Ingeborg Puppe zum 70. Geburtstag Berlin 2011, S. 819–830 zit.: Prittwitz, FS Puppe, S.

Prittwitz, Cornelius: Strafrecht als propria ratio in: Strafrecht als Scientia Universalis – Festschrift für Claus Roxin zum 80. Geburtstag am 15.05.2011 Band 1 Berlin u.a. 2011, S. 23–37 zit.: Prittwitz, FS Roxin Bd. 1, S.

Prittwitz, Cornelius: Strafrecht und Risiko – Untersuchungen zur Krise von Strafrecht und Kriminalpolitik in der Risikogesellschaft (Habil.) Frankfurt 1993 zit.: Prittwitz, S.

Radtke, Henning: Anm. zum Beschluss des BGH vom 28.05.2002, NStZ 2003, S. 154–156

Radtke, Henning: Anm. zum Beschluss des BGH vom 30.07.2003, NStZ 2004, S. 562–564

Renzikowski, Joachim: Strafbarkeit nach § 266a Abs. 1 StGB bei Zahlungsunfähigkeit wegen Vorverschuldens? in: Festschrift für Ulrich Weber zum 70. Geburtstag Bielefeld 2004, S. 333–346 zit.: Renzikowski, FS Weber, S.

Rönnau, Thomas: Aktuelles zum Wirtschaftsstrafrecht in der Revision – oder: Zum sachgerechten Umgang der Straf- und Zivilsenate mit Divergenzen auf dem Feld des Wirtschaftsstrafrechts StraFo 2014, S. 265–273

Rönnau, Thomas: Beitragsvorenthaltung in der Unternehmenskrise – zugleich Besprechung von BGH wistra 2006, 17 – wistra 2007, 81–85

Rönnau, Thomas: Die Strafbarkeit des Arbeitgebers gemäß § 266a I StGB in der Krise des Unternehmens – Zugleich eine Besprechung des Urteils des OLG Celle vom 29.11.1995 (wistra 1996, 114) – wistra 1997, S. 13–17

Rönnau, Thomas: Die Strafbarkeit des Vorenthaltens von Arbeitnehmersozialversicherungsbeiträgen in der Krise des Unternehmens NJW 2004, 976–981

Roxin, Claus: „Schuld“ und „Verantwortlichkeit“ als strafrechtliche Systemkategorien in: Festschrift für Heinrich Henkel zum 70. Geburtstag am 12.09.1973 Berlin u.a. 1974, S. 171–197 zit.: Roxin, FS Henkel, S.

Roxin, Claus; Greco, Luis: Strafrecht Allgemeiner Teil. Band I. Grundlagen. Der Aufbau der Verbrechenslehre 5. Auflage München 2020 zit.: Roxin/Greco, AT I, § Rn.

Roxin, Claus: Strafrecht Allgemeiner Teil. Band II. Besondere Erscheinungsformen der Straftat München 2003 zit.: Roxin, AT II, § Rn.

Sachs, Michael (Hrsg.): Grundgesetz. Kommentar 8. Auflage München 2018 zit.: Sachs-*Bearbeiter*, Vor. zu Abschnitt I Rn.

Samson, Erich: Begehung und Unterlassung in: Festschrift für Hans Welzel zum 70. Geburtstag Berlin u.a. 1974, S. 579–603 zit.: Samson, FS Welzel, S.

Satzger, Helmut: Dreimal „in causa" – actio libera in causa, omissio libera in causa und actio illicita in causa Jura 2006, S. 513–520

Satzger, Helmut; Schluckebier, Wilhelm; Widmaier, Gunter (Hrsg.): Strafgesetzbuch. Kommentar 5. Auflage Köln 2021 zit.: Satzger/Schluckebier/Widmaier-*Bearbeiter*, § Rn.

Schmidt, Karsten (Hrsg.): Insolvenzordnung. Kommentar 19. Auflage München 2016 zit.: Schmidt-*Bearbeiter*, InsO, § Rn.

Schmitt, Olaf Hans: Das Vorenthalten der Sozialversicherungsbeiträge in der Insolvenz der GmbH (Diss.) Frankfurt am Main u.a. 2001 zit.: Schmitt, S.

Schönke, Adolf; Schröder, Horst: Strafgesetzbuch. Kommentar 30. Auflage München 2019 zit.: Sch-Sch-*Bearbeiter*, § Rn.

Schünemann, Bernd (Hrsg.): Die Funktion des Schuldprinzips im Präventionsstrafrecht in: Grundfragen des modernen Strafrechtssystems Berlin u.a. 1984, S. 153–195 zit.: Schünemann, S.

Simon, Eric: Gesetzesauslegung im Strafrecht. Eine Analyse der höchstrichterlichen Rechtsprechung (Diss.) Berlin 2005 zit.: Simon, S.

Stoffers, Kristian: Die Rechtsfigur „Unterlassen durch Tun" (Teil 1) JA 1992, S. 138–141

Stoffers, Kristian: Die Rechtsfigur „Unterlassen durch Tun" (Teil 2) JA 1992, 177–183

Struensee, Eberhard: Handeln und Unterlassen, Begehungs- und Unterlassungsdelikt in: Festschrift für Walter Stree und Johannes Wessels zum 70. Geburtstag Heidelberg 1993, S. 133–157 zit.: Struensee, FS Stree/Wessels, S.

Stürner, Rolf; Eidenmüller, Horst; Schoppmeyer, Heinrich (Hrsg.): Münchener Kommentar zur Insolvenzordnung Band 1 §§ 1 – 79 InsO, InsVV 4. Auflage München 2019 zit.: MK-InsO/*Bearbeiter*, § Rn.

Süß, Frank: Vom Umgang mit dem Bestimmtheitsgebot in: Vom unmöglichen Zustand des Strafrechts / Institut für Kriminalwissenschaften Frankfurt am Main (Hrsg.) Frankfurter kriminalwissenschaftliche Studien, Bd. 50 Frankfurt u.a. 1995, S. 207–226 zit.: Süß, Frankfurter kriminalwissenschaftliche Studien, Bd., S.

Sydow, Dorothee: Die actio libera in causa nach dem Rechtsprechungswandel des Bundesgerichtshofs (Diss.) Frankfurt am Main u.a. 2002 zit.: Sydow, S.

Tag, Brigitte: Anm. zum Beschluss des BGH vom 28.05.2002, JR 2002, S. 518–523

Tag, Brigitte: Anm. zum Urt. des BGH vom 21.01.1997, BB 1997, S. 1115–1118

Tag, Brigitte: Das Vorenthalten von Arbeitnehmerbeiträgen zur Sozial- und Arbeitslosenversicherung sowie das Veruntreuen von Arbeitsentgelt. Untersuchungen zu § 266a StGB (Diss.) Heidelberg 1994 zit.: Tag, S.

Tiedemann, Klaus: Verfassungsrecht und Strafrecht Heidelberg 1991 zit.: Tiedemann, S.

Tiedemann, Klaus: Wirtschaftsstrafrecht. Einführung und Allgemeiner Teil mit wichtigen Rechtstexten 4. Auflage München 2014 zit.: Tiedemann, AT, Rn.

Tiedemann, Klaus: Wirtschaftsstrafrecht. Besonderer Teil mit wichtigen Rechtstexten 3. Auflage München 2011 zit.: Tiedemann, BT, Rn.

Vogel, Joachim: Norm und Pflicht bei den unechten Unterlassungsdelikten (Diss.) Berlin 1993 zit.: Vogel, S.

von Mangoldt, Hermann; Klein, Friedrich; Starck, Christian (Begr.): Grundgesetz. Kommentar Band 1 Präambel, Art. 1 – 19 7. Auflage München 2018 zit.: von Mangoldt/Klein/Starck-*Bearbeiter*, Art. Rn.

von Mangoldt, Hermann; Klein, Friedrich; Starck, Christian (Begr.): Grundgesetz. Kommentar Band 2 Art. 20 – 82 7. Auflage München 2018 zit.: von Mangoldt/Klein/Starck-*Bearbeiter*, Art. Rn.

von Münch, Ingo; Kunig, Philip (Begr.): Grundgesetz. Kommentar Band 1 Präambel, Art. 1 – 69 7. Auflage München 2021 zit.: von Münch/Kunig-*Bearbeiter*, Art. Rn.

von Münch, Ingo; Kunig, Philip (Begr.): Grundgesetz. Kommentar Band 2 Art. 70 – 146 7. Auflage München 2021 zit.: von Münch/Kunig-*Bearbeiter*, Art. Rn.

Wabnitz, Heinz-Bernd; Janovsky, Thomas; Schmitt, Lothar (Hrsg.): Handbuch des Wirtschafts- und Steuerstrafrechts 5. Auflage München 2020 zit.: Wabnitz/Janovsky/Schmitt-*Bearbeiter*, Kap. Rn.

Wahrig-Burfeind, Renate (Mitwirkende): Brockhaus. Wahrig. Deutsches Wörterbuch 9. Auflage Gütersloh u.a. 2011 zit.: Wahrig, Deutsches Wörterbuch, Stichwort:

Waltermann, Raimund: Sozialrecht 13. Auflage Heidelberg u.a. 2018 zit.: Waltermann, Rn.

Wassermann, Rudolf (Hrsg.): Reihe Alternativkommentare – Kommentar zum Strafgesetzbuch Band 1 §§ 1 – 21 Neuwied 1990 zit.: AK-StGB-*Bearbeiter*, § Rn.

Wegner, Carsten: Neue Fragen bei § 266a Abs. 1 StGB – eine systematische Übersicht wistra 1998, S. 283–291

Welp, Jürgen: Vorangegangenes Tun als Grundlage einer Handlungsäquivalenz der Unterlassung (Diss.) Berlin 1968 zit.: Welp, S.

Wessels, Johannes; Beulke, Werner; Satzger, Helmut: Strafrecht Allgemeiner Teil. Die Straftat und ihr Aufbau 49. Auflage Heidelberg 2019 zit.: Wessels/*Beulke/Satzger*, AT, Rn.

Wessels, Johannes; Hillenkamp, Thomas; Schuhr, Jan C.: Strafrecht Besonderer Teil 2. Straftaten gegen Vermögenswerte 43. Auflage Heidelberg 2020 zit.: Wessels/*Hillenkamp/Schuhr*, BT 2, Rn.

Wittig, Petra: Wirtschaftsstrafrecht 5. Auflage München 2020 zit.: Wittig, § Rn.

Wolter, Jürgen (Hrsg.): Systematischer Kommentar zum Strafgesetzbuch Band I §§ 1 – 37 9. Auflage Köln 2017 zit.: SK-*Bearbeiter*, § Rn.

Wolter, Jürgen (Hrsg.): Systematischer Kommentar zum Strafgesetzbuch Band V §§ 242 – 302 9. Auflage Köln 2019 zit.: SK-*Bearbeiter*, § Rn.

Wüchner, Patrick: Die Vorenthaltung von Sozialversicherungsbeiträgen des Arbeitnehmers. Eine Betrachtung des § 266a Abs. 1 StGB unter besonderer Berücksichtigung der wirtschaftlichen Unternehmenskrise und der insolvenzrechtlichen Einflüsse (Diss.) Hamburg 2010 zit.: Wüchner, S.

Yoon, Young-Cheol: Strafrecht als ultima ratio und Bestrafung von Unternehmen (Diss.) Frankfurt u.a. 2001 zit.: Yoon, S.